印度经济发展战略及其对就业的影响

罗 薇 ◎ 著

时 事 出 版 社
北京

图书在版编目（CIP）数据

印度经济发展战略及其对就业的影响/罗薇著.—北京：时事出版社，2020.1
ISBN 978-7-5195-0365-9

Ⅰ.①印… Ⅱ.①罗… Ⅲ.①经济发展战略—影响—就业—研究—印度 Ⅳ.①F249.351.1

中国版本图书馆 CIP 数据核字（2019）第 278854 号

出版发行：	时事出版社
地　　址：	北京市海淀区万寿寺甲2号
邮　　编：	100081
发行热线：	(010) 88547590　88547591
读者服务部：	(010) 88547595
传　　真：	(010) 88547592
电子邮箱：	shishichubanshe@ sina. com
网　　址：	http://www.shishishe.com
印　　刷：	北京旺都印务有限公司

开本：787×1092　1/16　印张：17.75　字数：280 千字
2020 年 1 月第 1 版　2020 年 1 月第 1 次印刷
定价：98.00 元

（如有印装质量问题，请与本社发行部联系调换）

序

　　印度是值得我们和全世界关注的国家：她是目前全球新兴经济体中成长最快的国家，作为"金砖国家"之一，近几年为新兴市场注入的活力十分明显。自2014年莫迪就任印度总理5年来，印度平均经济增长率达到7.5%。2016年印度经济总量首次超过英国，至今已成为全球第五大经济体。此外，印度的国际地位、军事实力、全球影响力同步迅速提升。

　　与我国相同，迅速增长的国内经济和"印度制造"战略必将遭遇国际压力：贸易摩擦升温，迫使印度开放市场以缩小与他国贸易逆差。在相互实施关税报复措施之后，2019年，印度被美国取消普惠制待遇，加之国内诸多问题，印度经济增长出现放缓趋势。尽管如此，印度各界对莫迪政府实施的政策和经济战略主张仍有信心，此次大选莫迪高票连任总理即是证明。

　　印度是全球第二人口大国，其总人口达13.5亿。第一届莫迪政府承诺并努力推行包括创造就业在内的宏大经济战略；2019年莫迪总理承诺，将在第二任期内大力发展民生。显然，就业问题是印度政府必须面对的问题，有效解决人口大国的就业，不仅是国内经济社会发展的重要引擎和保障，也将会是世界发展中国家发展和改革的借鉴范例。那么，印度经济战略中的就业政策是什么样的？是如何实施的？是有效的吗？就业政策和印度经济发展是如何相互作用的？要回答这一系列问题，我推荐罗薇的这本专著。

该书以印度经济发展战略的重大调整为节点，沿着"国力—经济发展战略—就业发展水平"这三个重要的逻辑关系，从印度经济战略五个演进阶段，以历史发展为脉络，以城乡两部门为考察对象，借助二元理论费—拉工业化关键最低努力标准以及新制度经济学等概念，对印度就业问题进行深入、全面的诠释。作者通过对印度经济及其发展战略的历史梳理，对各个阶段的战略定位和政策实施做出具体阐释，提炼出印度经济的本质特征，通过就业的制度性约束，找到了分析经济发展战略与就业关系的逻辑链，并在此基础上总结了印度经济战略的一般规律和本质属性。同时，作者从劳动就业水平、劳动就业形式、劳动力转移进程和劳动收入水平四个方面考察了印度劳动就业形势，分析出印度劳动市场不同于其他国家的特点，以及有别于传统经典经济学理论的规律。

该书的理论创新在于，探索采用劳动力转移的"推—拉"理论来搭建专著的框架。根据国家经济发展战略的阶段划分，从"推力"和"拉力"两个方面分别探讨不同战略的就业效果，分析不同时期印度国家经济战略对就业问题的影响及其积累。在对印度经济发展战略走向及就业变化做出展望的同时，该书还比较了我国和印度作为典型的发展中国家的经济及就业问题：两国经济同样是以城乡二元制为背景。罗薇的研究发掘了印度经验的有益启示和借鉴意义，切中印度经济发展要害及新兴经济体相通的命题，从内生层面提供了一个分析国际关系、认识中印关系的新视角。

印度是发展中大国，是我国的近邻，是"一带一路"沿线的重要国家。印度的经济政策和各领域发展战略都值得我们深入研究。近几年，国内外学者逐渐开始关注印度就业问题，但像本书如此系统全面阐述印度就业问题的类似论述尚不多见。一方面，给予作者大胆探索的空间；另一方面，也对作者全面系统分析研究构成挑战。这本书是在罗薇博士论文基础上深化形成的。我作为导师，向她提出这个印度难题，讨论框架、结构时我意识到驾驭的难度。作者在一手资料和相关材料缺乏的情况下，经过不懈的努力和潜心钻研，最终形成高质量博士论文，得到专家们的高度认可。本著述也是在研究印度问题和经济问题专家的极力建议下，经过作者进一步深入拓展研究和完善形成的。我为我的学生、本书作者的专注精神、敏锐性与研究能力表示欣慰和赞叹。

是为序。

刘慧
于国际关系学院

目录

绪 论 // 1
　第一节　问题及意义　// 1
　　一、问题的提出　// 1
　　二、研究的意义　// 3
　第二节　文献综述　// 7
　　一、关于印度经济发展战略的研究　// 8
　　二、关于印度劳动就业的文献　// 12
　　三、关于印度经济战略与就业关系的研究　// 20
　第三节　研究方法与创新、难点　// 23
　　一、研究方法　// 23
　　二、创新与难点　// 25
　第四节　研究结构　// 27
　　一、研究框架　// 27
　　二、结构安排　// 29

第一章　国家经济发展战略对就业影响的理论分析　// 31
　第一节　概念界定　// 31
　　一、经济发展战略　// 31
　　二、就业　// 34

第二节　二元制下的理论运用　// 42
　　一、"推—拉"理论　// 42
　　二、"推—拉"理论在本研究中的应用　// 46
第三节　其他理论工具释义　// 49
　　一、新制度经济学与路径依赖　// 49
　　二、费—拉工业化关键最低努力标准　// 53

第二章　印度经济发展战略的历史演进　// 57
第一节　印度经济发展战略的历史演进　// 57
　　一、阶段划分依据　// 58
　　二、各阶段考察对象　// 59
　　三、印度经济发展战略的演进历程　// 60
第二节　印度经济发展战略的演进规律　// 83
　　一、印度经济发展战略的整体推进　// 83
　　二、战略演进的"路径依赖"　// 84
第三节　印度经济发展战略的本质属性　// 88
　　一、资源分配激励的失衡性　// 88
　　二、要素配置的资本优先性　// 89
　　三、就业方案的折中性　// 90

第三章　独立后印度就业发展形势　// 93
第一节　印度就业形势　// 93
　　一、就业水平　// 94
　　二、劳动就业形式　// 106
　　三、刘易斯劳力转移进程　// 110
　　四、库茨涅兹效应　// 116
第二节　印度就业的特殊规律与特征　// 119
　　一、就业市场刚性　// 119
　　二、就业增长与经济增长呈非线性关系　// 120

三、印度就业形势变化与"普遍贫困"关系密切 //122

四、劳动力利用水平低 //125

第四章 印度经济发展战略对就业的阶段性影响 //127

第一节 经济战略与就业创造 //127

一、就业被视为经济增长的必然结果 //127

二、就业作为明确目标 //128

三、重回"经济增长推动型"发展战略 //129

四、"包容性增长" //129

第二节 印度经济发展战略对就业影响的阶段性分析 //130

一、1947年至1980年：强"推力"和弱"拉力"的作用失衡 //131

二、1980年至1991年："拉力"的短暂提振 //148

三、1991年至2004年："拉力"的分化和削弱 //158

四、2004年至2014年："推力"的优化设计未达预期 //179

五、2014年至今：提"拉力"的调整改而未革、革而不利 //192

第三节 战略演化与就业问题累积 //205

第五章 展望与启示 //209

第一节 印度经济发展战略及就业趋势展望 //209

一、短期预判 //209

二、远景展望 //222

第二节 印度经验对我国的启示 //234

一、中印战略与国情比较 //234

二、思考与启示 //239

研究结论 //243

一、印度独立以来的经济发展战略演进及规律 //243

二、印度的就业形势及特点　// 245

三、印度经济发展战略对就业的影响　// 246

四、印度经济发展战略与就业的宏观展望与启示　// 248

参考文献　// 250

后　记　// 272

绪 论

第一节 问题及意义

由于多元矛盾的奇妙融合、独具特色的发展路径以及与我国某种程度的相似和相异性，印度一直是中外学术界关注和研究的对象。随着莫迪政府强势改革的推出，学界再度将目光投射到印度经济问题上。作为典型的发展中国家，印度经济发展道路几乎与我国同时起步，但历经几十年的现代化建设后，如今其国内生产总值仅为我国的1/5。印度经济建设存在着什么规律，本书尝试选取一个侧面，窥得端倪。

一、问题的提出

作为实行计划经济的国家，独立至今，印度政府通过推行各项经济战略强力引导国民经济的发展方向，并以实行"五年计划"的方式规制社会经济行为，对经济实绩产生了深刻的影响，推动经济走上快速增长的轨道。得益于经济发展战略的不断推进与革新，印度经济表现亮点频出，经济建设取得举世瞩目的成就，成为全球经济增长的重要源头之一。与此同时，印度的劳动和就业问题也日益凸显，成为其经济发展中的一大弊病。印度实行计划经济的头30年，经济以3.5%的年增长率发展，而生产率增长仅有1.5%。同期劳动力以2.5%的速度增长，而就业年增长率仅为2%，尚不足以解决新增人口的就业问题，由此带来严重的失业。计划经济时期被戏称为"印度速度"的低 GDP 增长率带来某种误导，印度政府认为是经济增速较慢导致就业问题产生，只有高经济增长率才能推动就业和生产率的提高。但是到了 20 世纪 80 年代，印度经济的年增长率增至 5.5%，生产率增长有所提升，达到 3.5%，而就业率仍为 2%。也就是说，就业并未实现与经济同步增长。1991 年印度开启了全面市场化改革，全球化时期的印度经济获得高速增长，但也伴随着另一种形式的不平衡，即增长主要源于生产率的提高，而就业增长的贡献很小。20 世纪 90 年代，印度平均经济增速升至 6%，就业率和生产率增速分别为 1.8% 和 4.2%。21 世纪的头 10 年，印度 GDP、就业率和生产率增速的分化更加明显，分别为 7.5%、1.5% 和 6%。[①]在历次战略均未有效缓解就业压力的情况下，面对复杂严峻的国际和国内形势，印度总理莫迪强势推出以"印度制造"为核心的经济改革，意在推就业，促增长。莫迪以有效利用印度人口红利为出发点，将就业作为重要政策目标之一，以劳动力作为经济增长的起动机，承诺将创造更多施展抱负和发挥才能的机会，誓言增加数百万就业岗位，帮助贫困人口脱贫。该战略自提出以来在国际社会引起广泛关注和强烈反响，但是从目前的实施效果来看，就业问题仍是莫迪改革之殇。长期以来，印度的失业和贫困局面得不到有效改善，成为社会不稳定的一大根源。

由此可见，印度政府推行的国家经济发展战略在应对就业问题上效果不佳。从"尼赫鲁模式"到混合经济战略，再到自由化、市场化经济改革，直至"包容性增长"和"印度制造"战略，印度经济发展战略的设立和调整并未产生预期的就业效果。印度失业问题的主因在于政府行为，政府战略在印度就业问题的产生、恶化及缓解上发挥了至关重要的作用，对于这一作用的研究将有益于理解印度的过去，揭示印度的未来。

基于上述写作背景和考量，本书提出研究问题，即"为什么印度经

---

① T. S. Papola, "Economic Growth and Employment Linkages-the India Experience", *Economic Growth and Employment-Pre and Post Reform Analysis and Challenges*, New Delhi: Regal Publications, 2014, pp. 1-2.

济发展战略难以带动本国劳动就业水平的提升"。也就是说，本书立足于就业，力图从此角度阐释印度的战略逻辑和政策导向，试图解答印度经济发展战略在促增长的同时对其劳动就业产生的影响。根据研究对象的演化背景，研究的时间范围划定为印度独立（1947年）至今（2019年）。为了深入探究这一课题，研究过程分解为若干时期，对印度劳动就业形势及经济发展战略分别进行历史性的考察，在此基础上进一步研究后者对前者产生的作用和影响。根据研究目的，本书将分别对以下具体问题做出回应：印度独立以来的经济发展战略的演进过程及特征，印度的就业形势及特点，在对二者进行阐释的基础上，进一步解答本研究提出的问题。

二、研究的意义

（一）理论意义

印度作为发展中大国，其发展经验在理论研究中占据重要地位，既为经济学和国际关系学理论研究提供了分析对象，又拓展和深化了既有的理论范畴和体系，是学术理论探讨不可忽视的经典案例。具体而言，对该问题的研究有以下两方面的理论意义：

1. 试究印度经济发展的要素短板

经典经济学将产出表示为四大生产要素的函数，即土地、劳动、资本和企业家精神，函数表示为 $y = y（N, L, K, E）$。这一表达在经济理论的分析和应用中具有极其重要的作用。印度和中国的经济战略设计和经济发展道路具有相仿的历史背景，始于相近的历史起点，经历了相似的历史过程。而在近70年的演化进程中，印度逐渐落后于中国的发展脚步。从生产要素的角度来看，印度国土面积298万平方公里，居世界第七位，与中国的耕地面积大小相近，地理环境优越；政府自独立以来积极开拓资本市场，不断降低资本使用成本，鼓励民间及国外投资，资本积累对国民经济增长的贡献长期居于首位；国民经济活力很大程度上有赖于活跃的企业家和生产者，微观经济主体具有较强的活力和效率。

相较而言，印度的劳动力利用水平却长期滞后，人力资本浪费严重。作为世界除中国以外唯一一个十亿级别的人口大国，印度对劳动密集型比较优势的利用失效，很大程度上影响了印度的经济形态，并对其经济增长和全民发展产生了相当大的阻碍，劳动成为印度生产要素使用中的最大短板。因此，本书尝试对劳动要素利用不当背后的战略原因进行深入分析和探究，以期发现印度经济增长滞后、社会矛盾重叠的缘由，为经济学理论分析提供印度视角和案例研究。

2. 丰富该问题下的相关学术研究成果

第一，丰富了关于印度经济战略的研究。作为发展中大国，印度在国际上扮演着举足轻重的角色，对于印度经济发展模式和特点的学术探索始终吸引着科研人的眼球。国内外关于印度经济发展战略的研究数量很多，但多以梳理总结为展开逻辑，角度单一，领域集中。本书从就业和战略的关系入手，站在新的历史背景下，从新的角度对印度经济战略做出诠释，试图为历史回溯留下脚注。第二，丰富了关于印度就业问题的研究。就业一直是国内外学术研究的重点领域，在印度这一失业严重的国家更是如此。针对印度的就业这一课题，国外一些学者做出了有益的调查和分析。然而，国内对于印度的就业研究数量极为有限，且研究阶段主要集中在全面经济改革之前。本书从就业的角度对印度经济发展战略进行历史性的梳理，同时展示莫迪改革的最新图景，在此过程中对印度的就业问题进行较为系统、深入的展现和解释，将为国内印度就业问题研究做出有益的探索。第三，丰富了关于战略与就业关系的理论研究。关于印度经济战略设计与就业之间的关系，有学者进行过初步的解释。国内外研究多是以某个特定领域或局部战略为研究对象，对于宏观和整体把握的研究很少。此外，关于二者之间作用机制的分析文献更是寥寥无几。本书试图以人口转移的"推—拉"理论和制度经济学的基本原理为支撑，对其中的影响路径做出理论上的探索和分析。第四，丰富了关于经济增长与就业增长关系的研究。经济增长与就业的关系并非独立的问题，就业不仅涉及全民福利，同时也是经济增长的重要动力。

本书以印度作为研究对象，通过印度经验对这一关系做出思考和解读，并为学界有关经济增长与劳动就业关系的研究提供典型实例。

（二）现实意义

理论研究来源于实践，其目的也是服务于实践。不论是在人口规模还是国际地位上，印度均具有相当的分量。印度国家的发展和演进对世界人口总体福利和国际格局都会产生不容忽视的影响，其发展经验也是国际社会的重要宝藏。具体来说，这一研究命题有以下三方面的现实意义。

1. 对印度"人口红利"命题进行现实论证

自1950年以来，发达国家工作人口于2016年首次出现下降，2016年后的30年，中国和俄罗斯的工作人口将下降20%。而如今的印度劳动大军平均年龄不足30岁，是一个非常年轻的国家，它正处于人口统计学的最佳位置，2016年后30年劳动年龄人口预计将增长1/3。伴随着众多学者的乐观预期，国际社会普遍以"人口红利"来描绘印度当下及未来的经济图景。作为发展中国家，印度实则早已享有充裕的劳动力供给，且其"人口红利"效应还会延续至2050年。然而，这仅代表潜力而非结果，历史叙述的是另一个故事。长期以来，印度城乡分割鲜明，贫富分化明显，城镇化进展缓慢，大量失业和半失业劳动者在贫困线上挣扎。国家未能有效制定和贯彻民生政策目标，致使失业和贫困长期得不到解决。在民主制度下动员起来的各种集团的利益诉求无法得到满足，经济发展失衡由此演变为社会动荡和政治混乱。国家被不同种姓、宗教、党派和社会阶层的力量拉扯，陷入低烈度冲突的阵痛中。宗教、信仰、民主冲突表象掩盖了对发展机会的争夺，给社会稳定和政治安全埋下隐患。

"人口红利"的实质是经济增长的优势条件，指代的是机会窗口。在此语境下，"人口红利"的实现包括两个路径，即"第一人口红利"和"第二人口红利"。前者是指劳动人口年龄结构的变化及由此增加的劳动供给对经济的推动作用，后者指理性经济主体出于对年龄变化的预期而增加储蓄的资本刺激作用。"第一人口红利"是这一命题的本源，同时也为"第二人口红利"提供条件。因此，劳动力资源的充分利用才是兑现"人口红利"的前提，否则大量失业劳动力则会转换为"人口负担"。这也意味着，扩大就业是收获"人口红利"成果的必要条件和主要路径，是解决收获"人口红利"问题的关键环节。而充分就业与经济增长并不必然相关，"无就业增长"和"无增长就业"都不能全然体现"人口红利"的成果。如何有效利用和把握机会窗口，实现发展基础之上的就业增长，正是收获"人口红利"的政策关键。随着学界印度"人口红利"之说的逐渐兴起，很多研究认为印度享有成长为世界大国和强国的诸多优势，预测印度未来会成为世界经济舞台上的耀眼明星。但是关于"人口红利"问题，仅仅停留在理论层面，学界缺乏对于其效果进行清晰思考和审视的专门性研究，造成"机会"和"现实"之间的断层。本书试图回答关于印度"人口红利"的时代关切。新的历史时期，印度能否摘下"无就业增长"的标签，是对"人口红利"问题的现实回应。

2. 对印度经济发展战略及就业的研究对于我们更好地把握其未来经济走向以及我国政策制定有所裨益

基辛格在《大外交》中称，21世纪的国际体系主要由6个强大经济体构成，包括美国、欧洲、中国、俄国、日本和印度。布热津斯基在《大棋局》中也将印度视为有能力影响地缘政治的重要"战略棋手"。1998年东亚金融危机以来，世界经济蹒跚前行，新兴经济体整体增速放缓，总体经济形势不容乐观，而印度却逐步走出颓势，于2013年后日渐走强，呈现出良好发展势头。作为曾长期实施"计划经济"的国家，印度的国家政策对于其经济走向的影响很大。独立以来，印度基于其国际国内环境制定并实施了一系列重大经济发展战略，形成独特的市场化路径，在促增长的同时对就业的总量和结构也产生了深刻影响。莫迪上台以来开启的强势改革，再次引发全球关注。这一战略是莫迪在新的历史条件下提出的系统性发展计划，其政策制定和成效将为印度命运添加浓墨重彩的一笔，也是本书写作的重要出发点和落脚点。印度作为享有劳动力剩余的发展中国家，历史上为何未能发挥廉价劳动力优势，以及当前印度政府是否能抓住"人口红利"的机会窗口，大幅改善就业现状，这一探究十分有必要，就其产生的全球影响而言意义重大。可以说，莫迪领导下的印度展现出其雄心勃勃的大国追求和志在必得的铁腕强势。世界有理由认为，印度正在其实现战略目标的道路上大步迈进。印度的"大国梦想"将如何推进，印度的经济版图能够开拓多大的疆域，对于国际关系研究者来说值得重视。同时，印度与我国存在战略合作与战略互补，在我国的对外政策中始终占据一席之地，有益的参照和比较将助力我国的发展。对印度问题的研究将为我国经济政策的制定和调整、就业问题的缓解和研究提供重要参照。以其先进经验为借鉴，以其经验教训为警戒，印度经验可以为我国经济发展战略的探索和改革提供一些启示。

3. 树立以人为本的经济发展观

人是发展的手段，更是发展的目的，学术研究应当秉承"以人为本"的理念。采用国际贫困线（即每天 2 美元的人均购买力平价为贫困，2.25 美元为弱势群体）的标准计算，印度超过 3/4 的人口为贫困或弱势人群。[①] 印度经验提出关于经济增长与社会公平关系的深刻命题，启示我们国家的稳定不仅仅来源于经济的发展，更倚赖民生就业和消灭贫困。人本精神并非只是出于人道主义关怀。人口命运即国家命运，人是发展的实质，也是发展的未来。本书尝试解答印度经济发展战略将为世界 1/6 的人民带来怎样的影响和改变，更尝试树立以人为导向的经济发展观。

第二节 文献综述

本节分别对印度经济发展战略和就业两个领域的文献进行梳理，并介绍了关于印度经济发展战略对就业影响的相关研究成果。印度经济发

[①] K. P. Kannan, *Interrogating Inclusive Growth-Poverty and Inequality in India*, New Delhi: Routledge, 2014, p. 3.

展战略领域的研究文献较多，但多以记述性为主。印度就业方面的研究则集中于国外，近些年涌现出一批专著，而关于二者关系的研究成果还十分鲜见，这正是本书研究的意义所在。

一、关于印度经济发展战略的研究

（一）研究现状

关于印度经济的研究在世纪之交逐渐兴起，其中关于印度经济战略的研究不乏论述。在现有的文献中，学界未对"经济战略"和"经济政策"做明显区分，这一领域的研究主要根据不同的时间阶段和产业部门展开。

1. 关于印度经济战略的历史性梳理

随着印度 20 世纪 90 年代市场化改革的开展，国内外开始集中出现一些对印度战略进行综合性研究的著作，奠定了学界印度经济发展战略研究的基础。其中早期较具代表性的有 1994 年鲁达尔·达特和 K. P. M. 桑达拉姆所著的《印度经济》。[①] 作者全面论证了印度经济的发展演进，并对其经济结构和主要部门情况进行了介绍，同时也介绍了印度经济相关战略与政策。该书完成于印度全面改革之初，因此对于印度转型后的经济研究的参考意义有限。此后，国内相继出版了对印度战略进行历史性分析的文献，包括林承节的《印度独立后的政治经济社会发展史》[②]、殷永林的《独立以来的印度经济》[③]、文富德的《印度经济：发展、改革与前景》[④] 以及沈开艳等主持编写的《印度经济改革发展二十年：理论、实证与比较（1991—2010）》。[⑤] 这些文献全面系统地

---

① [印] 鲁达尔·达特、K. P. M. 桑达拉姆著，雷启淮、文富德译：《印度经济（上）》，成都：四川大学出版社，1994 年版。
② 林承节：《印度独立后政治经济社会发展史》，北京：昆仑出版社，2003 年版。
③ 殷永林：《独立以来的印度经济》，昆明：云南大学出版社，2001 年版。
④ 文富德：《印度经济：发展、改革与前景》，成都：巴蜀书社，2003 年版。
⑤ 沈开艳等：《印度经济改革发展二十年：理论、实证与比较（1991—2010）》，上海：上海人民出版社，2011 年版。

概括了印度独立以来的经济战略发展，为我们呈现出印度国家经济战略变迁的全貌。此外，很多学术文章也对这一问题展开了具体的研究，极大地丰富了对于印度战略的概述型学说。文富德对印度全面改革以来的成绩和问题进行了系统探讨，并强调国有企业改革的重要性。[①] 马常娥在《印度经济的转型及其对中国的启迪》一文中根据印度战略转型，对印度的国家战略实施进行了阶段划分：独立后至1965年、1966年至1989年以及1991年之后。刘小雪通过制度变迁理论也对该问题进行了深化研究，说明了印度经济改革存在历史的必然性。[②] 此类文章较多，从不同角度细化了印度的战略研究。

2. 研究触角逐渐深入到各个行业和部门

赵鸣岐[③]选取了印度工业作为研究领域，总结了印度工业化战略的形成和演进，指出印度的工业化是在混合经济体制下，以优先发展重工业为重心，采取进口替代战略。在土地战略方面，国内外学者展开了集中讨论，文献众多，观点趋于一致。一般认为印度的土地改革极不彻底，造成农村土地占有不均、贫富分化加剧等问题。此类代表文章包括F. 托马森·詹努兹的《印度土地制度改革的失败》、盛荣的《印度土地制度效果对中国土地制度改革的启示》[④] 等。此外，针对印度的对外贸易政策发展、金融财政改革、外资政策变化、公营企业改革、产业政策调整等方面均有专门论述，主要文献包括《印度对外贸易政策演进及其效应研究》[⑤]《印度的货币与金融》[⑥]《印度外资准入制度研究：兼论外

[①] 文富德："印度经济改革的成绩与问题"，《南亚研究季刊》2012年第1期，第92—99页。
[②] 刘小雪："印度经济改革的制度经济学分析"，《当代亚太经济》2004年第12期，第18—23页。
[③] 赵鸣岐著：《印度之路——印度工业化道路探析》，上海：上海学林出版社，2005年版。
[④] 盛荣："印度土地制度效果对中国土地制度改革的启示"，《中国农业大学学报》2006年第4期，第71—74页。
[⑤] 关春华：《印度对外贸易政策演进及其效应研究》，北京：冶金工业出版社，2012年版。
[⑥] [英] 约翰·梅纳德·凯恩斯著，安佳译：《印度的货币与金融》，北京：商务印书馆，2013年版。

资法的建构》①等。所涉广泛，在此不一一赘述。

3. 指向某届政府的政策研究

这一类文献主要集中于对印度1991年拉奥政府全面经济改革的论述，包括其动因、影响及评价等。动因方面，罗伯特·杰肯斯从政治角度分析了改革得以持续的原因。②就其影响，对此次经济改革进行评价的文章很多，主要存在两种声音：马尼·尚卡尔·艾亚尔在肯定经济改革的同时，提出改革带来的分化加剧和社会失衡等问题可能愈发严重；曾任印度政府首席经济顾问的尚卡尔·阿查里雅则强调印度日益扩大的中产阶级、年轻的人口结构、有效的本土企业等优势，认为财政、基础设施、劳动力管制、农业、人力资源培育以及改革速度等问题若得到较好解决，印度前景值得期待。强调改革必要性的代表人物还有肖尔夫（Shorff）、贾格迪什巴格瓦蒂（Bhagwati Jgadihs）、I. M. D 伊物尔（I. M. D Lttile）、维资伊·乔希（Vijay Joshi）等。随着改革成果的显现，对改革逐渐取得共识，学者随之将重点放在如何改革上，此时的主要文献有苏尔吉特·S. 巴拉（Surjit S. Bhalla）主编的《走向新印度的新经济政策》(New Eeonomic Policies for a New India)③、乌玛·卡皮拉（Uma Kapila）和拉吉·卡皮拉（Raj Kapila）主编的"21世纪的印度经济"(India's Economy in the 21 Century)④以及G. 加内什（G. Ganesh）著述的《印度的私有化》(Privatisation in India)⑤等。针对拉奥之后的印度政府所推行战略的研究有限，只有少数文章对瓦杰帕伊和曼·辛格两届政府的战略调整做了专门讨论，研究也多见一般性总结。随着莫迪上台，针对莫迪战略研究的文献也逐渐涌现。有学者总结了莫迪的改革

---

① 王宏军：《印度外资准入制度研究：兼论外资法的建构》，北京：法律出版社，2013年版。
② Rob Jenkins, *Democratic Politics and Economic Reform in India*, New York: Cambridge University Press, 1999.
③ Surjit S. Bhalla, *New Eeonomic Policies for a New India*, New Delhi: Har-Anand Publcation PVT Ltd, 2000.
④ Uma Kapila and Raj Kapila, *Indid's Economy in the 21 Century*, New Delhi: Academic Foundation, 2002.
⑤ G. Ganesh, *Privatisation in India*, New York: Naurang Rai for Mittal Publications, 2001.

措施，并在当时条件下对莫迪改革的问题和前景做出判定和预测。李莉和王海霞全面归纳了莫迪的改革政策，涉及经济、外交、安全以及执政策略四个方面。[①] 李来孺从投资准入、税法、劳动法、征地法、破产法、反腐败立法和政策以及创新与知识产权保护七个方面总结了莫迪外资政策的变化，并说明了这些调整对外资的影响。[②] 陈金英从经济改革和行政改革两方面汇总了莫迪执政以来的经济政治措施，认为印度经济改革能否避免再次陷入民粹主义的窠臼，取决于印度各党派在多大程度上达成一致，并为社会所接受。[③] 徐长春在对印度经济数据进行分析的基础上，预测莫迪改革的前景大好。但包括文富德[④]、李艳芳[⑤]、张家栋[⑥]、道格·班多（Doug Bandow）[⑦] 和莱昂·凯（Leon Kaye）[⑧] 等学者大多认为莫迪的改革对于印度经济的增长作用有限。此外，也有学者站在"一带一路"的大背景下对莫迪改革及中印合作的可行性及可能领域做出判断。

（二）研究局限

现有印度经济战略的研究较为丰富，学术研究有了一定的基础。不过通过对文献的归纳总结，还是可以发现一些问题和空白。第一，从整

[①] 李莉、王海霞："印度莫迪新政探析"，《国际研究参考》2015年第6期，第1—8页。
[②] 李来孺："莫迪政府执政以来印度的外资政策变革"，《印度洋地区蓝皮书（2016）》2016年版，第220—251页。
[③] 陈金英："莫迪执政以来印度的政治经济改革"，《国际观察》2016年第2期，第113—126页。
[④] 文富德："莫迪上台后的印度经济增长与前景"，《印度国情报告（2015）》2015年版，第287—306页。
[⑤] 李艳芳："莫迪政府的经济发展战略转型"，《印度洋地区蓝皮书（2016）》2016年版，第187—219页。
[⑥] 张家栋："'莫迪旋风'何以难持久"，《世界知识》2015年第19期，第34—35页。
[⑦] Doug Bandow, "Job Creation Will Drive Next Phase of Reforms", August 1st, 2016, http://www.business-standard.com/article/news-ians/job-creation-will-drive-next-phase-of-reforms-comment-special-to-ians-116080100323_1.html. （上网时间：2017年4月9日）
[⑧] Leon Kaye, "India's Currency Recall: Reform or Punishing the Poor?", Dec. 1st, 2016, http://www.triplepudit.com/2016/12/indias-currency-recall-reform-punishing-poor/. （上网时间：2017年4月12日）

体来看，就"经济政策"的中观层面而言，学界展开了大量深入的分析。而在"经济战略"的宏观层面，学者的研究基本局限于归纳总结，对资料进行笼统的梳理。学界普遍认为1991年后的印度经济改革都是在此次改革基础上的延伸，研究角度和方法较为单一，急需理论和视野的进一步扩展。第二，具体来看，就所掌握的资料，研究多集中于1991年的全面经济改革，而对此后历届政府着墨甚少。这对于印度经济发展战略的系统梳理是一大缺失，也不利于对印度经济改革进程和经济发展战略演进的总体把握。这也意味着，对于印度改革后战略调整规律的探索尚不深入，对于阶段性战略之间的关联性和转换性分析还有待加强。第三，关于莫迪改革的研究尚不深入，且角度集中。莫迪上台以来，印度国内及国际社会都给予了广泛关注。但关于其经济发展战略研究的学术文章有限。而且，多数学者的研究仅限于对莫迪改革措施的总结和归纳，以及对莫迪改革后经济表现的宏观分析，角度较为单一，而对于社会和民生等相关绩效的展现很少，对就业影响的学术研究更是十分鲜见。此外，国内学者多立足于合作的角度探讨中印的战略对接问题，对莫迪经济改革本身的逻辑和本质讨论较少，更缺乏历史和系统的审视。

二、关于印度劳动就业的文献

（一）文献总结

自20世纪90年代新自由主义改革以来，印度经济的运行模式便引起普遍关注。随着发展不平衡的日益显现，印度的经济政策受到越来越多的指责，不断有声音质疑新自由主义对于减贫和再分配的效果。由此，针对政府治理和减贫措施的研究得到重视，就业被视为降低贫困和不平等的有利工具，在学界引起广泛讨论。发展到近些年，就业形式日趋灵活。随着非正规就业关注度的提高，就业条件、生产率、劳动技能、正义和自由逐渐成为研究的热点。在上述学术发展背景下，对印度就业问题的研究开始兴起并快速发展，尤以国外专家为集大成者。现有研究主要集中在印度就业情况与形势、造成印度失业和结构性问题的原因、印度就业政策研究、解决印度就业问题的途径以及中印比较五个方面。

1. 印度就业情况与形势

国内外学者对于印度劳动就业的总量问题研究较多，主要讨论了三个问题：农业部门就业、经济增长与就业创造的关系以及就业的结构性特点。关于农村劳动就业问题，研究者普遍认为，印度政府长期致力于解决农村劳动者就业，然而农村人口的失业形势依然严峻，城市化进展缓慢，大多数的农村人口难以享受工业化带来的好处。持此类观点的代表学者有陈峰君、沈若愚[1]、孙士海[2]、屈坚定[3]、孙培钧[4]和阿布都瓦力·艾百[5]等。关于印度就业创造和经济增长的关系，学界也不乏论述。德见什·博姆克（Debesh Bhowmlk）发现，1983—1984财年至2016—2017财年印度就业增长和GDP增长呈负相关。[6] C. P. 钱德拉墓卡（C. P. Chandrasekhar）和贾雅蒂·戈什（Jayati Ghosh）研究认为，在印度经济高增长的同时，就业尤其是正规部门就业却增长缓慢，而且多数新增就业都属于低效率生产。[7] 以上述观点为代表，学界展开了较为深入的论证。关于印度就业结构的分析可具体划分为产业结构、性别结构和形式结构的讨论，集中刻画了印度经济增长模式的突出特点，反映出印度产业失衡、女性劳动以及非正规部门存在的就业困境。卡斯瑟里·白达纳基卡兰（Kasthuri Bai Dhanasekharan）研究了印度服务业部

---

[1] 陈峰君、沈若愚："印度的劳动就业问题"，《南亚研究》1985年第3期，第22—27页。
[2] 孙士海："印度的城市化及其特点"，《南亚研究》1992年第4期，第14页。
[3] 屈坚定："印度农村贫困与就业"，《南亚研究季刊》1995年第3期，第51—56页。
[4] 孙培钧："印度失业问题浅析"，《南亚研究季刊》2004年第4期，第11—14页。
[5] 阿布都瓦力·艾百、康新梅和吴碧波："印度城镇化进程中农村富余劳动力转移及其对中国的启示"，《世界农业》2015年第2期，第27—32页。
[6] Debesh Bhowmlk, "The Nexus between the Employment and GDP Growth Rate", *Economic Growth and Employment*, New Delhi: Regal Publications, 2014, pp. 35 - 49.
[7] C. P. Chandrasekhar and Jayati Ghosh, "Recent Employment Trends in India and China: An Unfortunate Convergence?", *The India Journal Economics*, Vol. 50, No. 3, 2007.

门的就业潜力,发现第三产业就业弹性从 0.52 增长到 0.76。[1] 奇特拉·辛哈（Chitra Sinha）认为现今的印度就业市场中性别差异仍极其显著。[2] 迪迪塔·查克拉瓦蒂（Deepita Chakravarty）和希塔·查克拉瓦蒂（Ishita Chakravarty）也描述了当下印度女性和儿童就业的困厄现状。[3] R. 纳加拉杰（R. Nagaraj）发现,在1995—1996财年至2000—2001财年间,印度正规制造业部门大约有15%的劳动者失去了工作,并分析了其中可能的原因。[4] 陈吉祥[5]、贾扬塔·森（Jayanta Sen）[6]、乌兰贾纳·塔鲁克达尔（Uranjana Talukdar）和普兰克里什纳·帕尔（Prankrishna Pal）[7] 等学者则对印度非正规就业现状及其在国民经济中的地位做了较为细致的论述,揭示了印度就业中广泛存在的低收入和低效率现象。

2. 导致印度失业和结构性问题的原因

现有文献从不同的侧重和角度分析了印度就业的影响因素,主要涉及人口、制度、资本、产业及劳动力素质等因素,其中不乏碰撞与超越。在人口方面,万克德指出印度人口过快增长造成劳动力供给膨胀。鲁达尔·达特、K. P. M. 桑达拉姆也批评了印度政府在计划生育政策实

---

[1] Kasthuri Bai Dhanasekharan, "Employment Potential of Service Sector in India", *Economic Liberalization and Its Implications for Employment*, New Delhi: Deep and Deep Publication, 2003, pp. 251 – 262.

[2] Chitra Sinha, "Gender and Poverty in India: Need for Employment Oriented Education Strategy", *Economic Liberalization and Its Implications for Employment*, New Delhi: Deep and Deep Publication, 2003, pp. 395 – 405.

[3] Deepita Chakravarty and Ishita Chakravarty, *Women, Labour and the Economy in India-From migrant menservants to uprooted girl children maids*, New York: Routledge, 2016.

[4] R. Nagaraj, "Fall in Organise Manufacturing Employment: A Brief Note", *Economic and Political Weekly*, July 24, 2004, pp. 3387 – 3390.

[5] 陈吉祥：“论城市化进程中的印度非正规就业”,《南亚研究季刊》2010年第4期,第47—52页。

[6] Jayanta Sen, "Structure Changes in Informal Sector Employment", *Structural Changes in Employment Generation*, New Delhi: Regal Publications, 2014, pp. 1 – 11.

[7] Suranjana Talukdar and Prankrishna Pal, "Structure of Employment in Unorganized Manufacturing Industries", *Structural Changes in Employment Generation*, New Delhi: Regal Publications, 2014, pp. 37 – 45.

施上的失败，认为人口的过快增长给印度带来了巨大的人口负担。随着印度"人口红利"问题的提出，少数学者分析了印度收获"人口红利"所面临的约束。此类研究者包括邓常春、邓莹[1]、K. S. 詹姆斯（K. S. James）[2] 等。在制度方面，拉斐奇·多萨尼认为统治资助制度、土地制度、种姓制度均对农村就业产生了不利影响。[3] 德巴亚斯·查克鲁博蒂（Debashis Chakroborty）和波阿巴尔·库马德（Poabal Kumar De）认为，印度严格的劳动法管制导致存在较高用工需求的企业也不愿意雇佣更多劳力，致使公共部门的就业创造水平很低，而私人部门也缺乏足够的潜力吸收日益增长的劳动力。[4] 持此观点的学者较多，在不同程度上对印度的劳动制度进行了批判。在资本方面，N. 当其格尔（N. Thangavel）和 R. 伊兰戈万（R. Elangovan）发现，1990—1991 财年到 2004—2005 财年，印度小企业的就业增长和资本积累存在同向波动。[5] 陈继东认为，印度经济发展过程中资本和技术使用率的提高造成劳动力的挤出，致使失业人数增加。[6] 鲁达尔·达特、K. P. M. 桑达拉姆[7]和 A. N. 阿格拉瓦尔（A. N. Agrawal）[8] 则强调资本的缺乏是导致印度产生大量失业的根源。类似的，巴德里·纳拉亚南·G.（Badri Narayanan

---

[1] 邓常春、邓莹："印度人口红利与经济增长"，《南亚研究季刊》2011 年第 2 期，第 62—67 页。

[2] K. S. James, "Glorifying Malthus: Current Debate on 'Demographic Dividend' in India", *Economic and Political Weekly*, Vol. 43, No. 25, Jun. 21 -27, 2008, pp. 63 -69.

[3] ［美］拉斐奇·多萨尼著，张美霞、薛露然译：《印度来了——经济强国如何重新定义全球贸易》，北京：东方出版社，2009 年版，第 162 页。

[4] Debashis Chakroborty and Poabal Kumar De, "Economic Reform and the Emerging Trends in Employment", *Economic Liberalization and Its Implications for Employment*, New Delhi: Deep and Deep Publication, 2003, pp. 67 -78.

[5] N. Thangavel and R. Elangovan, "Employment in India Small Scale Industry: Some Issues", *The Social Sciences*, Vol. 3, No. 7, 2008, pp. 484 -487.

[6] 陈继东："印度的就业政策措施与社会保障体系"，《南亚研究季刊》2002 年第 2 期，第 35 页。

[7] ［印］鲁达尔·达特、K. P. M. 桑达拉姆著，雷启淮、文富德译：《印度经济（上）》，成都：四川大学出版社，1994 年版，第 98—101 页。

[8] A. N. Agrawal, *India Economy: Problem of Development and Planning*, New Delhi: Vi Kas Pub. House Pvt. Ltd., 2004, p. 138.

G.）分析了 1973—1974 财年至 1997—1998 财年之间影响印度纺织业正规部门就业的各种因素，认为该部门就业下降的主要原因之一是资本不足。① 在产业方面，潘查南·达斯（Panchanan Das）通过协整理论和向量自回归分析检验了制造业增长对于经济发展和就业的作用，发现在不同地区和部门间其影响是不均衡的。② 桑达尔贾·巴尔博拉（Saundarjya Barbora）和拉图尔·马汉塔（Ratul Mahanta）研究了印度全面改革后阿萨姆邦的就业状况，发现贸易、制造业和建筑业是就业创造最活跃的部门，而注册工厂数量、产业生产和银行分支机构的增加对就业有显著的积极作用。③ 在劳动者素质方面，冯胜使用托达罗劳动力流动模型，分析认为农村劳动力素质较低是农村劳动力转移困难的重要影响因素之一。④ S. 马辛德拉·德夫（S. Mahendra Dev）认为较高的教育水平、较高的收入、正规职业培训等有助于乡村非农就业参与率的提高。⑤ 此外，阿鲁普·米特拉（Arup Mitra）认为社会资本（即概念化的各种社交网络）在为印度城市低收入家庭提供就业信息方面发挥了重要作用。⑥

3. 印度就业政策研究

国内外对于印度就业政策的研究集中于其农村就业计划。国内偏重于政策的汇总和整理，国外侧重于印度具体某一农村就业计划效果的评

---

① 12 Badri Narayanan G. , "Effects of Trade Liberalization, Environmental and Labour Regulations on Employment in India's Organised Textile Cenyer", Indira Gandhi Institute of Development Research, Working Paper Series No. WP – 2005 – 06, October 14, 2005.

② Panchanan Das, *Output, Employment and Productivity Growth in Indian Manufacturing: A Comparative Study of West Benga,* German: Laplambert Academic Publishing, 2011.

③ Saundarjya Barbora and Ratul Mahanta,"Growth, Composition and Determinants of Employment in Assam: Post Liberalization Scenario", *Economic Liberalization and its Implications for Employment*", New Delhi: Deep and Deep Publication, 2003, pp. 486 – 495.

④ 冯胜：" 印度农村劳动力转移问题及其对我国的启示"，《南亚研究季刊》2009 年第 3 期，第 61—62 页。

⑤ S. Mahendra Dev, "Rural Non-Farm Employment in India and China: Trends, Determinants and Policies", *The India Journal of Labour Economics*, Vol. 50, No. 2, 2007.

⑥ Arup Mitra, *Insights into Inclusive Growth, Employment and Wellbeing in India*, New Delhi: Springer, 2013.

述。陈继东总结了印度的就业政策和措施。① 温俊萍梳理了印度农村的各项就业保障政策,并给出积极的评价。② 尚卡尔·查特旨(Shankar Chatterjee)总结了印度农村两种不同的就业方案:自我雇佣项目和工资就业计划,认为前者给予了穷人经济和社会两方面的报偿,女性尤为受益,而后者使穷人获得房屋,减少了季节性迁移。③ 比采·库马(Bipin Kumar)和巴拉特·布尚(Bharat Bhushan)对"圣雄甘地国家农村就业保障计划"给出积极评价。④ 然而学界对于印度农村就业计划的评价也存在不同的声音。世界银行通过将印度最贫穷的邦与其他邦进行比较发现,"圣雄甘地国家农村就业保障计划"对于减少贫困的作用极为有限。⑤ 此外,计划实行中寻租行为横行也受到大量批评。⑥

4. 解决印度就业问题的途径

关于解决印度就业问题的途径存在多种见解,主要观点包括普及教育、发展经济、改革农业部门以及振兴制造业。作为印度代表性经济学家,阿马蒂亚·森认为,除经济机会外,社会机会同样发挥重要作用。他指出了普及基础教育的极端重要性。他认为,中国经济发展战略取得的成就在很大程度上在于中国的基础教育普及为经济发展奠定了制度基

---

① 陈继东:"印度的就业政策措施与社会保障体系",《南亚研究季刊》2002年第2期,第35—40页。

② 温俊萍:"印度农村就业保障政策及对中国的启示",《南亚研究季刊》2012年第2期,第64—69页。

③ Shankar Chatterjee, *Employment Programmes and Rural Development in India*, Jaipur: Deepak Parnami, 2009.

④ Bipin Kumar and Bharat Bhushan, "Employment Generation and Inclusive Growth through MGNREGA", *Macro-Economic Drivers of Employment Growth,* New Delhi: Regal Publications, 2014, pp. 240–266.

⑤ Puja Dutta and Rinku Murgai, Martin Ravallion and Dominique van de Walle, *Right to Work? Assessing India's Employment Guarantee Scheme in Bihar*, Washington DC: International Bank for Reconstruction and Development, The World Bank, 2014.

⑥ S. R. Singh, *National Rural Employment Guarantee Act(NREGA): Issue and Challenges*, New Delhi: S. B. Mangia, 2011, p. 208.

础，这是中国领先于印度的重要原因。① 苏加塔·马吉特（Sugata Marjit）和塞巴尔·卡尔（Saibal Kar）通过建立标准的新古典一般均衡模型来分析劳动力市场改革的效果，也认为应加强教育和技术投资。② 迪比思杜·迈莱（Dibyendu Maiti）批判了理论界强调劳动市场刚性约束就业增长的观点，认为单独的劳动立法改革难以产生明显效果，应着力于解决产业发展的其他约束条件，采取提高生产率的战略。③ A. N. 阿格拉瓦尔（A. N. Agrawal）也赞同就业问题应当依靠发展经济来解决。拉贾斯卡兰（Rajasekaran）则指出以实现一元农业结构为目的的战略措施应置于优先地位。④ K. V. 拉马斯瓦米（K. V. Ramaswamy）在分析印度全国抽样调查组织数据的基础上，强调应推动印度经济增长方式向制造业引领转变。⑤

5. 中印就业比较

一些中国学者立足国内，从就业情况和就业政策两个角度对中印进行了比较，观点主要包含于一些期刊文章。沈红将印度与中国对比发现，中国的贫困表现出区域化特征，印度的贫困则呈现出两极化和阶层化的趋势，贫困集中于失地农民、佃农、边际农、表列种姓以及城镇失业人员群体。⑥ 刘社建认为中国和印度均受到失业问题的困扰，而印度的状况更为严重。中印两国的共同点是第一产业在吸纳劳动力上发挥着

---

① ［印］阿玛蒂亚·森、让·德雷兹著，黄飞君译：《印度经济发展与社会机会》，北京：社会科学文献出版社，2006年版。
② Sugata Marjit and Saibal Kar, "Broader Implication of Labor Market Reforms in India: A General Equilibrium Perspective", *Indian Economic Review*, January-June 2014, Vol. 49, pp. 27 – 35.
③ Dibyendu Maiti, *Reform and Productivity Growth in India: Issues and trends in the labour markets*, New Delhi: Routledge, 2014.
④ Rajasekaran, N., "Land Reforms and Liberalization in India: Rhetoric and Realities", *Journal of Social and Economic Development*, January-June 2004, Vol. 6, pp. 20 – 56.
⑤ K. V. Ramaswamy, *Labour, Employment and Economic Growth in India*, Delhi: Cambrigde University Press, 2015.
⑥ 沈红："印度的乡村贫困和扶贫体制"，《社会科学研究》1994年第5期，第84—88页。

重要作用,最大的差别在于印度存在大量的非正规就业。[①] 别俊、陈锐锋站在可持续发展的角度,比较了中印劳动力就业模式对于各自经济和社会可持续发展产生的作用。[②] 曹骥[③]和丹尼尔·比奥[④]分别比较了中印劳动力城市化进程的特点。

(二) 研究评价

关于印度就业问题的研究较多、角度多面。印度就业是国外学者研究的焦点之一,在此方面著述颇丰,从不同角度分析了印度就业存在的问题,具有较大的学术和实践价值。国内关于印度就业的研究较少,研究问题相对集中,对于印度经济的研究推进有一定积极意义。总体来看,关于印度就业的研究取得一定进展。

不过,当前的研究中也存在部分缺失,亟待新的探索和填补。第一,虽然围绕印度就业问题学术界已有广泛论述,但多囿于某个局部或时期,鲜见全面归纳和历史性纵向梳理的文献,难以呈现出印度就业问题的起源、全貌和阶段性特征。第二,劳动力就业理论最初起源于国外,并集中了主要的理论成果,形成以市场经济为代表的西方就业理论和以计划经济为代表的马克思主义理论。目前学界已有较为成熟的理论体系和较为清晰的研究范式,只是在传统就业理论基础上的一些补充,未有大的调整。在本书研究领域的现有文章中,学者多运用二元经济理论、计量经济学以及新古典综合学派的理论成果,其他理论则鲜有涉及。第三,对于印度就业问题,还没有系统的战略层面的研究。无论是就业战略还是其原因探讨都集中于一些热点议题,例如自由化改革、劳动制度和种姓制度等,缺乏对相关战略的纵向梳理以及逻辑关系的厘清。

---

① 刘社建:"中印就业比较及启示",《上海经济研究》2009年第4期,第29—36页。
② 别俊和陈锐锋:"中印两国劳动力就业的可持续发展——软和硬的相互学习",《商场现代化》2007年第35期,第379页。
③ 曹骥赟:"印度城市化进程对中国城市化的启示",《延边大学学报》2006年6月,第39卷第2期。
④ 丹尼尔·比奥、高延伟:"中印城市发展之对比—兼比较两国城市化进程",《城市规划学刊》2008年第6期,第20—23页。

三、关于印度经济战略与就业关系的研究

(一) 文献综述

关于印度经济发展战略与就业关系的研究数量有限,主要是一些零星的观点散布在国外学者的专著或期刊文章中。现有研究集中于探讨1991年印度自由化改革对就业的不利影响,观点趋于认为印度的改革和开放战略造成就业与经济增长的不同发展趋向以及地区和群体间的不平衡发展。以下选取一些代表性观点进行说明。

宏观上,不少学者强调1991年印度经济发展战略对劳动就业的负面影响。什里达尔·潘迪(Shridhar Pandey)、蒂瓦里(Tiwari)和杰伊尚卡尔·泰毕利(Jay Shankar Tiwary)发现新经济战略并未增加就业机会,认为国家应当进一步加强对知识和技术的投资。[1] Y. L. 伊纳达尔(Y. L. Inamdar)和 S. G. 普罗希特(S. G. Purohit)也认为印度经济改革不是就业导向的,过于强调效率和竞争导致国家行动与就业目标渐行渐远。[2] 格里塔·奈尔(Greeta Nair)指出产业化进程强化了部门间的不平衡发展,技术密集型增长导致正规部门就业减少以及非正规就业的扩大,印度经济表现出"无就业增长"的特点。[3] K. P. 卡纳安(K. P. Kannan)探讨了新自由主义政策对就业、贫困和社会不平等的影响,强调应推行全面的增长和发展战略,以缓和印度多方面的社会和经济不平等。[4] R. K. 拉纳(R. K. Rana)和瑞金德·库马(Rajinder Ku-

---

[1] Shridhar Pandey, Tiwari and Jay Shankar Tiwary, "Economic Liberalization and Employment in India", *Economic Liberalization and its Implications for Employment*, New Delhi: Deep and Deep Publication, 2003, pp. 79 – 95.

[2] Y. L. Inamdar and S. G. Purohit: Employment, "Whether LPG Can Deliver Goods", *Economic Liberalization and Its Implications for Employment*, New Delhi: Deep and Deep Publication, 2003, pp. 96 – 106.

[3] Greeta Nair, "Post Reform Labour Market Paradoxxes in India", *International Review of Business Research Papers*, Vol. 4, No. 4, August-September 2008, pp. 396 – 405.

[4] K. P. Kannan, *Interrogating Inclusive Growth: Poverty and Inequality in India*, New Delhi: Routledge, 2014.

mar）调查了印度改革前后不同的就业形势，发现改革后私营企业的劳动力吸收增速出现上升；而公共部门则出现下降，就业表现出从公共部门向私营部门转移的趋势。① S. K. 潘特（S. K. Pant）和阿洛克·潘迪（Alok Pandey）研究证明，改革对正规部门就业产生了负面影响，剩余劳动力流入非正规部门。② 安居·科利（Anju Kohli）观察了印度改革后服务业的就业和收入趋势，发现劳力从第一产业向第三产业快速转移。同时，城市服务产业女性劳动参与率增长快于农村，金融部门在就业创造方面更具优势。③ 贾雅蒂·戈什（Jayati Ghoshp）批评印度国家战略未通过财产分配和打击垄断来扩大大众消费品市场，经济高速增长的同时也带来了日益加剧的社会不平衡，基于社会不平等的私人积累导致劳动力市场的分割，挤出了大量劳动力。④

微观上的研究主要针对不同的部门、战略政策和地区来推进。第一，相当部分研究是围绕印度制造业展开。赤鲁什克什·潘达（Hrushikesh Panda）和贾万·鲁尤（Jaiwan Ryou）检视了1980—1981财年至1997—1998财年的就业数据，认为全面改革后，印度正规制造业结构转变的趋势不利于劳动密集型产业发展。⑤ 拉纳·哈桑（Rana Hasan）、务瓦希什·米特拉（Devashish Mitra）和 K. V. 拉马斯瓦米（K. V. Ramaswamy）发现贸易自由化对于印度制造业劳动需求具有促进

---

① R. K. Rana and Rajinder Kumar, "Pre and Post Economic Reform Employment in India-An Empirical Study", *Economic Liberalization and Its Implications for Employment*, New Delhi: Deep and Deep Publication, 2003, pp. 107 – 116.

② S. K. Pant and Alok Pandey, "Economic Liberalization and Its Implications for Employment in Organized and Unorganized Sectors", *Economic Liberalization and Its Implications for Employment*, New Delhi: Deep and Deep Publication, 2003, pp. 197 – 205.

③ Anju Kohli, "Dynamic of Service Sector Growth in India-Income and Employment Trend", *Economic Liberalization and Its Implications for Employment*, New Delhi: Deep and Deep Publication, 2003, pp. 239 – 250.

④ Jayati Ghoshp, *Growth, industrialization and inequality in India*, *Globalization, Industrialization and Labour Market in East and South Asia*, New York: Routledge, 2016, p. 42.

⑤ Hrushikesh Panda and Jaiwan Ryou, "Changes in India-Organised Manufacturing Employment during the Pre and Post Liberalized periods: A Decomposition Analysis", *The Indian Journal of Labour Economics*, Vol. 50, No. 1, January-March 2007.

作用。① 拉什米·班加（Rashmi Banga）选取外国直接投资、贸易和技术作为衡量印度自由化政策的指标，使用动态面板数据分析了三者对正规制造业部门工人工资及就业的影响。② 第二，有学者探讨了自由化改革中的具体战略和政策对就业造成的影响。拉凯什·S. 帕蒂尔（Rakesh S. Patil）和甘加尔哈尔·V. 卡扬德·帕蒂尔（Gangadhar V. kayande Patil）在解构印度就业模式的变化过程中发现，贸易开放对于劳动需求的影响显著，它带来的竞争使得劳动力与更加先进的技术相结合，由此使得总体就业水平下降。③ S. L. 佩德冈卡尔（S. L. Pedgaonkar）研究了开放政策对于就业数量和结构的影响，发现改革后失业率有所上升，城乡非正规就业也显著增加。④ 也有部分学者研究了就业与教育的重要联系。阿马蒂亚·森认为印度政府基础教育普及的失败是就业率低的主要根源。受制于个人和社会环境所导致的机会不平等以及自由选择权利的缺失，人们把握经济机会的能力不足，尤其是穷人，因未能享受基本教育而难以全面参与经济活动。⑤ P. K. 查塔尔吉（P. K. Chattarjee），德贝什·南迪（Debasish Nandy）和苏达希尔·西德安塔（Suddashil Siddhanta）指出利率制度和小规模企业保留政策制约了就业水平的提高，建议优先发展大众消费品市场、乡村非农产业和基础设施建设。⑥ 第

---

① Rana Hasan, Devashish Mitra and K. V. Ramaswamy, "Trade Reforms, Labour Regulations, and Labour Demand Elasticities: Empirical Evidence from India", *The Review of Economics and Statictics*, MIT Press, Vol. 89, N0. 3, pp. 466 – 481.

② Rashmi Banga, *Impact of Liberalization on Wages and Employment in Indian Manufacturing Industries*, India Council for Research on International Economic Relations（ICRIER）Working Paper Series, No. 153, February 2005.

③ Rakesh S. Patil and Gangadhar V. kayande Patil, "Drivers of Changing Patterns of Employment", *Macro-Economic Drivers of Employment Growth*, New Delhi: Regal Publications, 2014, pp. 155 – 166.

④ S. L. Pedgaonkar, "Liberalization and Employment Situation in India", *Economic Liberalization and Its Implications for Employment*, New Delhi: Deep and Deep Publication, 2003, pp. 163 – 178.

⑤ ［印］阿玛蒂亚·森、让·德雷兹著，黄飞君译：《印度：经济发展与社会机会》，北京：社会科学文献出版社，2006年版。

⑥ P. K. Chattarjee, Debasish Nandy and Suddashil Siddhanta, "Economic Reforms and Employment Generation-A Conceptual and Analytical Study of the India Scenario", *Economic Liberalization and Its Implications for Employment*, New Delhi: Deep and Deep Publication, 2003, pp. 43 – 55.

三,也有研究对印度部分地区进行了观察。钦莫耶·马利克(Chinmoyee Mallik)发现城乡结合部的农村人口在政策变迁中逐渐边缘化,尤以妇女为甚。①

(二) 研究评述

由上可见,目前对于印度经济战略与就业关系的研究较少,观点零星分散,更鲜见专著和系统研究。尤其是在国内,对此问题的专门研究几乎还是空白。现有国外研究也多是以印度1991年全面改革为考察对象,比较改革前后就业形势发生的变化,对当前莫迪战略的就业影响研究更少有专门文献,有待对印度的最新经济经济发展战略进行解读。由于研究短缺,研究范围相对集中,因此缺乏系统性,未能呈现出印度经济发展战略对就业作用的历史性变化。同时,对于战略影响就业的方式和路径也鲜有论述,有待填补。本书尝试从这一领域和视角出发进行创新性研究,为学术创建做出有益的探索。

第三节 研究方法与创新、难点

为了论证印度经济发展战略对就业的影响,本研究主要采用了历史与逻辑相结合、理论与实证相结合的分析方法,力求准确、科学、贴近印度国情。为了有效解释研究问题,扩展当前研究边界,本书在研究选题、研究方法和结论上均有所创新。同时,在数据选择、概念释义等方面,本书也碰到一些难点和问题,有待进一步深入研究和补充完善。

一、研究方法

本书的研究建立在国内外相关文献的基础之上,资料主要包括国家

---

① Chinmoyee Mallik, *Employment in the Globalizing Rural Peripheries of Indian Mega-cities, Manufacturing: A Comparative Study of West Benga*, German: Laplambert Academic Publishing, July 2013.

图书馆相关藏书、国内外主要政治经济学数据库论文以及印度政府和大型国际经济组织发布的数据及研究报告。为了较为清晰地呈现本书的分析逻辑，本研究选择单一的经济学角度进行阐释，剔除种姓、宗教、民族性等因素，从经济影响的角度对印度战略及就业关系进行说明。在此设定下，进行文献资料的整合挖掘，通过以下方法实现本书研究目的。

（一）历史与逻辑相结合

历史分析是逻辑研究的基础，逻辑关系是历史描述的依据，历史与逻辑紧密结合。恩格斯曾经指出："历史从哪里开始，思想进程也应当从哪里开始。而思想进程的进一步发展不过是历史进程在通向理论上前后一贯的形式上的反映。"本书立足于就业问题，根据历史发展的演进阶段进行逻辑归纳。首先将印度经济发展战略进行历史的划分，揭示其阶段性特征，以还原问题的历史渊源和发展情况。之后结合概念和理论，挖掘印度经济发展战略制定和调整背后的逻辑规律，在此基础上分析阐释印度经济发展战略和就业问题之间存在的因果关系和传导机制，力求实现历史分析和逻辑解释相统一。本书通过对于历史的考察以及规律的揭示，借由与历史的比较研究来分析印度经济发展战略的特点和走向。以古观今，理解当前印度政府经济发展战略的历史背景与政策意义，分析其战略指导下的就业变化及影响路径，以今望远。

（二）理论与实证相结合

从理论和实证两个层面对二元经济条件下的国家战略影响进行评析，理论与实证相互结合，有机统一。在理论层面，本书以人口转移的"推—拉"理论为分析工具，同时借助了费景汉—拉尼斯二元理论以及制度经济学"路径依赖"相关概念。印度农村存在大量剩余劳动人口，长期占到印度劳动人口的一半以上，是印度巨大就业压力的主要来源。因此，本书以印度城乡分割和农村人口转移的二元制国情为基础，围绕市场主体选择动机，选择人口转移的"推—拉"理论研究印度的就业问题。同时，利用费—拉二元理论来分析印度工业化进程，力图紧密贴合印度城乡分割社会条件下的经济和就业背景。此外，利用制度经济学"路径依赖"的基本观点揭示了印度经济发展的演进规律和特点，总结梳理了印度经济发展战略的演进路径，在此基础上分析了各个阶段的战略对于就业施加的作用及影响。在实证层面，本书采纳更全面、周期更长的数据为支撑，以印度统计局、印度劳动部门、国际经济组织官方发布的资料以及其他相关文献为来源和依据，采用历史分析与比较分析、定性分析与定量分析、逻辑演绎与经验归纳等分析方法，具体描绘印度不同阶段的战略制定、就业状况以及战略对就业产生的影响和变化。

二、创新与难点

（一）创新点

本研究探讨了相应时期战略对就业产生的影响，并厘清了印度经济发展战略的内在逻辑，力求较为清晰地对印度经济发展战略及国民就业进行准确而科学的描述。在系统梳理相关文献的基础上，可能的创新点有：

1. 研究方法的创新

对于印度就业问题，现有文献一般从印度二元分割的发展中国家国情出发，选择刘易斯二元理论作为研究工具，或采用计量经济学的一般性方法对印度就业数据进行分析。本书同样以城乡二元分割为研究背景和框架，为突出经济发展战略的激励作用，创新性地引入人口迁移的"推—拉"理论阐释城乡两地经济发展战略所发挥的影响，将战略的作用纳入"推力"和"拉力"两大体系之中。在技术偏向测算上，现有研究多选取 C-D 生产函数、CES 生产函数和超越对数生产函数三种展开研究，其中 CES 生产函数得到了较为广泛的应用。本书基于印度二元化发展中国家的基本国情，选择运用费景汉—拉尼斯的技术分析框架，在其工业化关键最低努力标准分析的基础上，揭示印度正规部门工业化发展道路，以研究印度工业化路径中劳动的吸收和替代作用。

2. 研究结论的创新

现有文献对印度经济发展战略的历程描述居多，规律性总结较少，主要集中于对其背后的民主体制、利益集团等问题的探讨。关于经济战略与就业关系的研究较为分散，结论也多见某一时期局部战略政策对就业产生的影响。本书则侧重于系统性的归纳，得出更为一般和概括性的结论。具体来说，本书分析了印度经济发展战略的演进过程，发现其中隐含的"路径依赖"现象，创造性地提出印度经济发展战略的一般规律和本质属性。通过研究印度不同战略阶段时期就业的表现，分析归纳不同战略条件下印度就业趋势和形态的调整变化，发现印度就业的四个特殊规律和特征。通过对印度国家经济战略及其就业效果的历史性梳理和阶段性分析，分析各阶段针对劳动者的"推力"或"拉力"的力量，说明各阶段印度国家经济发展战略对就业影响的内在驱动和传导路径。最后总结得出"印度经济发展战略内核，即资源分配激励的失衡性、要素配置的资本优先性以及就业方案的折中性，贯穿于印度战略演进的整个历程，致使经济发展战略难以带动就业水平的提高"这一结论。

（二）难点

尽管本研究较为系统地分析了印度经济发展战略对就业影响的驱动力和内在逻辑，初步取得一些研究成果，但仍存在一些难点和不足，具体包括：

1. 数据连续性

印度就业数据缺乏短期连续性，且近年来就业数据发布处于变动调整中，当前对印度就业问题的研究主要是基于印度统计和计划执行部全国抽样调查报告，就业数据大约以5年为一个周期。印度劳动局也承担就业调查和数据发布职能，调查周期较短，但数据发布相对滞后。还有一些部门也发布某领域某部门的劳动就业相关数据，数据相对覆盖面窄。再有鉴于本书写作时印度主要官方渠道数据发布变动较大，最新连续全面详细数据难以获取，因此对于莫迪就业效果的研究也借助于其他渠道和来源，包括智库研究等。

2. 数据概念及统计口径

印度官方数据统计口径难以与国际社会对接，且数据概念具有一定迷惑性。印度存在大量非正规就业，因此国际常用的就业概念难以对印度的情况进行清晰界定，需要参照印度政府对于就业的相关定义。从印度政府的官方数据看，印度的就业水平实际是高估的，因此单纯依靠印度方面的数据难以对其失业和劳动力利用状况进行科学的描绘，需要引入其他方面的数据来源。而两方面的数据口径不同，难以实现有效的比较和对接，也可能造成某种程度的混乱。

3. 影响因素的厘清

印度就业的影响因素很多，对于其他非本书研究对象难以实现简单剔除。本研究主要是从经济学的角度对印度经济战略的就业影响进行分析，但是种姓、宗教等多种因素也会对就业产生深刻影响。这些因素与经济因素之间存在复杂交织的关系，为本书的研究带来一定难度。

第四节 研究结构

本研究的技术路线主要是围绕着研究目的设计的。为了较为科学地解决本书的研究课题，本书围绕印度经济发展战略对就业的影响，从印度特殊国情出发，在归纳和分析的基础上逐步推进，初步实现了从理论到实践，再由实践到理论的逻辑上升，以历史梳理的方式得出研究结论。为厘清本研究的对象和路径，研究剔除了种姓、宗教和文化等因素，以经济视角审视印度经济发展战略历程。这一强调是因为前者对印度就业的影响也是巨大的。

一、研究框架

印度存在大量隐蔽性失业劳动力，尤其在农村地区，剩余劳动力规模庞大，使得印度的劳动力表现出无限供给的特征。农村低技术劳动者拥有极少的资本和土地，其边际劳动生产率几近为零，生产能力和收入状况均在低水平徘徊。应当说，印度劳动力转移和就业具有刘易斯二元理论描述的核心特征，在相当程度上符合发展经济学二元理论提出的国民经济结构性转换，农村剩余劳动力的转移对于印度国家整体就业形势至关重要。在此研究背景下，本书运用新制度经济学对印度独立以来国家经济发展战略的演进脉络、逻辑规律进行归纳梳理。同时，分析总结了印度劳动就业的形式和特点。在此基础上，以发展中国家二元经济分割为研究背景，运用劳动转移"推—拉"理论，分析经济发展战略对就业的影响机制及其效果，揭示印度经济战略难以带动就业水平提升的深刻根源。本书对印度经济战略及就业的现实研究做出有益的尝试，意在为我国政府部门合理制定国家经济战略、完善相关就业战略体系提供经验和启示。本书的研究框架如图1所示：

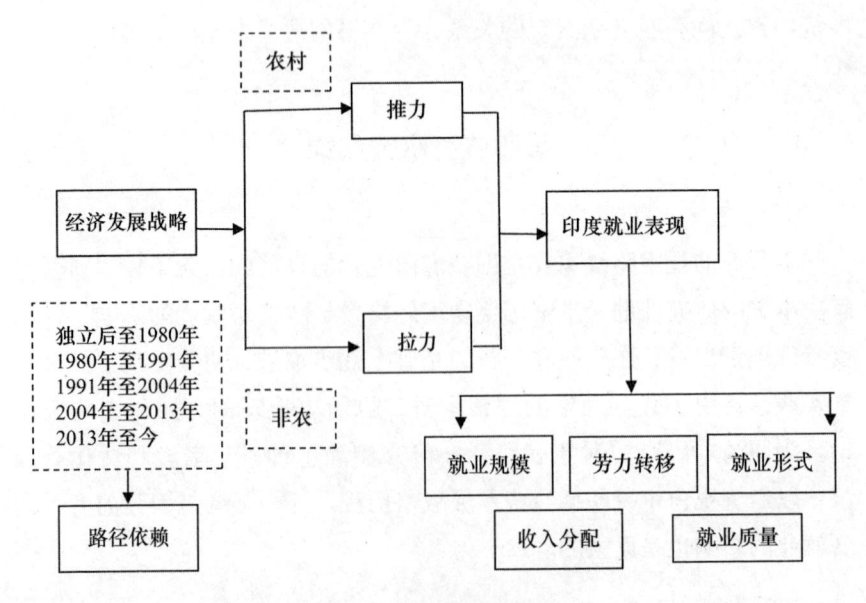

图1　本书整体研究框架

二、结构安排

围绕经济增长,印度政府推行了不同的国家战略,从尼赫鲁的重工业发展辛格的兼顾公平到莫迪的"印度制造",不同的战略侧重均未能有效解决就业问题,导致问题长期累积,积重难返。本书由此发问,探究印度国家经济发展战略何以未能带动就业水平的提高。本研究依据五部分内容依次推进展开:相关概念及理论工具释义、印度经济发展战略、印度就业状况、战略对就业的影响、短期和远景展望。根据上述研究框架,本书共分为七个部分,五个主体章节。各部分主要内容安排如下:

绪论部分。本章梳理了研究问题及研究意义,明确了文章的研究对象和范围;将国内外有关印度经济发展战略、印度就业及前者对后者影响的文献进行了总结和归类,在此基础上做出评价;基于前人的研究成果,提出本书的研究方法,借助一定的理论工具搭建起文章的框架结构,并对文章的创新点和难点进行归纳。

第一章理论部分。对"经济发展战略"和"就业"等本书的关键性概念做出界定。将劳动力转移的"推—拉"理论作为主要分析工具,同时借助新制度经济学"路径依赖"、费—拉二元理论的相关概念,分别对国家经济发展战略、就业以及二者的作用关系做出理论阐释,从理论角度对本书的研究思路进行解释说明,为下一步研究奠定基础。

第二章以历史为脉络将印度的国家经济发展战略演进过程进行阶段划分,并总结印度经济战略的规律和特征。为还原印度经济战略演进过程,将这一过程具体划分为五个主要阶段,并归纳出印度经济战略的主要特点和一般规律,即战略演进的"路径依赖"。在此基础上总结出印度经济发展战略的本质属性,包括资源分配激励的失衡性、发展战略的资本优先性、就业方案的折中性。

第三章通过印度的劳动力就业水平、劳力就业形式、刘易斯劳力转移进程、库兹涅兹效应四个方面的观察梳理,总结印度就业呈现出不同于世界其他多数国家的一些独特性质和规律。具体表现为就业市场变化长期滞后,就业增长与经济增长呈非线性关系,印度就业形势变化与"普遍贫困"关系密切以及劳动力利用水平极低。

第四章分析印度经济发展战略对于就业的具体影响。本章研究与第四章战略阶段划分相对应,以独立后至 1980 年、1980 年至 1991 年、1991 年至 2004 年、2004 年至 2014 年、2014 年至今 5 个阶段为研究节点,具体分析了不同时期印度国家经济发展战略对印度劳动力"推力"和"拉力"两方面的作用力。从就业规模、劳力转移、收入分配和就业质量五个方面,阐释了印度经济战略对于就业所产生的影响。

第五章在以上分析的基础上,从短期和长期的视角,对印度经济发展战略推进及印度就业前景进行展望。同时,通过中印国情的简要对比,论述印度的经验为我国经济战略设计和制定提供的启示和思考。

最后,对本书绪论部分提出的问题做出针对性回应,并以此总结全书。

第一章 国家经济发展战略对就业影响的理论分析

科学理论是系统化的科学知识，是关于客观事物的本质及其规律性的相对正确的认识，是经过逻辑把关论证和实践检验，并由一系列正确的概念、判断和推理表达出来的知识体系，属于相对真理。本书的研究以先贤科学理论为基础和指导，针对主要研究对象进行了较为明晰的解释和定义，并借助了人口迁移"推—拉"理论的概念内涵和逻辑架构，搭建起本书的分析框架。此外，"路径依赖"和"费—拉工业化关键最低努力标准"也为本书的研究提供了有益的论证工具。

第一节 概念界定

一、经济发展战略

据辞海释义，所谓"战略"，本意是指以全局分析为基础做出判断，进行全局性或决定性的筹划和指导。它在一定历史时期具有相对的稳定性，在达到历史阶段所设定的主要目标前基本保持不变，原属军事用语。[①] 战略是一个系统，可分为不同的层次。从纵向来看，总战略往往由不同领域和方向的子战略构成，子战略下又包括更为具体的子战

[①] 《辞海》，上海：上海辞书出版社，1979年版，第3093页。

略，各子战略从不同层面为行动或发展指示方向；从横向来看，战略由不同的要件构成，主要包括战略目标、战略措施、战略实施、战略评估等要素。国家战略的关键是，根据历史的经验把握趋势，辨明国家的核心利益，并明确阶段性目标，将目标转化为具体可执行的行动措施，基于目标规划将行动计划整合为连贯融合的整体。同时，明确战略进程中可能危及行动的潜在威胁、重大隐患和现实挑战，利用国家各项权力和职能控制行动方向和行动进展，从而推进有利环境的创建和国家目标在最安全路径上的稳步实现。

  国家战略的核心是经济发展战略。学术界将"战略"一词引入到经济领域，将"发展战略"作为经济学的专门问题进行研究始于第二次世界大战之后，经济发展战略研究以及作为其理论基础的发展经济学也在这一时期出现和形成。"经济发展战略"明确提出于20世纪50年代，并在此后得到广泛使用。美国发展经济学家A.D.郝希曼于1958年出版的《经济发展战略》是较早使用这一概念的正式文献。该书明确使用了"经济发展战略"一词，并对这一问题进行了专门论述。60余年来，国外有关这一问题的研究成果不断涌现，对发展中国家的经济理论研究产生了很大影响。我国于20世纪70年代末期开始讨论经济发展战略问题，80年代开始形成中国经济发展战略的系统研究。1981年，于光远同志提出应建立致力于我国发展的社会和经济发展战略学，刘国光、戴园晨、马洪、董辅礽、周叔莲等经济学家也开始着手对国家发展战略问题展开集中研究。其时，从政界到学界的大批经济及理论研究工作者以《世界经济》《经济研究》等学术期刊为主要阵地，掀起研究国家经济发展战略的学术热潮。随着中国经济体制改革的深入和对外开放的扩大，"经济发展战略"一词开始频频出现于学界的口头和笔端，这一理论的讨论伴随着改革步伐的加快而逐步深入。

  对于"经济发展战略"这一概念，黄方毅进行了早期的考察。他指出，此处研究涉及的"发展"应专指发展中国家的现象及战略，以便强调新兴经济体问题的特殊性。同时，他认为经济发展战略应特指宏观发展战略，以区别于微观发展政策研究。① 经过国内外学界对这一问题的充分探讨，经济发展战略的研究方向得以逐步明晰。经过长期的研究探索和理论演进，学界对于"经济发展战略"的定义和理解主要包括以下几种表达方式：经济发展战略是以确定的目标为导向，对系统动态发展的整体和全局进行研究谋划，从战略的高度规划未来的发展；经济发展战略，指在较长的时间段内，基于对经济发展因子和条件的评估，考虑关系经济发展的各个方面，制定经济发展的目标及计划，并为实现以上要求采取行动部署和重大措施；经济发展战略是一个国家推动低下和落后的经济社会向较为发达经济社会转变所采用的总方针和政策。此经济社会状态涉及经济、政治、文化等多方面因素，包括数量、质量以及机构等各个维度。

　　根据上述学界的研究和定义，本书认为经济发展战略主要包括两个部分，即经济发展战略的目标确定和实现发展目标的方式和手段，其概念概括而言，是指国家在一定时期经济发展预期达到的主要目标，以及实现目标采取的重大措施和部署。具体分解来看，经济发展目标的确定包括：目标实现的条件及可行性判断；经济发展战略的指导理论确定；对当前一段时期经济运行方向和目标的确立；基本目标的具体化及逐层分解，以及各个目标的整合与连接；目标的修正与调整机制建设等。实现目标的重大措施和路径选择包括：创建发展所需的体制机制环境；发展计划的步骤和阶段划分；各个阶段的发展重点以及支撑战略目标及步骤的具体经济政策制定等。② 依据这一定义，本书将讨论重点放在国家经济发展战略目标的确定和调整，以及实现其规划所确立的发展方向及重大举措上。

---

　　① 黄方毅："发展战略概念考察"，《经济研究》1982 年第 7 期，第 35 页。
　　② 李庆华：《经济发展战略研究》，北京：中共中央党校出版社，1998 年版，第 7—8 页。

二、就业

（一）就业的内涵

就业在西方经济学界的一般解释为"处于受雇的状态"，它伴随着西方资本主义的雇佣劳动制度和契约理论而产生。国际劳工组织对就业有如下定义：为获取报酬或赚取利润，一定年龄范围内的劳动者所从事的活动。[①] 从概念来看，就业包含三层含义：第一，从事劳动行为的人具备劳动能力和劳动意愿两项条件；第二，这种劳动应当是具有社会属性的经济劳动，这就排除了家庭劳动的形式；第三，该劳动不是无偿的，其目的是获取劳动收入或报酬，因此公益劳动或义务劳动也不属此列。同时满足以上三个要求，这种劳动行为就与社会生产和经营活动相关联，即为就业。我国学者将就业定义为：在特定年龄阶段内，在行为合法的条件下，具备劳动能力的人们进行社会劳动，并从中获取劳动报酬或经营收入的经济行为。[②] 参考国际劳动组织关于就业的通用统计标准，以下情况的劳动者均属于就业的范畴：其一，在规定时间内进行有偿活动的劳动者，即有职业且处于工作状态的人；其二，有职业但短期内不在岗的劳动者，包括因休假、事故、生病和劳动纠纷暂停工作的人；其三，在规定时间内，从事劳动的时间超过规定时间 1/3 以上的劳动人员，例如私营业主和个体经营户。此外值得注意的是，协助家庭经营或劳动而未收取报酬的家庭成员也在此列。

除参考以上就业的通行原则外，印度的劳动就业还具有与一般发达国家和发展中国家不同的特色。印度存在大规模的非正规就业，其劳动时间和劳动方式灵活分散，难以与国际通行标准进行无缝衔接，因此有必要对印度国情下的就业概念及其数据内涵进行深入探讨和说明。长期以来，印度统计与项目执行部抽样调查办公室主要负责印度的就业调查

[①] 曲顺兰：《就业再就业财税政策研究》，北京：经济管理出版社，2006 年版，第 2—3 页。
[②] 温海池：《劳动经济学》，天津：南开大学出版社，2000 年版，第 198—199 页。

和数据公布,其调查周期一般是5年左右,并据此发布就业调查报告,其统计工作自独立后延续至次贷危机时。此后,为了填补印度国内关于就业和失业调查的数据缺口,印度政府委托印度劳动局每年进行就业失业调查。到目前为止,劳动局进行了四次这样的调查,并就此发布了报告。目前,第五次年度就业失业调查工作也正在进行中。此外,印度中央统计办公室也会进行印度工厂年度就业状况调查,还有一些人口普查、雇员福利基金组织等部门的统计数据也覆盖了印度某些部门和人群的就业状况。为确定劳动就业状态,印度政府采用了三种统计方式,根据接受调查者在某些特定参考期间所从事的活动进行区分。依照一年、一周和参考周的每一天三个时期,得出衡量就业状况的三种不同方法,分别称为常状态、周状态和日状态。与上述就业统计口径相对应,印度的就业概念有以下具体含义:[①]

1. 常状态(usual principal & subsidiary status, UPSS)

常状态是印度当局测量就业与失业状况的一个主要指标,它反映劳动者在一年365天中的劳动状况。常状态由主要状态(usual principal status, PS)和附属状态(subsidiary status, SS)两部分构成,劳动者只要符合其中一种状态及以上便可认定为常状态。主要状态和附属状态含义如下:

主要状态:其中一个人花费相对较长时间进行的活动即视为主要状态,通常用较为广泛的两个阶段,即就业和失业状态来确定一个人的主要活动状态,主要状态取决于二者相对时间的长短。

附属状态:在主要状态之外劳动者还有可能从事一些时间较短的劳动活动,其中时间不少于30天的经济行为视为此人的附属经济活动状况。以辅助身份从事工作可能出于下列两种情况:其一,一个人在过去365天内从事某些经济或非经济活动的时间可能相对较长,从事另一项

[①] National Sample Survey Office, National Statistical Organisation, Ministry of Statistics & Programme Implementation, Government of India, NSS 66th ROUND, *Informal Sector and Conditions of Employment in India*, January 2012, pp. 13 – 15.

经济活动的时间可能相对较短，但不少于 30 天（不一定连续进行）。经济活动在一个相对较短的时期内进行，但不与主要活动同时进行，被认为是其附属经济活动；其二，一个人可能几乎全年都以主要身份从事一项经济活动或非经济活动，同时也以次要身份从事另一项经济活动，其时间相对较短。在较短时间内进行的经济活动被认为是其附属经济活动。

2. 周状态（current weekly status, CWS）

周状态是指一个人在为期 7 天的就业调查内的活动状态。如果一个人在 7 天调查期内的任一天进行了不少于 1 小时的经济活动，那这个人即被视为是有工作的；如果一个人在参考周期间没有从事任何经济活动，但他在参考周期间努力找工作，或他认为没有工作岗位而没有积极找工作，但是随时可以接受工作，则认为该劳动者处于"正在寻找工作或失业"状态；在基准周内既没有工作也不能参加工作的人被认为是非经济活动人口。

3. 日状态（current daily status, CDS）

日状态同样是印度政府测量就业与失业状况的依据之一。在印度，一个人在一周内可以从事不止一项活动，许多人甚至可以在同一周的同一天同时承担两项经济活动或非经济活动。日状态是以一个人在调查周内每天的活动状态为依据，以一天中主要活动为标准（即劳动者对日常劳动时间的分配）。一般来说，如果一个人一天工作不少于 4 小时，那这个人就被视为在这一整天都是工作的；如一个人每天从事多于一项经济活动达 4 小时或以上，会从他在参考日所从事的各项经济活动中抽出相对较长时间的两项，并将这两项经济活动均赋值 0.5；如果这个人已经工作了 1 小时以上但小于 4 小时，则将其视为工作半天，另外半天视其状况划分为正在寻找工作（失业），或非经济活动人口；如果一个人每天工作不足 1 小时，但正在寻找或可以工作 4 小时或更长时间，则他一整天都被视为"失业"；如果他寻找或可以工作的时间超过 1 小时但不足 4 小时，他就被认为是半天失业，半天非经济活动人口；如果一个人半天中没有任何工作要做，也没有时间工作，则被认为是非经济活动人口。

从印度政府发布的官方就业报告和数据来看，印度政府通常使用常状态（UPSS）和主要状态（PS）对印度的劳动就业状况进行测算。一些国际组织（如世界银行）关于印度的就业数据也是来源于印度发布的官方数据，因此这些国际组织的印度就业数据与印度政府官方数据是具有一致性的。综上所述，本书对印度政府官方所述的常状态下的"就业"做出如下定义：在特定年龄阶段内，在行为合法的条件下，具备劳动能力的人们进行社会劳动，且一年中花费相对较长时间或不少于30天，并从中获取劳动报酬或经营收入的经济行为。可见，在此就业定义下，印度的就业水平是明显高估的。依照通行标准来看，印度的就业状况远不及其官方数据描述的那么可观。依据这一概念，可对印度就业状况进行历史性的对比和描述，但是难以进行与他国的横向比较，也就无法为印度的就业和劳动力利用水平做出定性说明。因此，在需要做出横向比较的就业分析中，我们也引入了其他的数据来源，以便于对印度的就业问题进行全面和客观的呈现。

（二）劳动就业的衡量指标及相关定义

从就业的要素构成来看，劳动就业又可包括就业水平、就业数量、就业结构和劳动转移等方面。劳动者就业数量是用以衡量总体就业人数的重要指标，很大程度上反映了经济社会发展水平。就业结构显示以不同产业、部门、方式、性别等为划分依据的就业分布状况。劳动转移则说明了社会人力资本与部门产出的配比程度，折射出人力资本对社会经济发展的贡献水平。对就业状况的整体考察需要对此多个方面进行全面研判。

1. 就业水平及规模

（1）劳动时间

按照西方经济学的研究理论，劳动者会在劳动与闲暇之间进行自由选择。作为理性经济人，劳动者追求自身效用的最大化，会根据成本收益水平选择最佳的劳动时间。劳动时间就是指劳动者的工作时间，即劳动者进行有偿社会经济劳动所花费的时间。在工作时间内，劳动者通过体力或脑力支出以获取工资报酬。在工作时间以外，劳动者通过享受闲暇以恢复劳动能力进行再生产。劳动时间是衡量微观劳动供给量的基础指标，劳动者对劳动时间的选择受工资率及自身偏好的影响。一般来说，劳动时间多以小时为计量单位，也常见以天进行计量。

（2）就业总量

就业总量是一定时期内一国就业人员的整体规模，是静态定性指标。其统计一般参照各国劳动法中关于法定就业人员要求的规定，因此各国对于就业总量的统计标准或有差异。就业是一个较为复杂的社会经济现象，受到经济、社会、人口、制度等多方面因素的影响。其中，经济因素的影响最为显著，制度等外生因素也通过影响供求关系进一步作用于就业量。就业量指标用于显示一国或地区就业水平的变化，适用范围有限，但它是计算其他相对指标不可缺少的基础变量。

（3）劳动参与率

劳动参与率是经济活动人口占劳动适龄人口[①]的比率，是用来衡量人们参与经济活动状况的指标。已经就业的人员和有就业意愿的失业人口，这两类人统称为经济活动人口。其计算公式为：

$$劳动参与率 = \frac{经济活动人口}{适龄劳动人口} \times 100\%$$

出于统计的需要，通常情况下公式中的适龄劳动人口可以总人口替代，其值又称为总人口的劳动参与率。运用同样的计算方法可得出某年龄段、某种性别、某种受教育程度等分类下的劳动参与率。

$$性别（受教育程度）劳动参与率 = \frac{性别（受教育程度）经济活动人口}{性别（受教育程度）适龄劳动人口} \times 100\%$$

劳动参与率显示了在一定时期一定范围内，某一特定人群的劳动参与程度。劳动参与率主要反映的是潜在劳动者对于工作收入与闲暇的选

[①] 劳动适龄人口由就业人数、失业人数和非经济活动人口构成。

择偏好，其波动反映了劳动供给的变化趋势。它受劳动个体及家庭状况的影响，同时受到国家社会保障的覆盖率和水平、劳动力市场状况等社会宏观经济环境和相关政策的影响。劳动参与率是反映劳动供给水平的重要指标，为劳动供给的分析提供了基本依据。

（4）就业率

就业率是指就业人口数量占经济活动人口的比例，反映了有意愿参与劳动的人员的实际就业程度，是衡量劳动市场状况的常用指标。

$$就业率 = \frac{就业人数}{经济活动人口} \times 100\%$$

（5）失业率

失业率是指一定时期内一国或一个地区的劳动力资源闲置程度。该指标用于判断劳动就业及经济发展状况，是衡量劳动力就业市场及宏观经济波动水平最基本的参考指标。

$$失业率 = \frac{失业人数}{经济活动人口} \times 100\%$$

2. 就业形式

随着经济和技术的飞速发展，就业也日益具有更加灵活的表现形式，就业的范围也越来越宽泛。在印度国情下，其就业结构主要表现为正规就业与非正规就业的分割。这里的非正规就业有别于非组织就业，非组织就业主要是指城市中的劳动就业形式，而非正规就业还包含了农村的各种分散就业。本书中所谈及的主要是非正规就业。相关概念具体释义如下：

（1）正规就业

所谓正规就业，是指在公共部门、有组织机构以及按印度工厂、合作社和准备基金法注册的企业中的就业人员。印度官方文件规定，根据劳动者所在的企业类型和劳动者从事工作的性质对其就业形式进行认定，[1] 因此正规就业只存在于正规部门之中。正规就业人员一般都受到

---

[1] Government of India, Ministry of Statistics & Programme Implementation, Informanl Sector and Conditions of Employment in India, NSS 68th Round, July 2011 – June 2012, July 2014, p. 26.

工会或政府部门的保护，在一定程度上享有相应的劳动保护和社会保障，相对于非正规就业劳动者工资水平较高，劳动条件较好。一般来说，正规经济部门在物力和人力资本上需要较高的投资，用于购置工厂、办公楼、住房、基础设施等"硬件"，也包括对相关经济活动的组织、部门管理、市场营销、生产和贸易等为正常经济活动开展所投入的知识和技能等"软件"。

（2）非正规就业

据印度官方文件释义，非正规就业是以劳动者就业状态，或劳动者受雇的生产单位类型划分的就业形式，主要包括五类：一是拥有个人非正规部门企业的自有账户的工人和雇主；二是不论在正式或非正式部门，协助工作的家庭成员；三是不论为正规部门企业、非正规部门企业所雇用，从事非正式工作的雇员；四是非正规生产者的合作成员；五是从事自产自用商品生产的劳动者，产品只供家庭最终使用，如自给自足的农业或自己动手建设住宅。[①] 非正规就业的典型特征为：雇佣工人数量一般不超过 10 人（很多情况下工人即为家庭成员），[②] 未在政府机关进行注册或备案，不缴纳税款，并脱离于劳动法等政府规章的管理范围。在学界，非正规部门这一概念有多种定义和解释，总体来看表现出一些共同特点：个体企业和小规模的经济单位为主体，多属劳动密集型产业，从业人员的知识和技能不需要通过正规的教育和培训渠道就能获得，对劳动者素质要求门槛不高，就业容易，工作往往是临时性的，不稳定性高，劳动条件差，劳动过程难有统一的规范和标准，收入不足或缺乏保障，等等。

从上述概念可见，所谓的非正规就业是与正规就业相较而言的，其内容包括自主创业、社区服务、家政服务、临时就业、小时就业和个体

[①] Government of India, Ministry of Statistics & Programme Implementation, Informanl Sector and Conditions of Employment in India, NSS 68th Round, July 2011 - June 2012, July 2014, pp. 26 - 27.

[②] 国家六部门联合赴印度考察团："印度非正规就业状况及其对我国的启示（上）"，《环球就业》2009 年 6 月 16 日，第 58 页。

劳动者等，城市中的小商小贩、街头娱乐、家政服务、小作坊式的制造和修理、交通运输服务、正规的银行系统之外的借贷，甚至在街头擦皮鞋、赌博、掏垃圾等活动，都算在其内。印度非正规就业人员一般不享受就业保险、工作保险和社会保险，即劳动者从事获取报酬的劳动但没有享受相应的劳动保护和社会保障。总体来看，印度非正规就业是一种"三无、三不"的就业形式，即无劳动合同、无社会保障、无生产安全保护，工作时间不固定、工作岗位不固定、劳动收入不固定。①

从积极的方面来看，非正规就业以灵活的形式在国家就业创造方面发挥重要作用，成为正规就业的有益补充，并且具有很大的发展空间，已成为各国缓解就业压力、拓展就业渠道的重要方式。但是，在印度非正规就业居于主导地位的情况下，劳动力利用的无序和低效问题十分突出。

3. 就业结构

就业结构反映了社会劳动力的分配结构，它指国民经济各部门的劳动力数量、比例以及相互之间的关系。② 从宏观角度来看，就业结构包括产业就业结构、所有制就业结构、城乡就业结构和地区就业结构等。从微观角度来看，就业结构又可分为年龄结构、性别结构、教育结构等。就业结构的决定影响因素是社会生产力水平。此外，经济结构、体制结构、社会结构、人口结构等都会对就业结构产生综合影响。

4. 劳力转移

劳力转移是指劳动力在不同产业、部门和地区间的流动，反映了劳动力在特定就业结构基础之上的变动，因此劳力转移包括了劳动力的结构及其变化情况。本书所指劳力转移主要是指刘易斯二元理论下的劳动力转移问题，重点涉及劳力在城乡及产业部门间的移动。劳力转移显示了社会资源的分布和投向，人力资源配置比例是否合理对于国家总体经

---

① 国家六部门联合赴印度考察团："印度非正规就业状况及其对我国的启示（上）"，《环球就业》2009年6月16日，第58页。

② 杨河清：《劳动经济学》，北京：中国财政经济出版社，2005年版，第190—195页。

济效益以及社会福利均衡具有显著影响。

第二节　二元制下的理论运用

印度经济现代化格局大致上勾勒了刘易斯理论的宏观图景，换言之，印度国情基本符合刘易斯设想的二元经济发展路径。印度农村劳动力是印度就业压力的主要来源，城乡劳动就业结构变化缓慢，发展经济学中的二元经济理论对于解释印度城乡劳动就业相互影响、就业结构演化以及相对独立的城乡战略具有不可比拟的优势。在印度就业的诸多研究文献中，学者普遍借助了刘易斯二元理论作为研究工具。本研究同样从印度二元分割的社会条件出发，创新性地使用了人口迁移的"推—拉"理论。这一理论不仅恰合印度城乡分割的状况，也有利于在经济发展战略与就业之间建立联系。因此，本研究参照刘易斯二元经济理论的理论设想，假设印度符合劳动力无限供给的基本前提，以二元制作为本研究的宏观背景，从城乡分割的角度对印度经济和就业状况进行分析考察，借助"推—拉"理论作为分析框架和研究工具。

一、"推—拉"理论

"推—拉"理论的来源可追溯到驱力理论和期待价值理论。驱力理论（又称"驱力还原论"或者"需要满足论"）由赫尔（Hull）提出。他认为，人的缺乏感会引发非选择性行为，也就是说人体生理的需要会产生驱力，且缺乏的程度会影响驱力的强弱。驱力可引发行为，促使需要得到满足，由此减少驱力。在这一过程中，若行为成功削减了驱力，机体就会对这一过程形成记忆，进而成为一种习惯。当出现类似情境时，此类行为便会再次出现。驱力理论强调个体的行为由内在动力激发，为弥补这一理论对外在环境作用的忽略，人们又提出诱因理论，说明外在诱因能够刺激个人满足其需要，具有激发或诱使个体朝目标行动的作用。1942年，勒温（Lewin）提出期待价值论，该理论认为行为由人们对达成目标的期待所决定，由对外来产生回报的预期所激发。① 20世纪50年代，托尔曼（Tolman）将上述两个理论结合起来，将行为动机划分为内在动机和外在动机，前者包括以驱力理论为基础的推动因素，后者包括对外在刺激目标认知等拉力因素。②

拉文斯坦（E. G. Ravenstein）的"迁移定律"是"推—拉"理论最早的雏形，他的观点被视为人口转移"推—拉"理论的渊源。拉文斯坦从人口学的角度阐释了人口迁移的原因。他认为个体在社会中受到压迫等不公正待遇所产生的心理压力以及生活环境、条件的不适都会促使人口转移，但经济因素是移民的最重要诱因。"举凡峻法酷律、苛捐杂税、恶劣的气候、糟糕的社会，以及强制行为的存在（如奴隶的买卖和贩运）等等，都曾造成而且仍在引发人民的背井离乡。不过，这些移民在规模上远比不上求富裕的本能所酿成的移民大潮。"③ 拉文斯坦通过总结大量数据得出"人口迁移规律"，提出人口迁移的几个原则：人口迁移距离只能在其能力所及的范围内；人口迁移总会遇到各种阻碍；农村人口相较于城市人口更易于迁移；人口迁移时间有短期和长期之分，相对来说，女性更倾向于短期迁移，男性则长、短期兼而有之；人口迁移对于制造业和商业的发展具有积极作用。④

唐纳德·博格（D. J. Bogue）于20世纪50年代末明确提出系统的人口转移"推—拉"理论，第一次对"推—拉"理论的概念和内涵做出系统的解释。⑤ 唐纳德·博格提出，人口迁移是迁出地的推力和迁入

---

① 张宏梅、陆林："近10年国外旅游动机研究综述"，《地域研究与开发》2005年第2期，第60—64页。

② 陈伟、戴坤："基于推拉理论的高校毕业生就业驱动机制研究"，《高度农业教育》2008年12月，第79页。

③ Rayonstein. E. G., "The Laws of Migration", *Journal of the Royal Statistical Society*, June 1885, Vol. 48, No. 2, pp. 167 - 227.

④ 盛来运："国外劳动力迁移理论的发展"，《统计研究》2005年8月，第73页。

⑤ Caroline B. Brettell and James F. Hollifield, *Introduction of Migration Theory: Talking across Disciplines*, New York: Routledge, 2000, pp. 1 - 27.

地的拉力共同作用的结果。以运动学的观点看，两种不同方向的力的合力决定了人口转移的方向：一是有利于人口转移的积极因素，它促使人口发生转移；二是不利于人口转移的负面因素，它阻碍人口转移的进行。从地域角度看，在劳动力迁出地，存在着将原居民推出其常居住地的"推力"，这一推力可能有农业生产成本增加、农村劳动力过剩、自然资源枯竭、土地等资源掠夺和收入水平较低等。同时，在劳动力迁出地也存在"拉动"劳动力的若干因素，比如亲朋好友的团聚、原居住地长期建立的社交网络、熟悉的人文社会环境等。相较而言，在劳动力迁出地"推力"的作用要强于"拉力"的作用，居于主导地位。类似地，劳动力迁入地也存在吸引劳动力流入的"拉力"，且发挥了主导作用。产生"拉力"的主要因素包括更高水平的收入预期、更多的工作机会、更丰富舒适的物质文化生活、更好的接受教育机会、适宜的气候环境以及高端的基础设施建设等。① 相应地，在劳动力迁入地也有不利于劳动力转入的因素，对劳力流入有"推出"的作用，比如陌生的生活和社会环境、激烈的竞争、对外来人口的歧视、较高的生活成本等。综合来看，劳力转入地的"拉力"比"推力"发挥了更大作用。②

美国学者李（E. S. Lee）以拉文斯坦等理论为基础更为完整地解释了人口流出地到流入地迁移过程中遇到的"拉力"和"推力"，对人口迁移的影响因素、人口迁移规模、人口迁移方向和迁移者个体特征等问题进行了全面的分析。一是影响迁移的因素。上述学者主要强调外部因素在迁移中的作用，李将个人因素和中间障碍因素引入包含内外部因素的解释框架中，包括迁入迁出地的生活物价差异、迁移目的地的距离远近、语言风俗文化习惯的差异，以及个人对各种中间障碍因素的价值取向判断。他认为劳动力的流动和迁移是内部推力（包括个人因素、家庭

---

① 国家统计局，2016 年农民工监测调查报告，http://www.stats.gov.cn/tjsj/zxfb/201704/t20170428_1489334.html。（上网时间：2018 年 2 月）
② 邹新树："农民工向城市流动的动因：'推—拉'理论的现实解读"，《农村经济》2005 年 9 月，第 104—105 页。

因素等)、外部拉力(包括用人单位、政府政策等)和中间障碍(包括距离远近、文化差异等)三种因素相互作用的结果。① 这些影响因素有的来自迁出地,如家庭、环境和人际网络等;有的来自迁入地,如环境、教育资源;也有的来自于迁移过程以及个体特征。他全面分析了迁出地和迁入地各自的推力和拉力因素,尝试解释人口迁移过程中遇到的吸力和阻力以及不同人群对此的反应。在个体特征方面,不同人群对迁出地和迁入地的了解程度不同,迁移过程中遇到的障碍有客观方面的也有心理方面的,面对障碍时也会做出不同评估和决定,这些都会影响迁移决策和过程。② 李对上述因素的作用进行了全面综合分析。③ 二是人口迁移规模。李认为两地之间的自然环境、地理位置、经济发展水平差别大小对人口迁移量的大小产生影响,并呈正相关,反差越大,人口迁移规模就越大;两地间人口结构和文化特征差别,如收入宗教、教育、种族等越接近,相似性越高,则迁移量越少;自然环境障碍、语言文化差异、政治限制等中间障碍都会抑制人口的迁移;经济发展水平也会影响人口迁移规模,当国家或地区经济发展迅速,就业机会多,则人口流入量大。当处于经济衰退时期,失业率激增,则人口流入量小。三是人口迁移方向。人口会向工作机会较多的地区流动。此前迁移者的方向和路径还会对后来的人口流动产生影响,带来人口的集中迁移和聚集。四是迁移者的特征。人们对迁移决定和迁移目的地的选择性具有个体差别,不同群体对原居住地和迁移目的地的认识有所不同,反应也具有个体和群体上的差别,从而使人口迁移表现出年龄、性别、职业、教育等方面的显著差异。一般来说,15—35 岁年龄段的年轻人流动愿望较为强烈,他们有更多的发展机会,预期收益相对较大。而且,他们很多尚未组建家庭,享有更大的自由性,迁移对其工作、人际关系带来的成本

---

① 于水、姜凯帆、孙永福:"空心化背景下农村外出劳动力回流意愿研究",《华东经济管理》2013 年 11 月,第 97—101 页。
② 盛来运:"国外劳动力迁移理论的发展",《统计研究》2005 年 8 月,第 73 页。
③ 刘洪亮、徐鹏杰:"基于托达罗模型的中国农村劳动力转移分析",《经济研究刊》2009 年 11 月,第 24—27 页。

相对较小，因此迁移人口主要集中于这一年龄阶层。不同性别的人群也会做出不同的迁移决策，如城市建筑业和制造业企业发展较快，这类生产活动更适于男性特点，就使得外来务工人口中男性显著多于女性。对于教育和婚姻状况与人口迁移选择关系也有不少研究，但未得出连续性和一致性的结论。[①]

"推—拉"理论涵盖了从宏观到微观、从外部到内部、从整体到群体的众多因素，涉及经济学、社会学、人口学和心理学等理论观点，成为研究人口流动和迁移的重要理论之一。发展至今，该理论已广泛运用于留学生跨国流动、旅游、高校毕业生就业流动等研究领域。刘聚梅、腾霞等学者运用这一理论对旅游动机展开研究，张静、章海鸥运用该理论解释了我国现阶段非转农现象。也有人进一步拓宽了"推—拉"理论的应用范围，将其引入到社会管理工作和公务员激励机制等各项经济社会问题的研究当中。

二、"推—拉"理论在本研究中的应用

解释劳动就业的理论很多，但"推—拉"理论对印度二元分割社会经济条件下经济发展战略对就业的影响问题具有较强的解释力。发展中国家劳动就业以及经济增长的过程体现为剩余劳动力从农村流向城市的过程，以及劳动力从低效率部门向高效率部门的转移。印度的就业和失业问题最初源于农村地区，忽略人口的自然增长，其就业问题很大程度上表现为劳动力在农村地区的挤出以及城市地区的低效吸纳。同时，"推—拉"理论中暗含了劳动者行为的动机，贴切表达了外在因素对劳动主体的激励和诱导作用，恰可有效说明经济发展战略作为外在因素对于劳动者行为的影响，构建起战略对就业产生影响的理论逻辑。因此，本书将人口迁移的"推—拉"理论作为分析的基本工具。

印度农村以存在大量隐蔽性失业为特征。低技术劳动者拥有极少的

[①] 陶裕春：《人口经济学概论》，南昌：江西人民出版社，2008年版，第98—102页。

资本和土地，其边际劳动生产率几近为零，生产能力和收入状况均在低水平徘徊，相当规模的劳动者就业所得甚至难以满足自身生存所需。根据刘易斯二元经济理论，现代部门工资与传统部门的平均生产力相关，在既定的剩余劳力条件下，现代工业部门可以在固定工资水平下雇佣更多劳动力。也就是说，平均生产率和制度决定的工资水平在传统部门始终保持不变，现代部门工资亦是如此。不过，在现实世界，边际劳动生产率不会绝对为零。因此，随着劳动力由传统部门转移至现代部门，平均生产率也将随之缓慢攀升，现代部门的工资出现上升趋势。可见，工资水平的缓慢增长是更接近真实世界情况的经济描述。应当说，印度劳动力转移和就业具有刘易斯二元理论的核心特征，在相当程度上符合二元发展经济学提出的结构转换。这不仅表现在农业劳动力向工业和服务业部门的转移上，而且体现在印度现代部门的工资水平确如二元理论假设中保持大致稳定。因此，印度的劳动就业和经济增长问题就表现为劳动力从农业向非农部门转移的结构变化问题，表现为劳动力从低效部门有效转移至高效部门的效率提高问题。

"推—拉"理论是解释人口迁移流动原因的著名理论。该理论隐含着两个基本假设：一是迁移者是理性经济人，迁移者对迁移活动的决策是以自身利益最大化为目标的，迁移行为是主体理性选择的结果；二是充分信息，不存在信息不对称，迁移者足够了解迁入地和迁出地的情况。在人口自由流动和市场经济的条件下，出于改善生产生活条件、寻求更多更好就业机会的动机，人们选择在两地间迁移和流动。因此，迁入地那些能够改善人口生活就业水平的因素就是"拉力"，迁出地不利于人口生活就业的因素就成为"推力"。具体而言，迁出地的"推力"主要是促使迁移者离开的消极因素，包括农业生产成本的增加、农村劳动力过剩、自然资源的枯竭以及收入水平降低等；迁入地的"拉力"是吸引迁移者流动的积极因素，包括更多的就业机会、较高的收入水平、较好的受教育条件、较好的物质和文化设施等。与此同时，迁入地和迁出地也分别存在不利于人口流入和流出的因素，同时具有吸引和排斥两方面的作用，但是相对而言起到了次要作用。[①] 此外，迁出地和迁入地的社会机制同样也具有推拉的作用效果。[②] 人口迁移就是这两种力量综合作用的结果，各个推拉力量强度不同，由此造成不同群体在迁移过程中表现出不同的特征。这一理论从客位角度将人口迁移和流动视为一种物理学现象，具象化为人口在推拉力作用下的客观运动。

"推—拉"理论简明易懂，条理清晰，但同时存在着忽略人口迁移流动过程以及推拉力无明确定义等缺陷。为明确本书的研究对象及逻辑，以下对"推拉"的具体内涵在本书的语境下做出具体阐释。按照"推—拉"理论的观点，在完全市场经济条件下，劳动力从农村流向城市是市场机制自发地对劳动力资源进行优化配置的过程。劳动者本身就是劳动力资源的物质承担者，劳动力从农业部门向非农部门流动反映为劳动者作为理性经济人在行业和地区间的自由流动。这是劳动者自主择业的过程，也是劳动力资源配置和劳动结构转换的过程。劳动者自身的价值选择和劳动力资源的逐利性决定了劳动力自由流动的方向和数量。从劳动者动机来看，其迁移流动的价值选择过程是市场中同时存在着的推力和拉力共同作用的结果。[③] 针对劳动者转移动力的分析，我们从转出地因素、转入地因素两个方面进行解读，同时对其在本书中的内涵做出定义。所谓"推力"，就是转出地劳动力流出的各种推动因素，即农村不利于劳动就业的影响因子。劳动者离开农村地区来源于农业或农村的推动因素，虽然转出地也同时存在着一定吸引劳动者留下的因素，但是综合来看，推力发挥了主导作用。劳动者选择离开是转出地各种综合力量的结果，这里的"推力"表现为一种合力。换言之，随着农村农业生产率的不断提高，土地难以承载过多的劳动力，劳动者就会不断从

[①] 刘波："西宁建设社会主义新农村难点与对策探讨"，《青海统计》2006年11月，第34—36页。

[②] 顾朝林、蔡建明等："中国大中城市流动人口迁移规律研究"，《地理学报》1999年3月，第204—212页。

[③] 邹新树："农民工向城市流动的动因：'推—拉'理论的现实解读"，《农村经济》2005年10月，第105页。

农业"析出"并转移。同时,劳动者个人能力及素质也直接影响劳动者转移推力的大小。若劳动者个人具备较高的知识技能水平,且正处于青壮年阶段,他们向外迁移的动机就会进一步加强。[①] 所谓"拉力",即转入地吸引劳动力流入的各种因素,在本书中也是促进就业的积极因子,主要表现在非农产业及城市地区发展所带来的就业容量的增加以及就业质量的提高,涉及就业机会、就业工资和就业保障等。

在解释人口迁移的动因时,由于贴切和通俗易懂,"推—拉"理论自 50 年代迄今在国际学术界一直十分流行。[②] 在就业研究中,"推—拉"模型框架提供了一个在二元制国情下检验劳动者行为的有效途径,并能够与外在激励进行较为恰当的衔接。这一研究方法突出了就业动机在劳动迁移及就业过程中的作用,有利于关键影响因素的辨识。[③] 因此,本书将其应用于就业、劳动者迁移及其影响因素的研究中。根据上述分析可构建关于农村劳动力转移影响因素的分析框架。直接对这些因素进行量化是非常困难的,因此本书从这些因素对劳动力转移的"影响结果"进行间接考察。这些"影响结果"主要体现在劳动力流动的程度、城市化速度的快慢以及劳动力就业主渠道的空间大小等等。

第三节 其他理论工具释义

一、新制度经济学与路径依赖

路径依赖是新制度经济学的一个理论概念。"制度"已成为当前学术研究的重要对象。"制度"究竟是什么,新制度经济学家从不同角度

---

① 周晓、朱农:"论人力资本对中国农村经济增长的作用",《中国人口科学》2003 年第 2 期,第 6—8 页。

② Klenosky, D. B., "The 'Pull' of Tourism Destination: A Means-End Investigation", *Journal of Travel Research*, 2002, Vol. 40, pp. 385 - 395.

③ Dann, G. M., "Tourism Motivation: An Appraisal", *Annals of Tourism Research*, 1981, Vol. 8, No, 2, pp. 187 - 219.

进行了解释。科斯认为制度包括两类，一是"非正式的约束"，包括文化、风俗和禁忌等；二是"正式的约束"，指法律、规章和产权等，本书的经济发展战略便属于此列。诺思从制度的重要性角度做出阐释，他认为"制度是一个社会的游戏规则，更规范地说，它是决定人们的相互关系而人为设定的一些制约。制度构造了人们在政治、社会或经济方面发生交换的激励结构，制度变迁决定了社会的演进方式，因此它是理解历史变迁的关键"。[①] 并非所有存在的制度都是有效的，在历史进程中无效的制度会被摒弃，只有有效的制度才会存活下来。但为何有些国家长期难以走出固定低效发展模式的怪圈，新制度经济学创建了"路径依赖"概念对此进行解释。路径依赖是指一种制度形成后，不论其效果优劣，总会以某种方式影响未来一定时期的制度形成。就像禁锢于一种特定"路径"，制度变迁始终依循此种路径发展。根据诺斯的定义，路径依赖是指"小事件和环境可以决定某种事物发展的结果，而且一旦某些小事件和环境的结果占据主流，就会导致这种发展进入特定的路径"。[②] 路径依赖意味着"一个国家或地区若开始沿一种轨迹发展，则改变发展道路的成本将非常高。虽然客观上存在其他的道路选择，但已有制度会对初始选择的改变形成阻碍"。[③] 换言之，"历史上某一时发生的事件将对其后发生的一系列事件产生影响"。[④] 新制度经济学的这一概念有利于解释一国国家战略体系的运行及作用，解释为什么有些国家发展而有些国家处于停滞不前的状态。

路径依赖的形成在起初应该说是偶然的。最初受某种利益机会驱

[①] [美]诺斯，刘守英译：《制度、制度变迁与经济绩效》，上海：三联书店，1994年版，第3页。

[②] North, Douglass C., *Institution, institutional change and Economic Performance*, Cambridge: Cambridge University Press, 1990, p. 94.

[③] Levi, Margaret, "A model, a Method, and a Map: Rational Choice in Comparative and Historical Analysis", *In Comparative Politics: Rationality, Culture and Structure*, Cambridge: Cambridge University Press, 1997, p. 28.

[④] Sewell, W. H., "Three Temporalities: Toward an Eventful Sociology", *In the Historic Turn in the Human Science*, Ann Arbor: University of Michigan Press, 1996, pp. 262–263.

动，或为应对某一问题，人们创建了一项制度安排。这一制度在初期以及未来一段时间内会给人们创造收益，即这一制度设计是报酬递增的。由于这个制度安排使人们从中获益，就会激励人们积极主动地进行适应和学习，由此一些与此制度安排相配套的制度又得以创建，其中包括正式制度，也包括非正式制度。统一制度体系的确立和制度之间的协调安排再次加强了初始制度设计的变迁方向，称为制度的"自我强化机制"。制度变迁的规律长期作用，发展路径走向自我强化或正反馈过程。

路径依赖有两种不同的效果。其一，一种制度安排创建后，与之相协调的相关制度系统随之建立并与之形成配合，在报酬递增的作用下，推动了经济的良性发展。制度变迁在此路径上继续推进，高效平衡的制度体系不断完善，这种路径依赖视为良性。其二，某种制度演变形成自己的独有路径，随着情况和条件的变化，该制度的效率逐步降低，甚至对产出增长或福利增加产生阻碍。与此项制度利益一致的个人或组织将会为维护既得利益竭力维持制度的运转，社会因此进入无效制度陷阱，进入一种锁定状态，即为恶性的路径依赖。

路径依赖出现时制度处于长期均衡状态。良性和恶性路径依赖的产生表明制度均衡存在多种方式，其影响和结果也大相径庭。一般说来，当一项制度已不适应当下的发展条件，其纠偏在竞争性市场中更易得到实现，这种制度变迁便是有效的。而在非竞争性市场中，交易费用高，信息反馈机制失调，制度变迁极易呈现发散状态，无效的制度长期维持，不易更改。[①] 在路径依赖作用下，无效率的制度可能长期维持，更好的制度安排难以进入社会的制度选择集合，由此制度变迁道路被锁定。此外，制度的演化除了初始制度的完善或者强化，还存在旧制度的废除和新制度的替代。前者表明制度变迁具有路径依赖的特征，后者则指代制度的转换。因此，制度变迁对决策者提出了要求，其任务无外乎识别并尽力维持良性的路径依赖，或设法推动制度变迁以转换的方式，

---

① 袁庆明：《新制度经济学》，北京：中国发展出版社，2008年版，第310页。

打破既有锁定，使发展走向提高全民福利的良性循环。基于制度变迁的路径依赖特征，诺斯指出，政府在初期进行制度选择时，应高度重视路径锁定问题。发展道路一旦开启某种模式，其演进路径便会具有前后衔接、深刻影响的特点。选择一项制度容易，而放弃却很困难，制度发展的结果往往难以完全脱离其当初的选择。"路径依赖"这一概念贴切地诠释了印度经济发展战略演进的规律和特点，是本书分析逐渐深入并得出结论的重要理论工具之一。

选取新制度经济学的相关概念还在理论层面建立了国家经济战略与就业之间的联系。国家经济战略对社会就业具有深刻影响在学界已获得普遍承认，但是关于国家经济战略对社会就业的影响机理问题尚无统一的理解和认识。通过借助新制度经济学，以市场主体行为动机为媒介，还可找到国家经济战略影响就业的理论路径。新制度经济学提出，虽然制度有正式与非正式之分，但其本质及作用方式具有一致性，均是借助于有效的制度安排，为创新、生产等活动提供动力。作为一种制度安排，国家经济战略由多个领域和多个层面的激励与约束制度构成。市场上存在大量的经济代理人，包括农民、地主、企业家和劳动工人。他们一方面对市场机制施加作用，另一方面也受到市场制度的控制和引导。在合理的制度体系下，两个重要的市场目标得以贯彻：其一，建立一种制度导向机制，产生促使各市场经济主体按照宏观政策导向要求行动的动力；其二，营造一种制度协调环境，用以协调广大经济代理人及其集团原本自成逻辑的行为。总而言之，国家经济发展战略产生影响力的重要根源在于其对市场主体行为的激励和约束，由此推动整个经济系统朝战略目标方向行动，它涉及对于主体活动动力、偏好和期望等动机的理解和处理。市场主体在进行经济行为的同时，客观上会带来劳动力资源的重新配置和分布，由此国家经济战略通过引导市场主体行为实现了对于劳动力资源和要素的配置。制度安排以激励的方式调整甚至改变市场主体的收益成本对比，以此影响其经济决策，进而可能导致主体行为的变化。因此，国家经济战略对要素配置的作用主要是通过改变市场主体的成本和收益来实现的。由此，我们可找到国家经济战略与就业之间的关键连接，即市场主体行为动机。制度本身不具有目标和利益，而是通过人类个体的决策和活动而得以解释。社会和国家的整体运行和活动又是全部个人行为的产物，社会整体绩效也是由个体绩效汇总而成的。因此制度对就业施加影响也是不同的制度结构对在其中的个人提供的不同激励，以及劳动者个体对这一激励产生趋同的反应，由此带来劳动就业水平、结构和质量的变动。

二、费—拉工业化关键最低努力标准

费—拉理论是研究二元制社会条件下的经济与就业增长问题的重要理论。该理论以刘易斯二元理论为基础，并在此基础上进行了深化和完善，形成一套较为完备的理论体系。其中，费—拉工业化关键最低努力标准是对工业化进程的技术进步偏向进行测算的理论概念，是费—拉理论体系中的关键性支撑。就技术进步偏向的测算，现有研究对于生产函数的设定形式主要有 C-D 生产函数、CES 生产函数和超越对数生产函数三种，其中 CES 生产函数得到较为广泛的应用。本书基于印度二元化发展中国家的基本国情，选择运用费景汉—拉尼斯的技术分析框架，在其工业化关键最低努力标准分析的基础上，揭示印度正规部门工业化发展道路。根据费—拉工业化关键最低努力标准，劳动力吸收的速度取决于二元经济中工业部门资本积累的速度以及技术和创新活动的强度和性质，而这两种作用总是不断地同时发生。经济学中，技术进步通过提高投入产出效率产生产出效应，同时通过劳力使用偏向程度又产生要素偏向效应。如果技术进步使得资本的边际产出大于劳动的边际产出，则为资本集约型技术进步，反之则为劳动集约型。

工业部门的劳动力需求曲线和最低努力标准可表示为如下方程：[①]

$$\eta_p < \eta_L = \eta_K + \frac{B_L + J}{\epsilon_{LL}}$$

[①] [美] 费景汉、古斯塔夫·拉尼斯：《劳力剩余经济的发展》，北京：华夏出版社，1989 年版，第 101 页。

上述方程中，η_p 表示人口增长，η_L 表示劳动力增长率，η_K 表示资本的增长率，B_L 代表创新的劳力使用偏向，J 表示创新的密集程度，B_L+J 表示技术创新带来的劳动边际产出的增长率，ϵ_{LL} 代表工业部门劳动边际产出的就业弹性。

工业部门的就业增长取决于右式的两个部分：其一是资本增长率，即 η_K，是指在一定的技术条件下，资本积累对就业的贡献程度；第二部分 $\dfrac{B_L+J}{\epsilon_{LL}}$，为资本一定的情况下工业部门技术进步对就业产生的影响。

此方程的含义是，反映国家发展努力的右边四个要素的数值之和应超过人口增长，这样其劳动力才能向工业部门转移。换言之，工业资本积累率 η_K、创新强度 J、创新的劳动力使用偏向 B_L 三者需足够大，而劳动力的报酬递减规律 ϵ_{LL} 应足够弱，才能使其合力对就业吸收的影响作用超过人口增长率，这一标准称为关键最低努力标准。

从上式中可得出两种要素带来的就业效应。任何给定的劳动力吸收的总观察量可以分解为放射效应（η_r）和水平效应（η_s），前者指代由于资本积累而导致的劳动力吸收率，后者表示创新带来的劳动力吸收率。资本增加表示为沿着给定等产量线做辐射运动，这意味着资本增长带来劳动力增加比例与资本积累增长的比例相同。假定工业就业增长率和工业资本存量增长率能够独立测量，则由创新带来的劳动力吸收率为总增长率与资本增长率的差额。如此，两种效应表示如下：

$$\eta_r \equiv \eta_K$$

$$\eta_s \equiv \eta_L - \eta_r = \frac{B_L}{\epsilon_{LL}}$$

从政府与市场的关系出发，政府干预可能造成要素价格的扭曲，进而影响技术进步路线选择。印度劳动法改革长期难以推行，劳动法"刚性"极大地提高了劳动力的用工成本。全面改革后，由于中央和地方政府以投资和利息补贴、减少能源支付等激励形式使得正规部门资本价格变得相对较低，资本和劳动的相对价格出现反转。工业企业会在激烈竞争的市场中充分利用更加易得的生产要素以挖掘其"生产比较优势"，获取具有稀缺性、价值性的战略核心竞争力资源，并在生产过程中努力降低成本，实现生产成本最小化以获取相对成本优势。对"生产比较优势"的追逐使得在印度工业正规部门倾向于用资本替代劳动投入。意味着，资本和劳动的相对价格扭曲导致企业产生用资本替代劳动的选择倾向，维持并强化了经济增长的资本密集型发展。在资本过度替代劳动的机制作用下，经济的快速增长与就业之间会出现偏离，导致资本密集型产业超常发展，并诱发有偏的技术进步，形成资本对劳动的长期替代。换言之，印度政府对于私人资本的鼓励使得在正规部门中资本的价格变得相对便宜，理性企业会在低成本、高利润驱动下不断调整要素投入结构，产生减少劳动投入、增加资本要素的生产倾向。长期以来，印度工业正规部门就业率始终没有显著增长，文章基于上述假设和判断对印度工业化进程的技术进步偏向进行测算，以探析印度工业正规部门就业停滞不前背后的要素配给，进而追问其战略根源。

总之，"推—拉"模型为本书基于城乡分割的劳动就业问题研究提供了一个有效途径，为本书的研究奠定了理论基础，也是笔者进行分析探讨的路径框架。此外，本研究还借助了新制度经济学"路径依赖"和费—拉二元理论"工业化关键最低努力标准"的概念作为分析工具，为本书的讨论提供技术支持。

根据以上理论探讨，本书的理论逻辑梳理如图 2 所示：

综上，本章从理论的视角对本书的研究问题进行了阐述和说明，从三个方面对本书的主要概念和理论工具进行了阐释。第一，对经济发展战略以及就业的概念进行了说明，明确本书的研究对象和范围。第二，基于印度城乡二元制的经济社会背景和城乡互动的基本判断，选择人口转移的"推—拉"理论作为分析印度劳动流动及就业的基本理论框架。第三，对书中用以测量技术偏向的费—拉二元理论下的关键最低努力标准做出说明，并借助新制度经济学理论解释了经济发展战略演化的"路径依赖"现象。

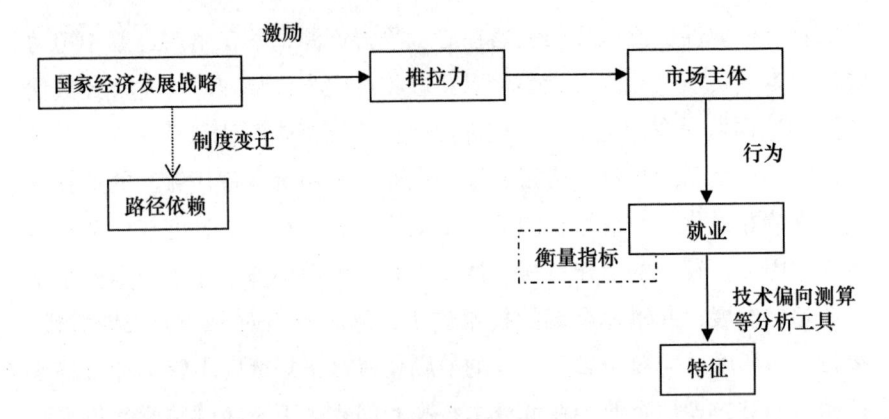

图 2　理论逻辑梳理

第二章 印度经济发展战略的历史演进

战略是一个社会或国家的总体规则和发展指导。它是为决定人与人之间相互关系而设置的制约，以构造激励结构的方式在人们的经济、政治和社会生活中发生作用。对于战略的解析是理解社会经济历史变迁的关键。[①] 印度的经济发展战略设计涉及城市和农村两部门，主要围绕城市工业产业展开。其经济子战略数量众多，包括专门推动各个产业发展的规划和各个产业政策的补充条文，同时，还有劳动法规、征地法案、创新政策、知识产权保护等相关政策，共同构成印度经济的战略环境。这些子战略及政策的确立和变化成为印度经济战略变迁的重要组成部分。在此战略演进下，印度经济日益走上快速发展的轨道。但同时，印度就业和劳动者生存状况却充斥着"贫苦"和"低效"的描述。本章意在探究印度就业问题背后的国家经济战略背景，分解印度经济战略的发展和规律，发现印度经济发展战略的内在逻辑。

第一节 印度经济发展战略的历史演进

国家经济战略的优化有利于提高资源配置的效率。它决定了社会中获得收入、利润和剩余控制权的阶层，对不同群体和阶层的地位及收益

---

① [美] 诺斯，刘守英译：《制度、制度变迁与经济绩效》，上海：三联书店，1994年版，第3页。

产生重大影响。经济发展战略的阶段和演化，反映出战略对于各阶层和群体的行为及利益的激励趋向，也反映了政府在内外环境、国家建设和利益集团间的政策取向。

一、阶段划分依据

战略起点及其调整路径共同构成了印度经济发展战略的演进历程，这一过程涉及确立和调整两个环节，即经济战略的起点以及改革路径的选择。据此，战略变迁可以分为战略确立和战略调整两个过程，由战略产生机制和战略调整机制两种机制所决定。早期的历史制度主义者认为，一项制度的产生往往具有偶然性，但却决定了之后的发展路径，调整机制只能以其产生为基础，在此起点决定的道路上演化和发展，因此经济战略的初始设计对其后的演进有着至关重要的影响。

战略确立后，国家面对不同的发展问题和社会环境会制定阶段性的发展目标，根据不断变化的内外部条件进行不断调整甚至更替，因此，在不同的经济社会发展时期国家会依据利益目标和主要矛盾对战略导向进行重新确定，即进行战略的调整。不同的改革路径直接影响经济战略的效率。在战略调整阶段，印度始终以计划经济的方式对国民经济的发展方向进行指导，主要是围绕选取重点行业和部门来进行战略设计，其中城市工业部门为战略调整的主线。在这一主线之下，印度经济经历了由半封闭半管制向开放自由的转变，其标志性事件就是1991年拉奥政府推行的以自由化、私有化、市场化、全球化为取向的全面经济改革。在20世纪80年代，印度政府已经开始对国家经济发展战略进行了调整与变革，但是这些调整和改革并没有触动印度传统的经济体制，属于部分和较小程度的调整，因此可称之为印度经济战略的"小手术"。任何事物的发展变化都经历了从量变到质变的过程，量变是一切变化的起点，是质变的前提和必要准备，质变则是量变的必然结果。印度1991年改革是一次"脱胎换骨"的变革，是一个由量变达到质变的临界点。

事物总是处于不断的运动变化过程中，变化是绝对的。印度经济发展战略经历了1991年的质变后，继续发展演进，呈现出新的发展趋势和特点。随着经济增长的日益加快，印度社会积聚的矛盾逐渐凸显，引发国家经济发展战略向"包容性"增长转变。这一转变表明印度政府对于公平与效率的关系做出了新的权衡和理解，是其战略导向的重新定位。新形势下，莫迪政府基于对历次经济发展战略的经验总结以及国际国内形势判断，在沿袭此前战略手段的基础上，对于经济发展战略的重点做出再次调整，以实现经济效率与全民福利的统一。

综上，依据政府战略对于公平和效率的不同侧重选择以及就业促进战略指导思想的转换，对其战略演进历史进行阶段划分。不同的发展阶段共同叙述了印度经济发展战略的过去，展示了经济战略的现状，预示了印度未来战略的走向，是厘清和揭示印度经济战略逻辑的重要依据。

二、各阶段考察对象

国家经济发展战略从外延上考察，至少可涵盖以下内容：（1）经济发展战略总设计，它是依照本国在世界经济中所处的地位，根据国民经济发展的需要以及本国的资源、市场和产业结构等情况而制定的，在较长时期内实行的基本方针和原则；（2）根据经济发展战略总设计及国内产业结构、市场状况等，针对农业、工业和服务业确定的产业定位和产业政策，以及针对劳动、资本等不同要素制定的管理和激励政策；（3）根据经济发展战略的指导而采取的各种政策和措施；（4）经济发展战略下各手段与措施的配合与协调。

长期以来，印度政府对于国家经济发展战略的制定和实行高度重视，它体现了政府对于国家经济矛盾和国家发展前景的理解和认知。国家经济发展战略涉及到战略目标、政策措施、体制和组织等各个方面，因此本书对国家经济发展战略的考察是广义的，包括关于市场主体经济发展的战略和政策措施以及相关的经济政策环境等方面，如国有企业的主体地位、私人工业部门定位发展、税收及金融政策、投资和分配计划、人口和教育政策等。此外，本书的研究对象与就业密切相关，重在分析国家经济发展战略与就业的影响关系，在国家经济发展战略中部分与此关联较为紧密的政策和措施会对就业产生更为直接的作用，因此本书特别将与劳动就业相关、对就业影响较大的战略和政策作为侧重进行梳理和阐释，包括土地政策和劳动政策等。综上，本书经济发展战略的考察对象是在一般战略内涵基础上以就业问题为导向的重点选择和总体归纳。

三、印度经济发展战略的演进历程

一国在某一时刻总是处在一定的发展阶段，而某一发展阶段都是特定发展方式演进中的一环。在此发展轨道上，经济朝着某个方向运行，对其中的一些不协调因素进行自我修复。而随着经济运行的不断推进，内在问题和矛盾日益积累，这种经济发展方式下的自循环系统也承受着越来越大的压力。当压力大到足以影响系统的持续运转时，便不得不进行路径调整。印度的经济发展战略正是经历了这一确立和不断的调整过程。

（一）经济战略起点：以马哈拉诺比斯工业化为代表的尼赫鲁式经济战略（1947年至1980年）

印度脱胎于英属殖民地的历史背景，多种族多文化交融混杂，党派、宗教、利益集团林立，矛盾交织，因此其经济战略设计谋求的是经济独立和平衡矛盾，由此显现出渐进式的战略安排。独立后的印度一直试图从发挥市场作用和政府适当干预相结合的经济体制中实现利益最大化，但是特殊的历史背景也造成印度农业盈余基础上建立的李嘉图式工业发展模式出现混乱。对印度就业影响深远的资本、土地和劳动等政策基础的奠定均可追溯到这一时期。

1. 以马哈拉诺比斯工业化战略为标志的资本偏向型发展

面对落后的经济发展现状，印度政府从尽快实现民族独立、赶超发达国家经济建设的愿望出发，将大力推动工业化作为经济战略的重要支柱，并选择了优先推进重工业的发展模式。显然，这一发展路径偏离了印度的比较优势，受到极大的资源约束。作为二元分割鲜明的发展中国家，印度国内资本相当匮乏，而发展重工业需要的投资规模大，且建设周期长，依靠市场配置资源的方式难以将资本引导至重工业领域。在此条件下，印度政府背离市场机制，抑制市场作用，利用国家权力强制集中农业经济剩余，通过国家计划将生产资源导向重工业部门。"计划经济"由此成为印度为实现战略目标的内生性要求，国大党领导的印度政府自此启动了自上而下的战略设计。

1956年，由开国总理尼赫鲁规划，著名经济学家马哈诺比斯制定，印度形成了工业化战略的五年经济计划文件，颁布第二个《工业政策决议》，明确将重工业和基础工业作为战略重点。根据这一决议，政府主导的产业范围从9类扩大到17类，包括钢铁、煤炭、石油、航空、电力等。此外，还有12类部门将逐渐实现国有化，其余产业国有资本和私人资本均可进入。国家集中了大量的资本和资源，并将有限的资源大多用于支持重工业的发展。在此时期，基础工业集中了70%—80%的工业资本。这一决议作为基础性的战略安排为此后的工业发展政策提供了基础蓝本，深深地影响了印度经济建设的发展轨迹。1967年，印度成立工业许可政策咨询委员会，进一步调整经济规则，大型私人企业的投资只有在重点投资领域才能获得批准。1969年，政府出台了《垄断和限制性贸易惯例法案》，在此引导下，社会资本进一步向国家规划的基础和重工业领域集中。[①] 印度工业发展也由此奠定了以资本积累为支柱，且优先向国有部门供给的要素配给模式。

2. 严格管制的私人部门政策

印度独立后实行的是公私并存的混合所有制，私营经济形态在印度始终存在，但受到严格管制，市场的资源配置作用难以发挥。1948年出台的《工厂法》和《工业政策决议》以及1951年作为前者补充的《工业（发展和管理）法》规定，私营部门新建企业、扩大生产规模、制造新产品均需向政府申请许可证，明确了企业主在建立工厂、维持运

[①] 任佳、邱信风："印度工业政策的演变及其对制造业发展的影响"，《南亚研究》2014年第2期，第107—108页。

营及员工管理方面的责任。企业在申请时应上报企业性质、规模及员工数量，迁址或扩大生产还需批准。由此，私营企业的生产和定价活动均处于政府严格控制之下。1973 年，印度出台的工业政策决定限制大型企业在某些领域的过度集中，鼓励中小企业发展。[①] 出于平衡城市发展的考虑，政府还停止了对大型城市新设厂的许可证发放。印度政府为保护小规模企业制定了小规模企业保留政策，规定超过 1000 个制造生产活动仅限于小企业进行。泡菜、蜡烛、玻璃手镯、锁、烟花、练习本等产品的生产权利专门为小规模企业"保留"，只允许小企业生产。这些活动普遍需要密集使用大量非技术劳动者。大型企业被排除在这些生产活动之外，小企业则享有税收和补贴优惠。

3. 严苛的劳动政策法规

印度自英殖民统治结束订立的劳动法规长期沿用，这种对所谓西方先进文明的劳动保护原则的不适宜嫁接对印度人力资本利用造成深远影响。印度的劳动立法数量众多，且中央与各邦责任划分还有不同。涉及中央的劳动法可分三类：由中央制定，且仅可由中央执行的法律；中央制定，中央和各邦均可执行的法律；中央制定，而由各邦执行的法律（见表1）。此外，还有各邦政府在其邦内制定和执行的劳动规定。劳动法律体系错综复杂，中央各项劳动法案之间的关系尚且难以厘清，各邦又基于不同的资源、历史背景和文化制定自己的劳工政策，加剧了劳工政策的差异化和复杂化。

表 1　印度中央级劳动法

中央制定，且仅可由中央执行的法律	1948 年，国家雇员保险法
	1952 年，职工公积金管理条例
	1986 年，码头工人（安全、健康和福利）法
	1952 年，矿场法
	1976 年，铁矿石、锰矿石和铬矿开采劳工福利法
	1976 年，铁矿石、锰矿石和铬矿开采劳工福利投资法

---

① 任佳、邱信风："印度工业政策的演变及其对制造业发展的影响"，《南亚研究》2014 年第 2 期，第 109 页。

续表

中央制定，且仅可由中央执行的法律	1946年，云母矿山劳动福利法案 1976年，毕迪烟草工人税收法 1972年，石灰石和白云石矿山劳动福利基金法 1981年，电影工作者福利税收法 1976年，毕迪工人福利基金法 1981年，电影工作者福利基金法
中央制定，中央和各邦均可执行的法律	1986年，童工（禁止和管制）法 1996年，建筑业工人（就业和服务条件）法 1970年，劳动合同法 1976年，平等报酬法案 1947年，劳资纠纷法 1946年，工业就业法 1979年，跨邦流动工人法 1988年，劳动法 1961年，产妇分娩津贴法 1948年，最低工资法 1965年，奖金支付法 1972年，退休金支付法 1936年，工资支付法 1981年，电影业就业条例 1996年，建筑业工人税收法 1961年，学徒法 2008年，无组织工人社会保障法 1958年，职业记者固定工资法 1958年，商船法 1976年，业务员法 1983年，危险工种法 1948年，码头工人就业管理条例 1997年，码头工人就业管理条例（不适宜主要港口） 2005年，私人保安机构条例

续表

中央制定，而由各邦执行的法律	1938年，雇主责任法 1948年，工厂法 1961年，汽车运输工人法 1963年，人身伤害（补偿保险）法 1964年，人身伤害（应急预案）法 1951年，种植园劳动法 1976年，业务员（服务条件）法 1926年，工会法 1942年，休假法 1955年，新闻从业者法案 1923年，工人补偿法 1959年，岗位交流法 1938年，儿童法 1976年，限定劳动系统法 1966年，毕迪和雪茄工人法

资料来源：http://www.docin.com/p-721519529.html。

世界银行在其一份报告中称，印度的劳动力市场堪称全球管制最为严格的市场之一。印度《工业争议法案》规定，超过100名员工的企业若要裁员，需向政府申请，而实践上往往难获批准。1948年的《工厂法》强调在工厂建立及运转过程中政府的监管职能，以及企业对于员工福利和权益的义务责任，严禁女性从事夜间工作，并对女性就业提出诸多限制。该法对企业主正当生产和经营的权利做出部分限制，片面保护国家利益和职工权益，抑制了企业主的生产积极性。1970年的《劳动合同法》要求，员工数量超过20人的企业若计划扩大雇佣人数，需在雇佣合同签订前向政府申请获得批准。此外，印度劳动法与某些行业法律还存在冲突。比如，《工厂法》规定：企业主应提供干净卫生的工作环境，在适当地方配置足够的痰盂。同时，《药物管理法》基于卫生和药物产品的安全，规定不允许在工作场所放置痰盂。法律的矛盾造成企业在操作过程中的两难。① 而且，法律的执行机制尚不完善，执法程序冗长。印度劳动法的严苛复杂对劳动力要素的市场配置产生了极大的阻碍作用，也往往令企业无所适从。原本旨在保护劳动者的严格规定抑制了劳动要素的优化流动，无形中增加了企业生产成本，与印度破除二元结构的现代化要求更是格格不入。最重要的是，近几十年的劳工政策重点关注正规部门，非正规部门的劳动者得不到劳工和产业立法的有效保护。

4. 不彻底的"土地改革"

印度的耕地占有长期以来就不平衡。独立之初，印度60%以上的农民为无地或少地阶层，而占地40468平方米以上的农户仅为总农户的13%，却占据了全国64%的耕地。其中5%的农户占地80936平方米以上，总量是全国耕地的41%。② 针对这一情况，印度政府主要采取了两种策略对农业进行改造，即产权改革和技术改革。

起初，印度政府期望通过土改消除农村中的不平等，实现土地所有者和耕作者的统一，形成广大的农民阶级。印度50年来的土地改革均是以邦为单位进行的，主要围绕三个方面开展：第一，采取立法方式，通过赎买废除中间人大地主（柴明达尔），推动永佃农向自耕农转变；第二，规定土地持有限额，将"多余"的部分土地分配给无地农民，推动土地相对平均配给；第三，保障佃农的租佃权、分配份额和最低数量土地的永佃权，防止佃农遭地主驱逐。最终，印度的土地改革未能取得预期的效果，农村实质上没有革除封建土地制度。继任的英·甘地总理试图绕过印度复杂的土地和社会关系难题，致力于通过"绿色革命"推动农业技术进步，提高农业生产率。该项改革专注于在土壤条件好、灌溉设施健全的地区进行优良品种及相应配套技术的推广使用，促进农

---

① Tapomoy Deb, "Labor Reform: Balancing Efficiency with Equity", *Human Resource management Review*, Vol. 7, No. 2, 2007.

② Ashutosh Varshney, *Democracy, Development and the Countryside: Urban-rural Struggles in India*, Cambridge: Cambridge University Press, 1995, p. 29.

业技术的现代化发展。这一政策的实施的确有力地提高了农业部门的生产力，使得长期困扰印度的粮食短缺问题得以基本解决。① 但是，改革仅在一些条件具备的地区实行，其"辐射效应"多受制约，"绿色革命"的成果未能惠及全国，甚至进一步导致贫富分化。

5. 以"扶贫就业"为导向的农村发展计划

为了追求快速的工业化，印度政府在处理农业与工业的关系上有明显侧重，忽视甚至牺牲了农业的发展，在尼赫鲁当政时期表现得尤为明显。"二五"计划期间，政府对农业和水利的总投入从"一五"期间的34.6%下降到17.5%。② 与此同时，面对严重的贫困和失业问题，印度政府纷纷喊出"增加就业""消除贫困"的响亮口号，历届政府也均将其作为建立"社会主义类型国家"的施政方针。在此原则指导下，政府针对农村贫困弱势人群推出了直接的就业减贫项目。这一时期，印度政府在农村推行了各项农村就业计划，并推动农村工业发展，以此在维持政权结构、保证发展路线的前提下缓解农村严重的失业和贫困，同时为农村就业发展奠定了以"缓解、救济"为主的政策基调。

独立之初，印度政府即在农村实施了一些小农发展计划，20 世纪70 年代初这类项目又重新提上议事日程，包括农村工程计划、县发展计划、农村就业现金计划、小农发展机构项目、农业服务中心计划、综合旱地农业开发计划等各种就业方案。1977 年，受益于印度粮食储备的增加，政府提出利用剩余粮食来缓解农村失业问题，即"以工代赈"计划。此计划是组织农村失业人员进行道路铺设、矿山开发、城镇发展等基础设施建设，为农村部分失业人员提供工作岗位，并将国家剩余储备粮食作为工资支付。自 1979 年起，印度又开始推行"农村综合发展计划"，目标是为农村 1500 万个家庭提供就业机会，在 1985 年前使

---

① Ashutosh Varshney, *Democracy, Development and the Countryside: Urban-rural Struggles in India*, Cambridge: Cambridge University Press, 1995, pp. 48, 70, 90.

② Ashutosh Varshney, *Democracy, Development and the Countryside: Urban-rural Struggles in India*, Cambridge: Cambridge University Press, 1995, p. 38.

7500万农村人口的消费水平达到贫困线以上。与此计划相配套，政府还实施了"最低生活需要计划"。在随后的"六五"计划中，英·甘地将以工代赈计划更名为"全国农村就业计划"，形成系统性工程，强调以此方式消除农村贫困。① 印度政府前后推行了若干规模、区域、对象不同的农村就业项目，扶助部分小农和边际农提高产量，改善生存现状。值得一提的是，印度政府还于20世纪70年代开启了大规模的"白色革命"，以便更充分地挖掘畜牧业资源，成为印度政府的一个施政亮点。

6. "精英教育"的思想继承

早在英国殖民时期，英统治者便致力于在印度人中进行选拔培养，培植一批英化的印度知识分子阶层，以形成殖民统治需要的各种代理人，并通过他们传播英式文化和思想。因此，早在1857年殖民者便建立了三所大学及多个学院，将英语作为教学媒介，推行西化教育。与此同时，对作为广大被统治对象的下层人民则采取愚民政策，对于初等和中等教育漠不关心。结果，殖民统治下的教育结构出现了畸形，印度高校毕业生人数和文盲数量均在殖民国家中位于前列。独立后，印度中央政府意识到了这一问题，力图有所扭转，但是在邦一级，重视和投入程度是极不平衡的，未能在政策落实中扭转教育的畸形发展。印度教育充斥着矛盾与对立，教育系统庞大而复杂。尽管印度领导人对于教育高度重视，然而其推行的教育政策往往难以落实；尽管教育公平问题一再被提上议事日程，然而不同种姓、阶层、地区和性别间的受教育程度失衡依然凸显；尽管印度教育孕育了一批高技能的人才队伍，然而惠及广大民众的基础教育却发展缓慢。在此教育体系下，占人口多数的劳动者受自身素质限制，难以获取和创造发展机会，在困苦中挣扎求存。

总的来看，独立之后印度国家战略与劳动者的关系表现为以国家控制为主导，国家采取多种途径介入劳动关系，协调生产与就业、公平与效率的关系。政府的战略目标主要有两个：推动工业化发展；实现民族

---

① 陈继东："印度的就业政策措施与社会保障体系"，《南亚研究季刊》2002年第2期，第37—38页。

独立和保护劳工权益。这一战略体系脱胎于英国殖民时期的统治理念，在尽快实现国家独立和自强的基础上，强调一种绝对"正确"的战略设计，对英式政策架构有极强的沿袭。加上圣雄甘地也强调对真理的追求，他认为总存在一种正确或公正的方法，这种思维模式也极大地影响了印度的政策理念。这种独立自强、劳动和谐的思想和道德上的信仰在很大程度上导致政府对劳资关系大包大揽。家长式的理念在文盲率高、种姓制度根深蒂固、长期处于殖民地政权的印度社会具有坚实的社会基础。

（二）经济战略的有限调整：混合经济发展战略（1980年至1991年）

20世纪70、80年代，尼赫鲁模式的弊端逐步显露，印度经济陷入了困境。国内通货膨胀高企，钢铁、煤炭和水泥等工业商品严重短缺，能源、交通等基础设施不足。国际油价再创新高，印度政府石油进口给付非常困难。受国内外形势所迫，英·甘地政府被迫向国际货币基金组织借贷，并于20世纪80年代开启了有限改革，推行了以自由化为导向的战略方案。继任的拉·甘地政府延续了这一调整思路，并颁布了一系列政策，促进印度电子信息产业发展和高技术人才培养。他将电子信息技术产业置于经济发展战略的优先位置，其前瞻和远见为后来印度电子信息技术的快速发展打下了坚实的基础。总体来看，甘地母子主要是推动经济发展由政府主导、公营经济为主体向政府调控和市场配置相结合、公营经济与私营经济相结合的战略转变。采取的主要政策是取消或放宽许可证政策，推行市场化政策，对企业的管制进行了前所未有过的松绑。具体来看，政府主要推行了以下措施：

首先，取消或放宽许可证政策，提高私营企业活力。尼赫鲁时期的企业经营许可证政策严重束缚了企业的发展空间，英·甘地政府打破对私营企业的严格管制，逐渐放宽了工业许可证的限制，甚至取消了部分工业许可证，允许企业自主扩大生产。英·甘地主张，面向出口的工业生产主要依托私人部门来进行，鼓励私人垄断资本发展。在此思想指导下，印度政府推行了一系列鼓励私人投资的政策，取消42种工业生产许可证，并允许其自由扩大25%的生产能力。同时，规定工业机器、基础药材和特种钢等21种工业免于许可证申请，15种机械工业允许每年自动提高15%的生产能力，计划期内增加75%的产能可不再申请许可证。在此战略调整下，一大批企业简化了许可证手续，减轻了负担，生产积极性得到极大提高。此外，大幅度降低个人和企业纳税的税率，以增加个人储蓄，提高企业的投资能力和积极性。政府对垄断及限制性贸易行为法也做了修改补充，对小工业所做的保留逐渐地向所有规模的企业都开放，政策性的让渡撤销了，目的就是要为竞争创造一种平等的环境。这样做是为了"小工业能发展成更大规模的工业，也要让有的人进入小工业"。[①]

其次，推行国有企业改革，将国企置于市场竞争之中。调整对国企的管理方式，减少政府干预，放松政府过严过细的管制。同时，将竞争观念引入国企，强化商品和劳动市场竞争，发挥市场的资源配置作用。政府将调整国企经营范围作为重要手段，新的工业政策决议缩小了国企垄断经营的范围，过去只有国营企业可以经营的机床、药材、化工、炼铝、电力和化肥等部门向私营企业和外资开放。

再次，放宽进口，鼓励外资进入。印政府在80年代确定了对内放宽对外开放的经济改革方案，放宽进口，把竞争机制引进国内市场。这一调整松动了以往"只有国内没有的或国内不能生产的工业品才有可能进口"的原则，强调"只要有利于技术革新，有利于出口，无论是原料、中间产品还是资本产品都可以进口"。[②] 这一时期的外汇管理法实质上没有改变，技术横向转移、外资控股、本地员工培训等条款仍然存在，不过为了吸引外资和技术，政府简化了外资报审程序，设立了单一窗口进行一揽子处理。政府还采取优惠政策鼓励外资进入电子信息和计算机软件产业，这些部门的外资控股可达到75%—100%。外资进入后，可享受"国民待遇"，不再与本国企业区别对待。

[①] Government of India, Publications Division Minstry of Information and Broadcasting, Rajiv Gandhi Selected Speeches and Writings Vol. 1, 1987, p. 158.

[②] 张敏秋："拉·甘地政府的经济调整和改革"，现代国际关系研究所编：《第三世界国家的经济调整》（论文集），北京：时事出版社，1987年版，第147页。

在上述政策基础上，政府还强调科学技术的研发和进步，以电子计算机软件技术为引领，加强引进和创新，促使电子信息产业成为印度经济的一大亮点。拉·甘地强调科学技术研究，对技术方面的开发给予了极大的支持。他认为印度错过了19世纪的工业革命和战后的电子革命，没有搭乘上经济发展的快车，当前正在发生的电子计算机革命又是一次经济起飞的机会。他表示要用现代技术把印度带进21世纪。鉴于当时计算机软件国际市场的迅速扩大以及本国充裕的人力资源优势，印度决定建立起外向型的计算机软件工业。为此，政府于1985年和1986年出台了优惠政策，向软件出口商提供外汇使用便利。在政府的政策支持下，计算机硬件和软件进口税从115%降至60%，软件出口免交货物税；软件出口公司所获外汇收入的30%可以留成，以促进软件技术出口；金融机构为软件开发和出口提供风险投资。[1] 拉·甘地时期，电子工业获得了发展，其中软件业更是发展迅速。

最后，拉·甘地政府在前一阶段绿色革命的基础上，"实现了农业更多地以科学为基础的战略发展"，[2] 将绿色革命扩展到东部水稻种植区和全国干旱、半干旱的杂粮种植区，使之推进到第二阶段。

这段时期，通过对经济的局部调整，政府转变了发展战略，促进了生产力的释放，使印度经济摆脱了困境，国民经济增长率由1965年至1980年的3.7%增长到1980年至1990年的5.3%，[3] 并在一定程度上带动了其他经济指标的增长。不过总的来看，虽然甘地母子对印度的原有体制进行了部分改革，但并没有改革到尼赫鲁时期以来的经济体制的本质，总体来说并没有实现市场经济，因此印度的经济也没有实现根本性的革新。

---

[1] 孙培钧、刘创源：《南亚国家经济发展战略研究》，北京：北京大学出版社，1990年版，第118页。

[2] 奉定勇："试论印度绿色革命中政府的关键作用"，《河西学院学报》2010年第26卷第1期，第64页。

[3] Pradip Baijal, "Privatisation: Compulsions and Options for Economic Reform", *Economic and Political Weekly*, World Development Report, October 12, 2002, p. 4189.

(三) 印度全面经济改革：市场化、自由化、全球化发展战略 (1991年至2004年)

20世纪80年代印度政府推行的一系列开放政策，在未施行结构化改革情况下，允许更多进口，并举债国外。GDP增长率由此上升，但同时这些措施也导致了贸易逆差增大。雪上加霜的是，海湾战争后的油价上涨几乎耗尽印度所有的外汇储备，从而引发了整体性的经济危机。1991年拉奥政府上台，不得不再次向国际货币基金组织求援，并被迫开启了全面的市场化改革。在内外危机下，政府提出"政府的关键经济目标是恢复持续的高增长，这对消除贫困、提高生活水平至关重要"。[①] 因此，促进经济增长成为政府最主要的政策目标，在此基础上强调社会公平。在20世纪80年代调整的基础上，政府进一步扩大了自由化的强度和范围，强化了市场的作用。继任的瓦杰帕伊政府基本上与拉奥秉承相似的发展观念，在前任基础上推行"第二代改革"，决心深化第一次改革的成果，这在一定程度上可视为拉奥改革的进一步深化和延续。此轮改革依照先工业、外资、贸易，后金融、商业和服务部门的顺序开展，主要依靠国有企业私有化、拓宽外资引进领域、取消许可证等系列政策调整来放松政府管制，并发布新的经济法规，修改或废除计划经济体制时期的各种限制性规则。其经济自由化改革基于温和的渐进式路径，将政府的作用和市场配置结合起来，着重推行私有化、市场化、自由化和全球化，进一步放松对私人资本的管制，意在充分发挥市场机制和竞争的作用。经由20世纪八九十年代的改革，印度"自由市场发展战略"逐渐形成，与多年实行的"尼赫鲁发展战略模式"逐步割裂。

从市场主体来看，强化竞争，激发年均活力。第一，减少政府干预，扩大企业自主权，将公营企业推向市场，参与竞争。[②] 重要方式就

[①] 张淑兰：《印度拉奥政府经济改革研究》，北京：新华出版社，2003年版，第51页。
[②] Kotwal, A. et al, "Economic Liberalization and Indian Economic Growth: What's the Evidence?", *Journal of Economic Literature*, 2011 (4), p. 1153.

是进一步缩小公营企业专营范围，降低公营企业的投资比重。拉奥改革时期，为公营企业保留垄断经营权的部门仅剩6个。全国民主联盟政府成立后，又相继把煤炭、褐煤和矿物油开采、石油精炼和国防工业也向私人资本和外资开放。[①] 第二，改革工业管理体制，减少对私人资本的限制。政府简化或取消了工业许可证要求及垄断和限制贸易行为的规定，除少数行业以外，工业许可证政策原则上予以废除。政府的审查重点也由投资前转变为投资后对限制性商业行为、不公平贸易惯例以及垄断行为的规制。同时，扩大私人企业进入领域，国营企业占主导地位的第二类行业对包括外资在内的私营企业全面开放。政府还强调简化营商程序，在金融改革领域放松对于金融活动的从业限制，同时放松对直接信贷计划的政府管控，强化资本管理。21世纪初，仿效中国做法，建立经济特区。第三，充分激发企业活力，推动建立"谅解备忘录"制度。由企业、主管部门和有关专家组成的评审小组根据企业过去5年的经营状况制定现行计划目标，旨在扩大企业的经营自主权，将企业管理人员的薪金与企业绩效挂钩，进一步激发企业管理人员工作的积极性。第四，对小型工业的政策从单纯保护转变为提高活力。小规模企业保留行业也允许大企业持有24%以下的股份，并陆续出台了一些放松管制的举措：2001年取消了对14种产品的保护措施，2002年又减少了50种，并将某些产品的投资额上限放宽到100万美元。不过，到2002年初，这种专门保留给小型工业生产的产品仍有762种，其中大约有200种是小型工业根本没条件生产的，而大中型企业又不允许生产的。[②] 可见，对于对小型企业的保护性政策虽有所调整，但改动幅度有限。第五，积极吸引外资，降低进口关税，扩大外资准入领域。多数行业外资持股比例由40%提高到51%，在电力、炼油和出口导向型行业外资可100%持股，同时允许外资进入资本市场、银行业、保险业、电信业等

---

① 林承节：《印度近二十年的发展历程——从拉吉夫·甘地执政到曼·辛格政府的建立》，北京：北京大学出版社，2012年版，第269页。
② 文富德："印度难以推行第二代经济改革的原因及前景"，《南亚研究季刊》2014年第3期，第41页。

部门，并为外国资本投资电力部门提供收益担保。

从行业部门来看，印度政府进一步强化了信息服务业的发展，将其作为经济发展的排头兵。前文已提及，早在20世纪80年代，总理拉·甘地就提出科技兴国的基本国策，以此为动力推进印度的现代化进程，着力引进世界先进科学技术，大力振兴电子信息产业。到了1998年，政府进一步制定了《信息技术行动计划》，提出发展信息软件和硬件的政策任务，并推行了配套措施，明确以10年为期实现"软件超级大国"的战略目标，确定信息产业为印度优先发展的产业。此后，以信息服务业为亮点，印度的服务产业取得了长足的发展。实际上，印度以服务业为引领的经济增长模式在独立后就有萌芽，20世纪80年代战略初步形成，90年代进行的经济改革进一步强化了这一趋势。在此战略定位下，印度政府的各项经济政策明显偏重于服务业的发展。与此同时，在工业领域，改革后印度国家政策扶持的重点行业仍集中于资本密集型部门，新兴电子、石油化工、制药等行业在政策支持下获得了快速发展。结果，资本、技术密集型产业部门发展快于劳动密集型产业。从1950年到1999年，印度钢材产量由105万吨增至2380万吨，石油从20万吨增至6854万吨，原油从30万吨增至3270万吨，水泥由270万吨增至8800万吨，汽车由1165万辆增至6412万辆，化肥由118万吨增至130611万吨。与此形成对比的是轻工业产业产量增幅相差甚远，例如棉布仅由42亿平方米增至255亿平方米。① 可见，印度政府战略具有明显的倾向性，服务业的技术密集型优势得以建立，资本密集型工业继续得到发展，而农业和制造业等劳动密集型工业的整体竞争力受到削弱。

在劳动政策领域，国家劳工委员会于2002年完善现有的劳动关系立法框架，将1926年《工会法》、1946《产业就业法》、1947年《产业争议法》整合成单一的劳动关系管理立法体系，简化和减少了企业在关闭工厂前需要向政府申请的程序以及获批的限制条件等。至于劳动法最为诟病的核心条款也曾作为政府改革的关注重点，但是随着时间推移和

---

① 孙培均、华碧云：《印度国情与综合国力》，北京：中国城市出版社，2001年版，第52页。

党派博弈，终究时移事易，印度庞杂的劳动政策体系最终仍未得到根本性调整。

印度的全面经济改革效果是显著的。自 1991 年改革以来，印度 GDP 增速升至 5.9%。政府"投资友好型"的态度推动了市场的快速培育。相较于早期的积极干预，政府逐步脱离了劳动关系体系。这些变化不仅导致企业权力的普遍重申，而且还重新界定劳资关系是双边的。[1] 然而，改革的好处主要由企业主和创业者获得，印度经济和社会发展中的社会分化已明显加剧。事实上，全面改革以来的结构调整在相当一段时间内一直被劳工视为最大的威胁，改革倾向于强化市场力量，私营部门和外国投资者的权力得以加强，劳动者的地位受到削弱，因此引发了工会的强烈反击。实际上，这一时期的很多关键政策均源于国家独立之初，因此此次改革并非是整个政策体系的重建，而是一些新政策与旧有政策的拼接。随着改革开放的持续深入，当时的劳动关系体系已难以应对企业发展和就业保障的双重需求。此外，值得注意的是，这一时期城市工商企业仍是政策的重点关注领域，农村和农民问题受到忽视。

（四）经济发展战略的重新定位："包容性增长"战略（2004 年至 2014 年）

市场化改革的开启并没有改变下层人民的贫苦状况。印度贫困问题愈演愈烈，贫富差距日益扩大，民众不满情绪高涨，导致印度人民党在 2004 年大选中败北。曼·辛格政府吸取前任政府大选失败的教训，在继续坚持改革方向的同时，注意缓和社会经济矛盾，使其发展战略增添了一些谨慎意味和人性化色彩。这一时期的经济发展战略是在坚持前期政策方向的基础上兼顾社会公平的结果。国大党领导的团结进步联盟政府通过制定《第十一个五年纲要》，明确把"包容性增长"纳入国家经济社会战略层面，将其作为减贫、实现社会公平正义的指导原则。这一

---

[1] Ratna Sen, *Industrial Relations in India: Shifting Paradigms*, New Delhi: Rajiv Beri For Macmillan India Ltd, 2003, p. 130.

时期，印度政府开始重视占印度人口多数的广大平民的利益，既强调市场经济的竞争性，又突出经济发展的公平化，推行统筹兼顾、稳中求快、快中求全的"包容性增长"经济发展战略。

政府针对弱势群体推出若干促进社会公平的就业计划，主要有以下三个方面：

第一，提高农民就业率和收入。以减轻贫困、增加就业为具体目标，印度政府将农村发展视为又一重点领域。政府列出专项资金资助发展小型企业，帮助农民创办小型企业，推进农业产业化经营。同时，采取优惠政策，鼓励农村劳动者自谋职业和自主创业。首先，为增加就业机会，政府于2006年2月开始推行《国家农村就业保障法案》，在印度全部640个农村地区推广实施。该法案首次以立法形式保障农村劳动者的就业权利。法案规定，邦政府需在每个财政年度为每个有成年家庭成员且自愿从事体力劳动的农村家庭提供不少于100天的带薪就业机会，从事平整土地、兴修水利、开凿运河、架桥、修路等非技术性的手工劳动。该法案汲取了以往立法中过于理想化的教训，细化了具体的操作规范。例如，安排工作时女性要占到1/3的比例；工作地点超过住所5公里的申请人有权获得10%的交通和生活补贴；项目须建立在公共的土地上，但整个费用安排中应保留一定比例的资金用于表列种姓和表列部落成员的私人土地投资；工作场所需备有干净的饮用水，为工人提供最起码的设备等。① 自《国家农村就业保障法案》推行以来，所覆盖的范围迅速地从最初的200个地区扩展到全国所有的地区。2007—2008财年，该计划为2080万印度农村劳动者提供了就业机会，这是印度在农村推行的覆盖范围最广、涉及人数最多的一项农村就业项目。② 2007年，政府进一步颁布了《国家农民政策》（National Policy for Farmers, NPF），侧重于赋予农民资产权利，改善农民经济状况，为农

---

① 温俊萍：" 印度农村就业保障政策及对中国的启示"，《南亚研究季刊》2012年第2期，第65—66页。
② 刘晓凤：" 金融危机下政府财政对就业的影响及作用研究"，《北华大学学报（社会科学版）》2009年第10卷第5期，第15页。

民提供更广泛的支持。其次，为增加农民收入和就业机会，辛格还提出"第二次绿色革命"。他吸取第一次绿色革命的不足，提出新战略要适应小农和边际农的需要，为农民提供更多的工作机会。其基本措施包括：增加农业科研投入，提高土壤肥力和水资源利用效率；减轻农民债务负担，推广农村低息信贷；培育市场价格高、出口前景好的农作物新品种；支持私营部门进行生物技术研发，扩大技术应用范围。最后，政府还加强农村基础设施的公共投资，发展农村信用合作社，确保农民适用于最低工资法，在贸易条款中为农民提供足够的进口保护，保证全体农民得到公平有力的价格保证。通过以上项目，印度政府计划2009年前开发2500万公顷荒地，新增3500万公顷灌溉良田；[①] 在100个最落后的县实施基础设施发展特别计划，修筑农村公路和建设农村通信网、电力网；在条件适合的地区发展计算机互联网设施；实施各种"以工代赈"等就业计划，建设农村道路、小型灌溉设施、校舍等。通过这些办法，推进开荒和兴修水利，增加粮食产量，同时拓宽农民增收、就业的渠道，为无地少地农民创造了就业机会。

第二，推广教育项目，增强劳动者造血功能。政府明确国家扫盲目标，加大教育投入，整合教师资源，积极推进学习中心建设。尤其加大了农村贫困地区教育经费投入，提高农村弱势群体造血功能。[②] 2001年，印度政府宣布实施 Sarva Shiksha Abhiyan（Movement to educate All, 简称 SSA 计划），将其作为普及初等教育运动的旗舰项目。该计划确定了四大目标：2005年前实现6—14岁学龄儿童全部入学；2010年前所有适龄儿童接受8年教育；弥合不同性别和群体儿童在入学率、在学率和学习上的差距；提升小学阶段教育的整体绩效。2009年，印度政府批准通过《儿童免费义务教育权利法》（简称RTE法），对普及初等教育的目标、标准和措施等做出了详细规定，为SSA计划的继续推行提

---

① 付小强："印度的'第二次绿色革命'"，《现代国际关系》2004年第5期，第31页。
② 王志章、王晓蒙："包容性增长：背景、概念与印度经验"，《南亚研究》2011年第4期，第114页。

供了完整的法律框架。SSA 计划始终将弱势群体作为重点关注对象，其中女童教育一直是政策的中心。2003 年和 2004 年 SSA 计划连续出台了两个女童教育计划，分别是全国小学女童教育计划（National Programme for Education of Girlsat Elementary Level，简称 NPEGEL）和高级小学女童寄宿计划（Kasturba Gandhi BalikaVidyalayas，简称 KGBV）。[①] SSA 计划是自印度普及初等教育运动以来，政府推行的最为广泛、最强有力的一次行动计划。

第三，强化社会保障，促进经济财富共享。市场化改革使得不受管制的非正规就业显著增加，政府为此出台了为非正规就业劳动者提供就业保障和社会保护的相关政策。为给予无工会组织部门帮助和支持，2004 年，印度劳工与就业部起草了非正规部门工人社会保障计划，同年政府还成立了非正规部门企业全国委员会。2008 年，国家出台并通过《非正规部门社会保障法案》，成立国家社会保障委员会，处理非正规部门的劳动社会保障问题，将原有的福利和社会保障制度扩展到所有的非正规部门。[②]

政府在促进社会公平的同时关注经济效率的提高，促进城市经济增长，实现经济效益最大化。这一部分的改革大致延续了前期的调整框架，其措施有：

第一，注意战略推进步伐的同时继续深化对公营企业的改革，鼓励但不强迫公私企业合并。同时，继续从公营企业撤资，将公营部门推向市场。

第二，进一步放宽对私营企业的限制。政府鼓励经济特区建设，以公有、私有、合作经济及政府代理等形式大力推广经济特区。规定特区内企业经营前 5 年免征所得税，随后 5 年免征 50%，此后再 5 年出口利润的 50% 可用于再投资。同时，允许私营企业进入基础设施建设领域，

[①] 杨曼曼、连进军："印度初等教育普及计划（SSA）对弱势群体教育公平的促进及面临的难题"，《外国中小学教育》2013 年第 6 期，第 8 页。

[②] Government of India, Ministry of Labor and Employment: Unorganized Workers Social Security Bill 2008, http: //labour. nic. in/acts/Unorganised-workers-social-security-act - 2008. pdf. （上网时间：2017 年 7 月 3 日）

鼓励私人资本进行公路、机场等项目投资。

第三，进一步放松外资管制，提高外资占比，扩大外资投资领域。政府将银行和保险业的外商直接投资比例限额从26%提高到49%，将电信业从49%提高至74%。外资在绝大多数部门的限额比例都升至100%。政府还允许私人企业开办铁路集装箱运输业务，对公路、机场等基础设施领域投资，鼓励私人企业建集装箱站。① 同时，向外资开放零售商业，允许以合资形式对印度零售业进行投资。放宽外资对国内航空投资的政策，并原则同意开放房地产市场，允许外资参与城镇和住房开发建设、基础设施建设等。

第四，改善市场环境。引入增值税，降低产品消费税，逐渐取消中央销售税和附加货物税。② 同时，提高政府行政效率，加快投资申请的审批速度。规定凡投资道路、电力、电信、石油、机场、采矿等基础设施的外商直接投资申请，应于7天内审批完毕。

在以上政策基础上，选取重点行业作为抓手。辛格政府于2005年和2011年分别发布《印度制造业国家战略白皮书》和《国家制造业政策》，提出要扩大国内市场，确保印度制造业低成本优势。区域规划上，提出建设7个国家投资和制造业集聚区、4条工业走廊、16个工业城市、8条环德里孟买工业走廊、2座高科技城市，以打造印度世界级工业枢纽和产业集群。

从以上两个方面可以看出，2004年后印度政府开启的经济发展战略是在坚持前期改革方向的基础上，对战略重心的调整。这一时期政府的发展战略是建立在这样一个理念基础上的：经济的发展需要同时关注产业关系的和谐以及社会和经济的公平正义。社会失衡日益加剧，企业面临的国内和国际市场竞争压力不断加大，使得劳动关系改革越来越迫切。但此次调整在劳工政策和劳工立法上并没有显著的改变，同时政府对关系印度农业发展的关键问题即土地制度也没有触动，政府只是以直

---

① 文富德："印度曼·辛格政府坚持谨慎经济改革"，《南亚研究》2001年第1期，第10页。
② 文富德："印度曼·辛格政府坚持谨慎经济改革"，《南亚研究》2001年第1期，第10页。

接的农村就业方案、社会保障和教育计划缓解贫困和失业。①

（五）莫迪改革与因循："工业化""城市化"的"印度制造"战略处方（2014年至今）

莫迪上台以后，进一步将"印度制造"作为国家发展的基本战略，以基础设施和劳动密集型制造业为重点发展行业。该战略旨在从制造业中找到增长动力，力图积极推动经济向制造业为引领的增长模式转变，以取代传统服务业引领的增长模式。根据"国家制造业计划"（NMP），印度计划建立工业园区，将医药、旅游、化学、铁路、汽车等25个行业划为重点行业，② 同时兼顾传统优势，把电子制造业作为发展的关键领域。政府承诺提供系列优惠政策，优化营商环境，简化审批流程，为本国及外国资本进入生产领域创造条件。目标设定上，政府拟在2022年之前将制造业产值比重由现在的16%提高至25%，并创造出1个亿的就业岗位。③ 莫迪曾在演讲中称："提振印度制造业能够为广大的穷苦青年提供就业，而青年人群得到工作岗位，可以大大地改善家庭经济状况，由此家庭购买力将得以提升，从而助力经济发展。"④

印度政府为"印度制造"设置了专门网站。据介绍，"印度制造"包括"五大任务、四大支柱"。⑤ "五大任务"分别是吸引投资、强化基

---

① Elizabeth Hill, "The India Industrial Relations System: Struggling to Address the Dynamics of a Globalizing Economy", *Journal of Industrial Relations*, Vol. 51, 2009.

② Entrepreneur India, "Make in India Promotes Investment In 25 Focus Sectors", May 3rd, 2016, https://www.entrepreneur.com/article/275057.（上网时间：2016年9月5日）（注：25个行业分别为食品加工、汽车、汽车零部件、皮革、航空、生物技术、制药、建筑、电子机械设备、电子系统设计与制造、化工、信息技术与商业流程管理、娱乐媒体、国防军工、采矿、铁路、油气、港口、再生能源、道路及高速公路建设、空间技术、纺织、火电、旅游和健康产业。）

③ Sunita San and A. Srija, "Make in India and the Potential for Job Creation", http://www.ies.gov.in/pdfs//make-in-india-oct15.pdf.（上网时间：2016年7月25日）

④ "English Rendering of Prime Minister Shri Narendra Modi's Address at the Launch of 'Make in India' Global Initiative", http://pib.nic.in/newsite/PrintRelease.aspx?relid=110043.（上网时间：2016年8月13日）

⑤ "Major Innitiatives: Make in India", http://www.pmindia.gov.in/en/major_initiatives/make-in-india/.（上网时间：2016年7月14日）

础设施建设、加强创新、提高技能、保护知识产权。"四大支柱"指新流程、新基建、新部门、新观念。新流程意为简化营商流程，放松管制；新基建指制造业发展需要的基础设施升级和基于现代化通讯技术和综合物流的工业走廊建设，同时还包括数字化的快速注册系统以及符合产业发展需求的劳动者队伍；新部门指向外资扩大开放，放开建筑、铁路、保险等部门的外资限制；新观念则强调理顺政府与市场的关系，发挥市场的基础配置作用，完善政府作为市场服务者的角色。为配合"印度制造"的顺利实施，印度同时加大了城市的建设力度。由于政策忽视及统筹失调，印度的城市化建设早已滞后，城市化发展迟滞，贫民窟与现代化建筑在城市并存，形成鲜明刺眼的对比。"印度制造"实施后，工业化的发展势必要求城市容量和服务能力的更大提升。莫迪认为，"在如今的世界环境下，各国的竞争已不是国与国的竞争，而是存在于城市"，城市是凝聚经济活力的中心，也是脱贫的活动阵地。上任不久，莫迪便将城市化作为优先考虑，在强化城市基建的同时，提出"智慧城市"的建设方案，预计在全国打造100座"智慧城市"，其中包括老城的升级改造以及全新的城市规划。同时，这也可作为辅助措施，创造新的投资和就业需求。从其后的政策部署来看，在上述战略基础上，莫迪又于2017年1月相继推出"创业印度"，意在培育科技和制造企业，重塑体制机制，进一步为初创企业营造良好的创业生态圈，激发企业家精神，助力"印度制造"。以上对莫迪"印度制造"战略进行介绍和概括，试图勾勒出此战略的大致轮廓（见图3）：

具体措施上，莫迪政府将扩大劳动力需求作为战略定位，将刺激和引导资本走向作为最重要的政策手段，大力提振印度产业能力和强化市场主体功能成为莫迪推动就业的两大政策目标，并通过一系列相关政策调整在中观层面为其战略设计形成政策支撑。

第一，莫迪上台以来，不断放宽外资的行业上限，调整覆盖多个领域。印度商业和工业部称，"此次改革的核心目标是进一步简化、放松和规范外国资本进入印度的商业流程"。多措并举吸引外资成为莫迪政府投资政策的核心。

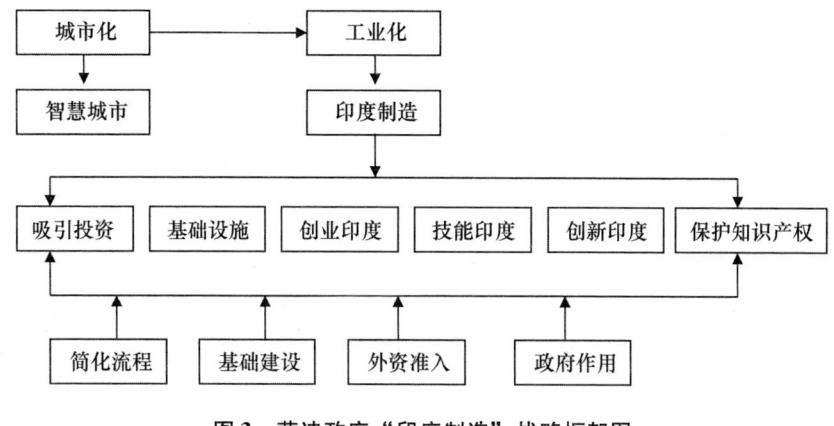

图3 莫迪政府"印度制造"战略框架图

第二，莫迪政府于2016年1月正式提出"初创计划"，宣布启动"印度创业，印度崛起"行动（Start Up India, Stand Up India），旨在通过资金支持和优惠政策扶助中小型初创企业，推动印度创新和创业。

第三，莫迪政府成立"破产法律改革委员会"，着手改革公司法中的破产法案。政府撤销了现行关于破产制度的相关法律，以改善破产法律条款中的逻辑混乱问题，明晰了破产程序中的关键条款，同时针对中小微企业设立专门的监管机构，就不同的企业破产问题建立专门法院。

第四，2016年，印度议会上院联邦院一致通过创立全国统一消费税的提案。该提案距最初提出近30年后终于历史性地通过，成为莫迪自2014年上任以来取得的最大改革果实。

第五，2016年11月，莫迪宣布为打击腐败，断绝恐怖团体资金链和假币流通渠道，决定废除500卢比和1000卢比两种最大面额纸币的流通。此后，又重新发行新版面值500卢比和2000卢比的纸币，以逐步取代老版500卢比和1000卢比的纸币。这是38年来印度首次废除流通中的纸币。莫迪指出，此项举措是为在打击"黑钱"的同时，废止那些广泛用于资助恐怖主义的钞票，减少腐败、毒品交易、走私等社会现象。突然颁布的废钞令在印度乃至世界范围引起很大反响。长远看，"废钞令"与商品与服务税改革、资本引进与创新创业等项目发生什么样的化学反应需要市场检验，但是印度在莫迪领导下加强国家经济掌控力和动员力的步子的确有所迈进。

与此同时，莫迪政府的一些战略举措也遭遇了巨大阻碍。在劳动改革方面，莫迪政府将1948年的《工厂法》、1961年的《学徒法》和1988年的《劳动法》作为劳工政策改革的三部重点法案，目的在于推进劳动力市场要素流动，提高企业用工灵活性。《学徒法》和《劳动法》已获议会两院通过，而影响甚广的《工厂法》改革遭遇强大阻力，因在联邦院遭到反对党的反对而被搁置，莫迪不得不转而通过印度人民党在邦层面进行局部改革。莫迪政府的劳动市场改革仅触及个别法案，且其政策推行阻力重重，对整个劳动资源配置实难产生根本撼动。在征地制度调整上，莫迪政府于2015年初提出土地法案修正案，将与国防、农村基础设施、经济适用房、工业通道和基础设施、社会基础设施相关的土地征用排除在同意条款和社会效应评估条款之外，力图放松征地条款，为其投资和项目发展提供支持。然而，国大党指责新法案为资本家服务，最终未能在印度人民党居少数地位的联邦院获得通过，一些农民组织也通过公共利益诉讼对修正案提出反对，莫迪的土改不得不以失败告终。

莫迪将重商和重视市场效率作为政策基调，强调以发展带动分配，以效率推进公平。在不放松传统产业发展优势的同时，致力于补齐增长短板，从经济的薄弱处寻找增长动力，将"工业化""城市化"作为战略支点，立志将印度打造成下一个全球制造业中心，为印度消灭贫困、跻身强国之列夯实基础。其政策重心聚焦经济增长，提出"不要渐进式改革，而要跨越式的更新换代"，① 试图推行大刀阔斧式的改革，实现印度的"大国理想"。从最终的实施效果来看，印度的战略建设得到了一定的推进和完善，然而部分关键性改革仍是举步维艰。

---

① "中国GDP首超10万亿美元，莫迪称印度目标20万亿"，观察者网，2015年1月20日，http://mil.news.sina.com/2015-01-20/1239818803.html。（上网时间：2018年7月14日）

第二节 印度经济发展战略的演进规律

纵观印度经济战略的发展历程，其演进过程存在前进和反复，在迷茫中透露出探索，摇摆中蕴含着理性，在传统思想和自由民主的碰撞中曲折发展，在保护弱者和自由竞争中寻找平衡。印度国家战略设计具有一般发展中国家的历史特点，也极具印度多元民主社会环境下催生的独特模式。细观这一探索过程可发现，其中也存在一定的规律和逻辑。

一、印度经济发展战略的整体推进

1991年的印度经济战略改革使其经济摆脱了低水平增长，逐渐步入高速增长轨道。瓦杰帕伊政府开启的第二代经济改革开始对小工业的保留政策和财政金融政策进行修改，这是此前改革未触及的领域。而第二代经济改革在立法层面遭到来自印度社会各方面的极大阻力，贫富差距和社会不公导致民众放弃了瓦杰帕伊政府，该政府在新一轮大选中垮台了。面对来自国内外的巨大政治经济压力，2004年新上台的曼·辛格政府谨慎启动第二代经济改革。历史总是相似的，由于执政联盟中左派的极力反对，第二代经济改革部分流产了。2009年曼·辛格政府再次上台，尝试重新启动第二代经济改革，而美国爆发的国际金融危机波及广泛，迫使印度的经济改革再次搁置。2012年，国际金融危机持续蔓延，欧洲国家主权债务危机难以走出泥淖。在国际经济形势低迷的环境下，印度经济增速也大幅放缓，被冠之以"褪色的金砖"。面对严峻的经济考验，曼·辛格政府终于不顾反对派的强烈反对，强力推行第二代经济改革。然而，这次改革仍然遭到来自印度社会各方面的阻力。2014年，印人党获得议会选举绝对多数，其候选人纳伦地拉·莫迪出任下届印度总理，印度进入"莫迪时代"。以当前观之，其关键性改革步伐仍受阻滞，就业创造宏观目标的实现前景暗淡。虽然历届印度政府认为产业劳动关系体系需要进行改革，但国家社会政治的重重矛盾都意味着印度缺乏改革所需的坚实的政治土壤。

二、战略演进的"路径依赖"

印度经济发展战略推进始终难以获得实质性的突破。随着时间的推移，印度战略改革进程不断推进，不过纵观60多年来印度战略的演化，始终难以脱离既定的政策框架，其重要表现便是具体政策的调整相当滞后。在印度国家战略的探索背后，折射出印度经济发展战略演进的一种现象和规律，即"路径依赖"。路径依赖强调，早先发生的事情会对其后发生的事件结果产生影响，人们过去的选择决定了他们未来可能的选择。诺斯认为，制度变迁和技术变迁一样，存在自我增强机制，这种机制使得制度一旦走上某种路径，它的既定方向就会在发展中不断强化，从而形成对变迁轨迹的依赖。[①] 印度经济发展战略的调整看似是印度政府的主动作为，然而这一调整背后却暗含着印度在其独立后所确立的战略选择。当然，在各个时期，政府根据变化的具体情况也做出一些调整，并取得一定进展和成果，但都无法完全脱离之前的战略轨迹。具体体现在：

第一，战略调整长期沿着资本激励的路径前行，且始终致力于积极推动正规部门资本积累先行。印度独立之初，其经济发展战略选择对于重建本国工业体系、实现经济独立和自给自足具有重要意义。但是，政府将资本优先配置在国有及重工业部门，选择了资本偏向型的发展战略，显然与印度国家资源条件相悖。印度政府对于要素资源的严格管制导致市场扭曲，高度集中、倚靠国有重工业支撑的战略安排逐渐由报酬递增转变为报酬递减。西方发展经济学的主流思潮是强调工业化和资本积累的作用，认为欠发达国家落后的根源在于资本匮乏，由此走上低生产率、低收入和低积累的恶性循环。受此思潮影响，印度政府在长期难

---

① [美]道格拉斯·C.诺斯著，杭行译：《制度、制度变迁与经济绩效》，上海：上海三联书店，2008年版，第129—130页。

以触动土地制度的背景下，转而寻求一个政治上要求较少的替代方案——资本改革。1991年以来的自由化改革革除了市场过度管制的限制，修正了过去经济发展长期依靠政府保护的管理体制，市场机制逐渐建立。印度的经济发展战略在全球化、市场化的国际环境下应运而生，但其战略思想却仍沿着计划经济时期的路径推进，资本改革始终先于其他要素改革进行。改革前，印度实施的是资本密集型和技术密集型的重工业优先发展战略，改革后，印度经济战略的要素配置侧重和推动方式也未发生实质改变，仍在强化正规部门的资本要素积累。印度经济战略的制定者认为，增加投资就会带动整体经济和就业水平的提高，因为生产性资本需要与劳动相结合才能进行相应的产出活动，因此历届印度政府的改革始终围绕扩大私人投资范围，鼓励资本引进进行。印度非正规就业劳动者和小生产者获得资本的途径相对有限，因此在重视资本积累的改革理念下，大资本的战略倚重日益强化。

第二，印度国家经济战略的调整滞后还体现为国家政策调整的缓慢。在印度，土地产权、劳工权利和小业主的保护具有不可置疑的正确性，这与印度立法的传统有关。独立前，为了反对英国的殖民剥削，印度人仿效英国的法规出台了大量保护措施。因此，这些对于土地、劳工和小业主的保护是当年伟大的反殖民运动的一部分，独立后又成为尼赫鲁体现社会主义优越性的神圣政治遗产。这样就导致了经济基础和上层建筑脱节：经济基础处于半封建的前工业阶段，上层建筑却是从完成了工业化的英国人那里借鉴而来的。之后的印度经济发展战略旨在通过激发工业、外贸和金融部门活力，以发展市场化外向型经济，加速工业化进程，由此实现农村剩余劳动力向城市转移。这本是印度国情下解决内需不足、资本短缺困境行之有效之法，然而政府推行的多项战略措施在印度复杂多元的社会政治环境下难以开花结果，反而造成战略推进道路矛盾丛生、坎坷反复，致使印度经济问题表现出高度政治化的倾向，使得改革进退维谷。全面改革以来，印度历届政府对众多领域进行了改革，意图推动全面的市场化和自由化，但改革进程却频遇阻力。而每每如此，政府大多妥协了事，或寻找替代方案，甚至直接放弃改革。诸多核心经济政策的制定、调整和改革由于印度社会多元化的利益诉求而受到阻滞，只有鲜有涉及众多既得利益的全新领域才能得到较好的政策执行，例如高科技领域等。正因如此，公营企业私有化、征地法等影响经济发展的核心改革迄今都没能取得实质进展。尤其是作为拥有大量廉价劳动力的国家，印度也是世界上劳动法最为严苛的发展中国家，即便是在印度的经济特区里，劳动法的束缚依然可寻。独立之前后颁布的劳动就业法律长期沿用，只是对部分政策做了局部修改，并未颁布系统的劳动法规。全面改革后，社会劳动已开始注重市场的作用，但相当程度上仍由国家主导。在工资、就业、配置方面劳动力市场僵化仍然存在，协调劳动关系的政策长期滞后于经济改革的步伐。投资者对此怨声载道，甚至私有化进程也因此受到严重影响。独立初期的这些战略设定在改革中始终无法得到纠正，各个生产要素之间、同一生产要素在不同行业和部门之间的错置愈发严重，增长模式长期锁定在以大资本为推力的发展路径上，改革的努力只能放在选取不同重点地区和部门来推进。

同时，印度的小规模企业保留政策调整滞后，影响难消。印度政府为保护小企业制定了小规模企业保留政策，规定超过 1000 个制造生产活动仅限于小企业进行。这些活动普遍需要密集使用大量非技术劳动者，大型企业被排除在这些生产活动之外，小企业则享有税收和补贴优惠。由于生产扩张会失去这些税收和补贴优惠，因此这项规定在很大程度上限制了非技术劳动密集型生产的扩大。随着全球市场竞争的加剧，印度这些产业由于规模过小而受到极大制约。印度政府于 2003 年开始着手废除小规模企业保留政策，到 2007 年仍存有 308 项。该制度的变革缓慢推进，直到莫迪政府时期才得以完全革除，历时 60 年之久。这一战略选择奠定了印度企业小型化与非正规化发展的基础。

第三，部分战略理念长期延续。农村就业计划总是作为印度政府进行救济的"最后贷款人"。回顾印度自独立以来的国家就业和减贫政策，一个重要特点就是政府特别重视立足于从农村出发来发展农业，以推动广大贫民的就业和增收。从土地改革、"绿色革命"到农村就业计划和乡村工业发展计划，在改革之前政府便已针对农村做了大量工作，以缓解农村劳动者就业压力，将过剩的劳动力留在农村。当时这些政策均是在印度取得国家独立与民族解放之后，在充满对西方国家敌意的民族心态下做出的，是在缺乏效率的私有制基础上的"计划经济体制"之下的选择。事实证明其结果未能实现有效的经济增长，也未能有效解决多个世纪积累起来的贫困。面对世界开放共融环境下创造的经济奇迹，印度也终在1991年开始向市场经济转型，走上自由化、市场化、全球化的改革开放之路，并创造了印度历史上从未有过的经济增长。改革后，印度政府于21世纪初提出发展农业、建设农村、解决就业、改善农民生活的战略计划，在很大程度上继承了改革前的战略思想。此外，教育理念也长期延续。早在独立初，印度政府便将资源集中于高等教育的建设，长期推行精英教育模式，并对接受高等教育的学术进行补贴。这一教育理念长期存在，并延续至今，深深烙刻着计划经济时期的战略印记。

综上，印度漫长的历史留下了丰富而难以磨灭的战略和文化遗产。国家独立后，政府经济战略一方面体现了对于长期殖民统治的强烈反弹，另一方面更在无形中深植英国统治和封建传统的思想。其经济增长的经济学逻辑早在独立之时便已见端倪，为日后印度推行的经济发展战略奠定了重要的战略基础，留下难以抹去的烙印。1991年印度实行全面改革后，对此前的发展路径进行了修正，转向以市场为导向、强调开放和自由的经济发展道路。这次改革部分地扭转了此前的报酬递减趋势，在很大程度上释放了促进经济增长的巨大能量，印度宏观经济表现亮点频出。然而看似巨大的转变背后，旧的战略环境与改革确立的战略模式之间进行着不断的博弈和较量，并对新路径的转换产生强大影响。由于巨大的转换成本，这一发展路径不易改变，甚至有自我增强的趋势。① 结果，20世纪50年代印度政府注重高等教育、资本和公共部门

---

① 曹瑄玮、席酉民、陈雪莲："路径依赖研究综述"，《经济社会体制比较》2008年第3期，第186页。

的发展战略对以后的经济战略模式产生深远影响，其解决就业之策也得到长期延续。印度经济战略的调整看似是印度政府的主动作为，然而这一动机背后，却暗含着印度在其独立后所确立的战略选择。当然，在各个时期政府根据具体情况的变化也做出一些调整，并取得一定进展和成果，但都没有完全脱离之前的战略轨迹，其中有几分思想偏差，更有几分无可奈何。

第三节　印度经济发展战略的本质属性

在不同的历史时期，印度政府面对不同的国内外压力和历史使命，对指导国家经济建设和社会发展的战略不断进行着适应性调整，使得不同时期的战略显示出不同的侧重。但是，印度的战略推进始终进退维谷，步履维艰，存在极强的政策延续性，表现为强大的"路径依赖"。印度经济发展战略的"路径依赖"提示我们，在印度各阶段的战略背后，应该暗藏着一些共性，它们源自印度战略建立之初，在几十年的演化进程中生存下来。这些共性定义了印度的经济发展战略内涵，揭示了其背后存在起主导作用的思想和规律。这一规律凸显了印度战略求索和探寻过程蕴含着的深刻问题与矛盾，反映了印度经济战略的本质内容和属性。

一、资源分配激励的失衡性

科斯认为，当交易成本为正时，权利的初始界定和责任的划分将对国民财富产生决定性影响。印度不平等战略基础的确立造成了在关键生产要素和物质资料的配给上严重的不均和倾斜，且资源分配的失衡始终难以得到扭转，社会和经济发展极度不平衡。首先，大多数贫苦农民未享有平等的土地资源分配。独立后的印度农村继承了半封建的土地制度，大多数贫农缺少赖以生存的生产资料。虽然印度独立后就土地制度进行了改革,然而复杂的种姓制度、多民族多语言、不同的宗教信仰都激发了改革的不平衡,印度的土改成为一个集经济、政治、地区、等级矛盾于一体的复杂交错的"迷宫"。之后开展的"绿色革命"又进一步在不同阶层之间拉开差距,促使收入和土地向大农集中。大农依靠占有的生产资料剥削贫农,在印度农村形成一种新的依附关系。农业工人普遍负债,仅获得微薄的收入,加之印度的土地以私有制为基础,依据市场机制,农业收入基于土地所有权进行分配,进一步造成收入的两级分化。其次,资本流动向大资本所有者倾斜。农村土地制度仅仅是印度战略安排的一个缩影,在城市同样沿袭了不平衡的分配格局。城市重工业投资和工业产值虽不断增长,但由于产业发展的资本和技术密集性质,资本密集型产业先于劳动密集型产业的发展。同时,资本要素向国有及大型企业集聚,即所谓的正规部门。资本在不同产业、部门和地域间的配比极度失衡,增长仅依托少数行业和部分劳动者。正规部门重资本轻劳动的发展模式对剩余劳动力的吸收能力很弱,二元化下的现代化进程推进受到阻滞。最后,物质资本配给失衡进一步导致教育资源分配的不公。资源和要素的富集与匮乏往往集中于特定人群,缺少土地的劳动者往往也缺乏资金,更无力负担高等教育,加上政府将高等教育和精英培养作为发展教育的重点目标,贫苦大众更难以获得优质的教育资源。因此,印度虽然培育了一批高等教育人才,然而国家文盲率却高于80%。综上,印度的经济发展战略推行是建立在土地、资本和教育等生产要素和发展资源配置极不平衡的基础之上,建立在大多数民众仍苦苦挣扎于贫困线的社会条件之上,且这一社会基础在后来的历次改革中均未得到根本改变。

二、要素配置的资本优先性

印度政府认为,通过加速本国资本积累,促进生产率较高和劳动密集型部门的发展,就能实现经济的增长和就业的扩大,随之,经济增长的好处就会逐步扩散开来。经济增长是解决大多数问题的利刃,就业也同样要以此方式才得以实现，最终经济发展可以达到全民福利提高的结果。在这一思想的指导下，印度把经济增长和资本积累作为经济发展战略的两个重要指标，将资金筹措和投资分配作为经济发展计划的核心内容，将增加积累和投资作为实现经济增长的主要途径，运用经济干预和调节手段，采取加速资本积累和鼓励投资的财政政策、金融政策和收入政策等，不断提高积累比例。强化资本独立性、推动资本扩张成为印度经济发展战略的显性特征。为实现国内积累和资本引进，国家出台了一系列有利于大资本的政策措施，从而刺激了资本偏向型技术进步的发展。此外，国内储蓄向生产性投资转化与社会背景密切相关，不易变更，因此在鼓励私人资本的同时，吸引外国投资始终是投资政策的一大重点。政府积极寻求外国直接投资和外国贷款、援助以增加资本积累额，建设活跃而广泛的国内市场未得到足够重视。可以看出，在印度经济发展战略的背后，始终隐含着这样一种逻辑：减少各种空间或时间障碍，加速正规部门资本的周转和扩张。其经济战略的资本扩张逻辑主要表现在两个方面：一是在空间上推动资本触角的不断延伸，实现量的增长，持续拓宽资本的进入领域；二是促进生产力在质上的提高，以科技或组织创新等方式促使经济系统开辟出新的市场和渠道，以不断更新的方式强化资本的力量。随着印度产业水平发展到一定层次，技术升级与资本密集度的提升紧密相连，尽管资本品数量没有大幅增加，但是附加高技术水平还是导致资本投入规模不断扩张。更为重要的是，印度的战略改革是在资源要素分配极不平衡的基础上，以竞争的手段作为战略调整的核心，一系列的改革使得资本要素市场化程度逐步提高，产业资本与金融资本的进一步结合使得其在总量和速度上取得惊人的发展，并推动资本的活跃性和投机性。

三、就业方案的折中性

在主流的增长理论中，就业并不是最早的研究目标，经济增长取决于资本投资和资本产出率。在新古典经济模型中，劳动和就业也未被视为一个变量，总增长得益于就业和生产率增长的可能性往往被忽略。人们常常认为经济增长和就业是两个问题，这种思想也误导了印度政策制定者。他们通常将增长视为产出过程，而将就业视为福利问题。[①] 在印度经济战略解决就业问题几番失效的背景下，印度战略设计者不得不从农村和农业中寻求答案。印度政府认为，在现存政治框架内，快速的战略革新难以实现，只得转而制定具有安全阀性质的就业政策。其解决之道就是尽量将农村剩余劳动力控制在农业和农村地区内，以此避免大规模城乡流动，引发社会动荡。印度就业促进战略始终以农村为立足点，致力于采取多种措施激励农民建设农村，留在农村，这就是印度劳动力就业政策的逻辑起点。长久以来，印度的就业计划仅仅作为一种"安抚"而存在，在此战略下，农村劳动者就业的性别比例、工作地点和时间均设有相应的操作规范，具有高度的计划性，走的是与传统发达国家完全相反的道路。正如印度总理辛格所言："印度的目标是让占全国总人口80%的农民和城市人一样富有，我们不是强调农民留在农村，而是通过采用经济激励措施鼓励他们留在农村。"同时，历时数十年之久的农村就业计划长期难以摆脱短视、腐败等问题。印度农村占据了国家人口的大部分，且是国家贫困和失业问题的重要根源和来源，诸如国家农村社会保障法案等就业安排仅仅为农村劳动者带来一些安抚和希望，使其收入可以达到法定最低工资水平。这一战略设计一方面反映了印度政策制定者对于经济发展和国民福利两个问题的割裂处理，另一方面也是印度战略框架下经济与就业增长偏离模式难以扭转而不得已的战略选择。

综上所述，独立以来印度的经济发展战略主要经过了5个演化阶段，大致经历了由计划管制向自由化、市场化、全球化的战略转变。面对市场经济带来的不平衡加剧问题，后期政府战略逐渐向兼顾社会公

[①] T. S. Papola, "Economic Growth and Employment Linkages: the India Experience", *Economic Growth and Employment-Pre and post reform analysis and challenges*, New Delhi: Regal Publications, 2014, pp. 1 – 2.

平、缓和社会矛盾的方向调整。印度经济发展战略实质是以推动资本扩张为重点，以减贫就业等社会福利项目为补充，以部门或行业为优先的经济发展策略，受到印度独立之初所形成的战略框架的制约。纵观印度经济发展战略历程，在相当程度上延续了既有的路径，其战略内核具有以下鲜明的特点：资源分配激励的失衡性、要素配置的资本优先性以及就业方案的折中性。

第三章 独立后印度就业发展形势

印度独立后的经济建设未能显著改善印度的劳动就业状况。不论是在农村还是城市，失业、贫寒、居无定所、文盲、疾病仍大量存在。始于20世纪90年代的市场经济改革使印度摆脱了"印度式增长"，但是这一增长却未由广大人民分享。虽然穷人和弱势群体在民主体制下积攒了巨大力量，但他们的利益未得到有效的战略安排，因此其经济境遇也未能大幅改善。严重的就业问题进一步引发和加深了印度的种族、宗教和种姓矛盾，造成深刻的社会矛盾。学界关于印度就业问题不乏研究和讨论，但是国内始终鲜见关于其就业形势和趋势的宏观及系统性描述。本章试图从多个层面对印度就业状况研究做出有益的探索和尝试，以发现印度劳动就业中存在的突出问题及矛盾。

第一节 印度就业形势

为还原印度劳动就业的大致状况，本节从劳动就业水平、劳动就业形式、刘易斯劳力转移以及库茨涅兹效应四个方面对印度劳动就业的状况和趋势进行基本观察。本节从总体上客观描绘了印度就业的大致图景，呈现出印度就业问题的纵向历程及横向比较，以阐明印度就业的发展趋势和发展水平。

一、就业水平

(一) 就业增长波动

1. 1947 年至 1993—1994 财年

印度独立初期，失业人口大量积压。独立初至 20 世纪 70 年代，印度经济年增长率平均为 3.5%，劳动力增长率为 2.5%，而就业增长率为 2%，由此导致失业的增加。1956 年至 1973 年，失业人数从 500 万增至 1000 多万，几乎翻了一番。[①] 20 世纪 80 年代，印度劳动市场出现了第一次显著变化，非农部门就业增长加快。1983 年至 1987—1988 财年常状态下印度就业增长率为 1.53%，1987—1988 财年至 1993—1994 财年依然维持了这一增长趋势，就业增长率为 2.39%。综合来看，1983 年至 1993—1994 财年印度就业率达到 2.1%，其中非农部门做出主要贡献。[②] 这得益于印度始于 20 世纪 80 年代的经济战略调整所带来的经济增长，也进一步催生了印度政府通过推动经济增长促进就业增长的发展理念。

2. 1993—1994 财年至 1999—2000 财年

1993—1994 财年至 1999—2000 财年，印度就业增长率只有 1%，其中，农村就业年增长率仅有 0.66%，而城市就业年增长率有 2.3%。就性别来看，男性就业增长率为 1.38%，而女性仅有 0.26%。与此同时，印度 GDP 年增长率达到 6%，实际工资年增长率 2.5%。[③] 这一时

[①] Arup Mitra, *Insights into Inclusive Growth, Employment and Wellbeing in India*, New Delhi: Springer, 2013, p. 171.

[②] Himanshu, "Employment Trends in India: A Re-examination", *Economic and Political Weekly*, Vol. 46, No. 37, September 10 – 16, 2011, p. 48. 转引自 National Sample Survey Organisation of India, NSS 61th Round Report No. 515: Employment and Unemployment Situation in India, 2004 – 2005, p. 76.

[③] Himanshu, "Employment Trends in India: A Re-examination", *Economic and Political Weekly*, Vol. 46, No. 37, September 10 – 16, 2011, p. 50. 转引自 NSS 61th Round Report No. 515: Employment and Unemployment Situation in India, 2004 – 2005.

期有相当部分的适龄劳动者选择接受教育培训，因此印度这一时期的就业低增长似乎部分得以解释。不过，相较于经济增长，就业增长依然显得过于滞后。

3. 1999—2000 财年至 2004—2005 财年

根据印度第 61 次就业调查，1999—2000 财年至 2004—2005 财年印度就业出现了罕见的增长提速。城市就业年增长率达 4.22%，是上一时期的 2 倍，农村就业年增长率为 2.41%，达上一时期的 4 倍，总就业年增长率升至 2.85%。女性就业更是出现了显著的增长，由 1993 年至 2000 年的 0.26% 增长至 1999 年至 2005 年的 3.7%，增长了 14 倍之多。同期男性就业也由 1.38% 上升至 2.45%。[1] 与此同时，自我雇佣劳动者增加，临时就业减少。女性农村劳动力 90% 以上都属于农业自我雇佣型就业，农业自我雇佣增加劳动力中 60% 为女性，与长期以来的就业趋势呈反向变动（见表 2）。这一时期，印度农村也发生了严重的危机，农业产出年增长率不到 1%，粮食产出增长为负数。农村工资水平降至 40 年来的最低水平，农民自杀率显著上升，农业危机持续发酵。诸多迹象表明，这一就业增长在相当程度上是源于女性对经济萧条、家庭收入降低的反应，属于"压力型"就业增长。大规模的贫穷和困厄致使相当部分劳动者进入劳动市场，由此带来劳动参与率的提高。这一提高并非出于劳动者自愿选择。学界将经济与就业的这一变动关系称为"收入效应"，即经济不景气时，女性出于生计被迫进入劳动市场，劳动参与率有所提高，由此带来总劳动参与率的提高和失业率的上升。该效应导致非正规部门女性暂时性地进入或退出劳动市场，使得就业增长数据呈现出积极变化。不过这些变动是较为短暂的，随着经济形势的好转，劳动力会逐渐退出劳动市场，从而造成劳动参与率的回归。这一时期的工业化进程并不是由非农产业发展推动的，而是低水平农业工资、收入

---

[1] Himanshu, "Employment Trends in India: A Re-examination", *Economic and Political Weekly*, Vol. 46, No. 37, September 10 – 16, 2011, p. 53. 转引自 NSS 61th Round Report No. 515: Employment and Unemployment Situation in India, 2004 – 2005.

以及经济产出的推力造成。这一结论也得到失业率数据的印证。2004—2005 财年,失业人数较 1999—2000 财年有所增长,2007—2008 财年再次出现下降,其中女性失业率下降尤为明显,① 这说明较高的就业率增长也伴随着失业率的提高。

表 2　不同就业形式占比　　　　　　　　单位:%

财年	农村男性 自我雇佣	农村男性 正式工	农村男性 临时工	农村女性 自我雇佣	农村女性 正式工	农村女性 临时工
1977—1978	62.8	10.6	26.6	62.1	2.8	35.1
1983	60.5	10.3	29.2	61.9	2.8	35.3
1987—1988	58.6	10.0	31.4	60.8	3.7	35.5
1993—1994	57.9	8.3	33.8	58.5	2.8	38.7
1999—2000	55.0	8.8	36.2	57.3	3.1	39.6
2004—2005	58.1	9.0	32.9	63.7	3.7	32.6
2007—2008	55.4	9.1	35.5	58.3	4.1	37.6
2009—2010	53.5	8.5	38	55.7	4.4	39.9

财年	城市男性 自我雇佣	城市男性 正式工	城市男性 临时工	城市女性 自我雇佣	城市女性 正式工	城市女性 临时工
1977—1978	40.4	46.4	13.2	49.5	24.9	25.6
1983	40.9	43.7	15.4	45.8	25.8	28.4
1987—1988	41.7	43.7	14.6	47.1	27.5	25.4
1993—1994	41.7	42.0	16.3	45.8	28.4	25.8
1999—2000	41.5	41.7	16.8	45.3	33.3	21.4
2004—2005	44.8	40.6	14.6	47.7	35.6	16.7

---

① Himanshu, "Employment Trends in India: A Re-examination", *Economic and Political Weekly*, Vol. 46, No. 37, September 10 - 16, 2011, p. 56. 转引自 NSS 61th Round Report No. 515: Employment and Unemployment Situation in India, 2004 - 05.

续表

	城市男性			城市女性		
	自我雇佣	正式工	临时工	自我雇佣	正式工	临时工
2007—2008	42.7	42.0	15.4	42.3	37.9	19.9
2009—2010	41.1	41.9	17	41.1	39.3	19.6

数据来源：Himanshu,"Employment Trends in India: A Re-examination", *Economic and Political Weekly*, Vol. 46, No. 37, September 10 – 16, 2011, p. 44. 转引自 National Sample Survey Organization（NSSO），NSSO 61th Round Report No. 515: Employment and Unemployment Situation in India, 2004 – 05, p. 85.；NSSO 66th Round Report: Key Indicators of Employment and Unemployment in India, 2009 – 10, p. 16.

农村土地是有限的，被迫进入劳动市场的劳动者不得不进入城市非正规部门寻找就业机会，非农部门非正规就业出现显著增长。这一时期非农部门的就业增长几乎全部来源于非正规就业，除矿业、地产和商业外，其他部门"非正规化"发展趋势均有所加强。其中贸易、维修和酒店餐饮部门 1999—2000 财年非正规就业比例不足 90%，到 2004—2005 财年已达 95%。此外，制造业、建筑运输和交通、社会及个人服务部门的非正规化步伐也明显加快，其中制造业是城市就业增长最快的部门。这一时期制造业部门中城市男性总就业增加了 430 万，同期制造业非正规就业工人就增加了 470 万。[①]

虽然印度 GDP 和就业都出现了高增长，然而贫困水平却未有显著改善，贫困年降低率仅有 0.8%。显然，这一"双增长"并未在实际上惠及穷人。由于是经济窘困推高了就业增长，因此这一增长也伴随着失业率的上升，尤以女性、儿童和老人为甚。低收入带来的就业增长实则造成了就业质量的总体下降。虽然这一时期农村多数劳动者的生活条件并未提高，然而政府仍将就业的增长视为经济战略的一大成效。总理经

---

① Arup Mitra, *Insights into Inclusive Growth, Employment and Wellbeing in India*, New Delhi: Springer, 2013, p. 182.

济咨询委员会随即宣布，失业将从印度消除。印度计划委员会也在其第七次计划文件及其中期评估中表达了类似的乐观态度。不过，这一乐观情绪未持续太久。

4. 2004—2005 财年至 2013—2014 财年

2004—2005 财年至 2007—2008 财年，印度就业形势较 1999 年至 2004 年的总体趋势再次出现反转，就业增长率重新下降，年增长率仅有 0.17%，创下过去 30 年最低水平。其间，创造就业岗位 240 万，平均每年仅有 80 万。其中，城市就业岗位仅增加 440 万，而农村地区减少了 200 万。就业减少主要源于女性劳动者就业的下降。

前一时期的经济困难造成女性、儿童和老人的劳动参与率上升，在此时期随着经济的恢复，部分人群退出劳动市场，因此在一定程度上这也是向正常水平的回归。不过，这也意味着 2000 年至 2005 年的劳动力产业间转移水平是高于印度实际水平的。这一时期是否应冠以"无就业增长"的标签，学界开始出现不同的声音。因为正规部门就业出现了罕见的增长，增速达到 20 年来最高。同时，社会总体劳动工资和收入水平均有所提高。不过，尽管正规部门的就业比重有所增加，但是增加的也主要是正规部门的非正规就业。总体来看，这一就业形势的变化也不足以证明印度就业结构的优化。

2008 年经济危机后印度就业形势未发生大的改变。第 66 次就业调查（2009—2010 财年）结果显示，印度就业增加仍然十分有限，与政府第七次计划文件的创造 5000 万岗位的宏伟目标相差甚远。虽然第 66 次就业调查结果仅仅再次确认了第 64 次调查的数据趋势，却在印度政府中引起强烈反应，不断有声音质疑数据的真实和准确性。这再次反映出印度政府对于 1999 年至 2005 年的就业增长的误读，这一时期就业形势较前期未发生大的变化，正规部门就业继续延续了上一时期的趋势，保持了持续增长势头，但危机后工资水平有显著降低。长期以来，正规部门的非正规就业呈现出上升趋势，此次危机进一步强化了这一进程。2007—2008 财年，临时工比例为 32.9%，2008—2009 财年进一步增至 39.3%。① 相较于 2007—2008 财年，2008—2009 财年越来越多的自我雇佣者成为临时工人，且工人的雇佣条件更趋灵活。②

5. 2013—2014 财年至今

莫迪上台以来，印度制造业就业水平总体上升，但增幅有限，行业和地区间不平衡发展严重。印度劳动局的报告显示，2016 年印度经济虽然增长了 7%，但其就业率仅增长 1%。③ 根据印度经济监督中心数据，2016 年 9 月至 12 月印度就业人数约为 4.065 亿人，2017 年前 4 个月下降至 4.05 亿。④ 据《印度时报》报道，总理莫迪自 2014 年上台以来承诺每年解决 1000 万人就业，但实际上改革后的 3 年中仅解决了 32 万人的就业。⑤

印度就业增长长期在低水平徘徊，期间两次较为显著的变化出现在 1983 年至 1993—1994 财年和 1999—2000 财年至 2004—2005 财年。第一次非农就业增长提速出现在印度经济调整时期，是对独立后 GDP 由不足 4% 的"印度速度"向 20 世纪 80 年代平均 6% 的增速转变的回应。而 21 世纪初的总就业增长与印度农村严重危机带来的收入下降密切相关，这一波动背后掩盖的实则是印度劳动者的极端困苦境遇。印度就业增长与宏观环境的这一逆向变动也成为发展中经济体的增长悖论，印度经验向传统经典经济学理论提出了挑战。

---

① Himanshu, "Employment Trends in India: A Re-examination", *Economic and Political Weekly*, Vol. 46, No. 37, September 10–16, 2011, p. 56. 转引自 NSSO 66th Round: Key Indicators of Employment and Unemployment in India, 2009–2010.

② Dibyendu Maiti, *Reform and Productivity Growth in India: Issues and trends in the labour markets*, New Delhi: Routledge, 2014, p. 142. 数据来源: National Sample Survey Organisation (NSSO) 61st round (July 2004–June 2005) and 64th round (July 2007–June 2008) on the Employment and Unemployment Situation in India; Labour Bureau, Report on Employment and Unemployment in 2009–2010.

③ "印度面临就业增长缓慢压力"，《人民日报》2017 年 6 月 15 日，第 22 版。

④ 项梦曦："印度经济亮红灯，莫迪改革副作用显现"，《金融时报》2017 年 8 月 17 日，第 5 版，第 1 页。

⑤ "印度工商管理硕士陷入就业危机"，人民网，http://edu.people.com.cn/nl/2017/1212/c1053-29700914.html。（上网时间：2018 年 3 月 18 日）

（二）失业水平

印度政府对国家失业水平虽有描述，但是从印度官方对就业的统计内涵可以看出，印度的失业水平是被远远低估的。实际上，印度失业人口远高于官方统计，存在相当严重的失业问题。因此，我们需要参考其他数据来源对其失业状况进行大致的评估。参考国内相关资料记载，1951 年印度登记失业人数是 330 万，1981 年失业人数增长到 1783 万，1985 年达到 2627 万，1990 年达到 2700 万，1992 年迅速增至 3700 万。到了 2002 年，失业人数已达到 4161.6 万。① 失业者占劳动人口比例呈逐年扩大之势。据统计，"一五"计划（1951 年至 1956 年）末印度失业率约为 2.9%，"二五"计划（1956 年至 1961 年）末为 3.6%，"三五"计划（1961 年至 1966 年）末为 4.5%，三个年度计划（1966 年至 1969 年）时期估计为 9.6%，② "四五"计划（1969 年至 1974 年）末达到 10.4%，1983 年约 8.3%，1994 年 5.99%，2000 年 7.32%。③ 2016 年，印度农村失业率为 7.15%，而城市失业率则为 9.62%。④ 印度各个"五年计划"均未能实现其就业政策目标，失业率不降反升。摩根士丹利数据更是认为，2005 年印度失业率高达 20%，失业人口达 8000 万人，农村尤为严重。⑤ 除此之外，印度还存在相当数量难以统计的半失业或不充分就业劳动者。与此同时，大学生和研究生等高等教育人员的失业也日趋普遍。据测算，在 2000 年以前，印度急待工作安排的劳动者就已高达 1.2 亿。⑥ 不仅印度农村存在大量失业，城市非农就

---

① 车广吉、车放："论印度失业问题对政治的影响"，《学术探索》2011 年第 4 期，第 23 页。
② [印] 鲁达尔·达特、K. P. M. 桑达拉姆，文富德、雷启淮等译：《印度经济》（上），成都：四川大学出版社，1994 年版，第 653 页。
③ 严晓："印度劳动力就业政策及其启示"，《改革与战略》2009 年第 11 期，第 173 页。
④ "印度面临就业增长缓慢压力"，人民网，http：world. people. am. on/GB/n1/2017/0615/C1002 - 29340254. html，2017 年 6 月 15 日。
⑤ 陈吉祥：《印度农村劳动力就业问题研究》，四川大学博士学位论文，2013 年，第 55 页。
⑥ 陈吉祥：《印度农村劳动力就业问题研究》，成都：四川人民出版社，2014 年版，第 56 页。

业承载力也十分脆弱，城乡整体面临就业机会严重短缺的问题。

1. 农村失业

（1）农村劳动力公开失业

印度农村失业人数缺乏连贯而精确的官方统计。有资料显示，1971年印度农村失业人数为1610万，1983年为1626万，1994年为1434万，2000年为1950万。同期，印度农村失业率分别为10.4%、7.9%、5.6%和7.2%。① 根据摩根士丹利的数据估算，2005年农村失业人口已达5974万。② 印度农村失业率长期居高不下，带来了大规模的贫困。

（2）农村隐蔽性失业

印度农村不仅存在较为严重的公开失业，而且半失业或隐蔽性失业人口数量更加庞大。资料显示，1971年，印度农村处于完全失业状态的劳动者约有1610万人。此外，每周工作不足14小时的有850万人，每周工作不足28小时的有2350万人。③ 由此来看，当年有高达3200万人为严重就业不足者。除此之外，中等或轻微就业不足的隐蔽性失业劳动者更难以计量。1981年，处于半失业状态的农业工人约占到52.11%。④ 1988年，印度农村不充分就业劳动者数量持续攀升，其中男性就业不充分者较20世纪70年代初年增加了1倍多，女性则增加了6倍多。⑤

全面改革后，印度农村的不充分就业形势仍未得好转。虽然印度国家统计局与国际通行数据统计口径有所不同，但可以参考印度官方数据

---

① 鲁达尔·达特、K. P. M. 桑达拉姆，文富德、雷启淮等译：《印度经济》（上），成都：四川大学出版社，1994年版，第654页。阿尼特·穆克吉、张小波："中印农村工业化比较研究"，《经济学（季刊）》第5卷第2期，2006年，第535页。
② 陈吉祥：《印度农村劳动力就业问题研究》，成都：四川人民出版社，2014年版，第55页。
③ [印]鲁达尔·达特、K. P. M. 桑达拉姆，文富德、雷启淮等译：《印度经济》（上），成都：四川大学出版社，1994年版，第654页。
④ 陈吉祥：《印度农村劳动力就业问题研究》，四川大学博士学位论文，2013年，第55页。转引自《计划》1980年1月7日至2月6日，第45页。
⑤ 屈坚定："印度农村贫困与就业"，《南亚研究季刊》1995年第3期，第54页。

对印度改革后不充分就业的增长趋势进行估计。印度官方常用的失业率数据统计方式为常状态，同时也发布了周状态与日状态数据。印度公布的总劳动参与率往往以劳动者的常状态或主要状态计量，很可能造成劳动利用水平的高估。因此，可以参考劳动参与率日状态数据，它常用来反映劳动力的不充分利用程度。显见，印度失业常状态与日状态水平有明显差距，反映了在印度就业劳动者中，劳动时间达不到一定标准的不充分就业现象十分普遍。单就日状态来看，失业水平也呈现出加剧之势。根据印度国家统计局的失业日状态数据，1987—1988财年，印度农村男性失业率为4.6%，女性为6.7%。全面改革后日失业率不降反升，1993—1994财年、1999—2000财年、2004—2005财年、2007—2008财年和2009—2010财年农村男性日失业率分别为5.6%、7.2%、8.0%、8.5%和6.4%，同期农村女性日失业率分别为5.6%、7.0%、8.7%、8.1%和8.0%，失业水平呈总体上升趋势，且不充分就业形势长期未得到扭转，尤以女性更为严重（见表3）。实际上，大量统计为完全就业的劳动者实际劳动天数仅过全年一半，其实仍是半就业状态。① 农村剩余劳动力长期处于隐蔽性失业，对土地、水资源的承载能力形成巨大压力，大量劳动者亟需就业机会。

表3　印度城乡失业率　　　　　　　　　单位:%

财年	农村男性				农村女性			
	PS	PS+SS	CWS	CDS	PS	PS+SS	CWS	CDS
1972—1993	1.2	—	3	6.8	0.5	—	5.5	11.2
1977—1978	2.2	1.3	3.6	7.1	5.5	2.0	4.1	9.2
1983	2.1	1.4	3.7	7.5	1.4	0.7	4.3	9.0
1987—1988	2.8	1.8	4.2	4.6	3.5	2.4	4.4	6.7
1993—1994	2.0	1.4	3.1	5.6	1.3	0.9	2.9	5.6

① 陈吉祥：《印度农村劳动力就业问题研究》，成都：四川人民出版社，2014年，第56页。

续表

财年	农村男性				农村女性			
	PS	PS+SS	CWS	CDS	PS	PS+SS	CWS	CDS
1999—2000	2.1	1.7	3.9	7.2	1.5	1.0	3.7	7.0
2004—2005	2.1	1.6	3.8	8.0	3.1	1.8	4.2	8.7
2007—2008	2.3	1.9	4.1	8.5	1.9	1.1	3.5	8.1
2009—2010	1.9	1.6	3.2	6.4	2.4	1.6	3.7	8.0
	城市男性				城市女性			
	PS	PS+SS	CWS	CDS	PS	PS+SS	CWS	CDS
1972—1993	4.8	—	6.0	8.0	6.0	—	9.2	13.7
1977—1978	6.5	5.4	7.1	9.4	17.8	12.4	10.9	14.5
1983	5.9	5.1	6.7	9.2	6.9	4.9	7.5	11.0
1987—1988	6.1	5.2	6.6	8.8	8.5	6.2	9.2	12.0
1993—1994	5.4	4.1	5.2	6.7	8.3	6.1	7.9	10.4
1999—2000	4.8	4.5	5.6	7.3	7.1	5.7	7.3	9.4
2004—2005	4.4	3.8	5.2	7.5	9.1	6.9	9.0	11.6
2007—2008	4.0	3.8	4.7	6.9	6.6	5.2	6.5	9.5
2009—2010	3	2.8	3.6	5.1	7	5.7	7.2	9.1

数据来源：Himanshu,"Employment Trends in India: A Re-examination", *Economic and Political Weekly*, Vol. 46, No. 37, September 10 – 16, 2011, p. 43. 转引自 NSSO 61th Round Report No. 515: Employment and Unemployment Situation in India, 2004 – 05, p. 76; NSS 66th Round Report: Key Indicators of Employment and Unemployment in India, 2009 – 10, p. 21.

注：PS 为主要状态；PS+SS 为常状态；CWS 为周状态；CDS 为日状态。

2. 城镇失业

由于农村劳动力过剩，部分农民挤入城市，印度大中城市的承载能力受到严峻挑战。德里中央直辖区首席部长称，每月流入德里的农民有 10 万人。[①] 在德里和孟买等大型城市，流浪或乞讨的农民随处可见。实际上，印度城镇失业率在大多数年份都高于农村地区。1971 年印度农

---

① 孙培钧："印度失业问题浅析",《南亚研究季刊》2004 年第 4 期, 第 13 页。

村失业率为10.9%，城市失业率为8.1%，此后印度城镇失业率便长期高于农村。1977—1978财年、1983年、1987—1988财年、1993—1994财年和1999—2000财年，城镇地区相较农村失业率分别高出2.6、1.6、4.1、1.8和0.5个百分点。① 进入21世纪这一趋势也未得以扭转，2004—2005财年、2007—2008财年和2009—2010财年男性城镇失业率比农村地区分别高出2.2、1.9和1.2个百分点，同期女性更是分别高达5.1、4.1和4.1个百分点。② 这一趋势又进一步影响了农村剩余劳动力向城市转移的预期收益。虽然印度在城乡迁徙上没有法律上的障碍，但城市就业机会匮乏的社会现实极大地限制了农村剩余劳动力的异地就业。农村劳动力到城镇的异地就业率相对不高，印度每年区区百万城市农民工与中国一个多亿的规模难以相比。

3. 失业长期性

2011年印度人口已达到12.1亿。假设劳动参与率保持2011—2012财年的水平不变，2019—2020财年劳动力人口将达到5.43亿，其中男性为3.9亿，女性为1.53亿。也就是说，2011—2012财年到2019—2020财年间，劳动力的规模将增加5820万，平均年增长730万，年增长率达到1.4%，相较于历史状况属于较高水平，劳力就业压力不容小觑。③ 根据2010年国际劳工组织的估计数据，印度劳动适龄人口将于2035年达到10亿左右，新增劳动适龄人口70%出自农村地区。④ 印度短期内难以突破经济增长模式，基础设施和教育体系的系统性建设也非

---

① [印]鲁达尔·达特、K. P. M. 桑达拉姆著，文富德、雷启淮等译：《印度经济》（上），成都：四川大学出版社，1994年版，第654页。阿尼特·穆克吉、张小波："中印农村工业化比较研究"，《经济学（季刊）》2006年第5卷第2期，第535页。

② NSS 61th Round Report No. 515: Employment and Unemployment Situation in India, 2004 -05, p. 76.; NSSO 66th Round: Key Indicators of Employment and Unemployment in India, 2009 -10, p. 21.

③ Jajati Keshari Parida, "Growth and Prospects of Non-farm Employment in India-Reflections from NSS data", *The Journal of Industrial Statistics*, Central Statistics Office Industrial Statistics Wing Government of India, Vol. 4, September 2015, p. 159.

④ 陈吉祥：《印度农村劳动力就业问题研究》，成都：四川人民出版社，2013年版，第56页。

一朝之功，人口的快速增长无疑会进一步加剧印度的就业竞争态势。可以预见，大量劳动者无业可就的现象还将长期存在。

（三）劳动参与率

从世界范围来看，印度劳动参与率始终在低水平徘徊。据世界银行数据，2000年世界平均劳动参与率为64.8%，其中女性为51.2%；2006年世界平均劳动参与率为64.0%，女性为50.8%；2017年为61.9%，女性48.7%。同期印度的劳动参与率相较尤为之低。2000年印度劳动参与率为59.0%，女性为34.0%；2006年为59.5%，女性为35.0%；2017年为53.8%，女性为27.2%。[1] 印度有一半的男性劳动者参与工作，而女性仅约为1/3。[2] 印度劳动参与率不仅远远低于世界平均水平，与低收入国家和高收入国家的平均水平都难以相较，更与同为发展中人口大国的中国相距甚远，这似乎也部分揭示了两国就业和经济创造存在差距的根源。2000年中国劳动参与率为77.2%，女性为71.0%；2006年平均劳动参与率为72.8%，女性为66.1%；2017年劳动参与率为68.9%，女性为61.5%，[3] 平均劳动参与率和女性劳动参与率分别比印度高出约15个和35个百分点。印度劳动参与率长期较低，部分源于其劳动市场长期不活跃的现实状况。在城乡均存在长期严重失业的社会环境下，大量受教育程度较低、年龄偏高、劳动能力不足或在就业市场受到歧视的劳动者就业困难，失业时间过长，逐渐对再就业失去信心，由此退出劳动市场，成为"沮丧工人"。[4] 同时，在严峻的就业形势下，那些有意愿寻找工作的新增劳动者对就业前景做出悲观预期，对就业机会匮乏表示出沮丧情绪，从而暂时或长期退出劳动市场。

---

[1] World Bank, World Development Indicators, Last Updated Date: 2018/2/22.
[2] Arup Mitra, *Insights into Inclusive Growth, Employment and Wellbeing in India*, New Delhi: Springer, 2013, p. 173.
[3] World Bank, World Development Indicators, Last Updated Date: 2018/2/22.
[4] 蔡昉、王美艳："中国城镇劳动参与率的变化及其政策含义"，《中国社会科学》2004年第4期，第70页。（注：沮丧工人是指长期找不到工作的失业者会因信心丧失而退出劳动力市场，而且在正常情况下本欲进入劳动市场的劳动者也会因信心不足而迟延或放弃进入劳动力市场。）

这在很大程度上造成了印度劳动参与率过低的劳动现状，并进一步加剧了印度长期存在的隐蔽性失业。因此，如此之低的劳动参与率实则也反映了印度失业问题严重的社会现实。

具体到印度国内来看，全面改革后，劳动参与率在 2000 年出现小幅下降，2005 年达到最大值 60.6%，此后总劳动参与率曲线长期走低，进入历史最低时期。[1] 基于此，以 2005 年为界，分为两个阶段来对劳动参与率进行观察。

第一阶段，2000 年印度男性劳动参与率较改革初期下降了 2 个百分点，之后略有回升，幅度不大。女性劳动参与率也表现出类似的趋势。不过，相较于男性，2000 年后女性劳动参与率的提升幅度更大，在 2005 年达到历史最大值。

第二阶段，根据 2005 年至 2017 年的数据，总的来看劳动参与率出现显著下降。其中，男性劳动参与率下降了 4.2 个百分点。女性下降了 9.6 个百分点，可见，2005 年之后的劳动参与率长期偏低是女性劳动参与率下降造成的（见图 4）。再从印度官方公布日状态数据来看，2004—2005 财年至 2009—2010 财年，印度总劳动参与率日状态未有显著变化。其中，男性劳动者日状态劳动参与率大致稳定，女性劳动参与率日状态则有较大幅度下降，男性劳动者的劳动强度和使用率要高于女性，说明男性不充分劳动已降低至一定程度。这一时期新增劳动力极其有限，女性的劳动能力长期得不到有效利用，反而存在恶化的势头。[2]

二、劳动就业形式

印度非正规就业快速发展，劳动市场分割明显，就业的二重性特征日益强化。始于 20 世纪 80 年代的印度经济局部改革放松了经济管制，

---

[1] World Bank, World Development Indicators, Last Updated Date: 2017/6/30.
[2] Arup Mitra, *Insights into Inclusive Growth, Employment and Wellbeing in India*, New Delhi: Springer, 2013, p. 178.; NSSO 66th Round: Key Indicators of Employment and Unemployment in India, 2009 – 10, p. 21.

```
85
75
65
55
45
35
25
```
    1990 1992 1994 1996 1998 2000 2002 2004 2006 2008 2010 2012 2014 2016

—— 总劳动参与率（15岁以上人口）

— — 男性劳动参与率（15岁以上人口）

•••••• 女性劳动参与率（15岁以上人口）

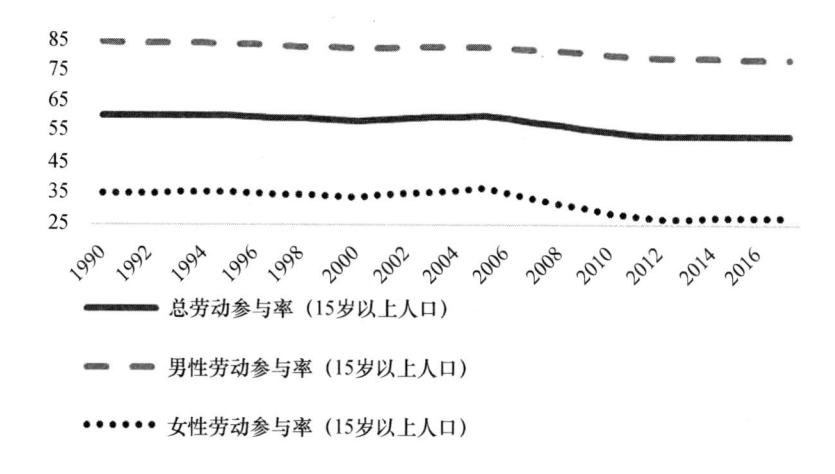

图 4　印度劳动参与率（单位：%）

数据来源：世界银行，全球发展指标数据库（2018 年 5 月 21 日更新）。

催生了更多的就业和发展机会。但是，印度土地资源不足，正规部门就业弹性又很低，劳动者无法继续靠地生存，又难以在正规部门就业，不得不以其他方式谋生，由此产生了大量非正规就业从业人员。1991 年印度全面改革之后，经济活力得到极大释放，非正规部门就业队伍迅速壮大。以制造业为例，1980 年到 1994—1995 财年，非正规制造业就业人数增长了 66%（见图 5）。非正规就业没有书面正式合同赋予的安全和福利保障，产出效率和收入水平均在低水平徘徊。当前，印度绝大多数劳动者属于非正规就业，根据数据来源不同，有研究认为其比例高达 90% 以上，印度官方调查在 70% 以上，女性非正规就业比例也在 90% 以上。[1] 非正规就业对劳动力的吸收在改革初期发挥了重要作用，扩宽了就业渠道，使更多人获得了赖以生存的手段。灵活就业的劳动人口为城市经济储备了大量流动后备大军，产业和商业资本依据经济形势决定劳动者的去留，这些劳动者不得不在不同部门和就业方式间转换。

---

[1] Ministry of Statistics & Programme Implementation, Government of India, "Informal Sector and Conditions of Employment in India", NSS 68th Round, July 2014, p. 50.

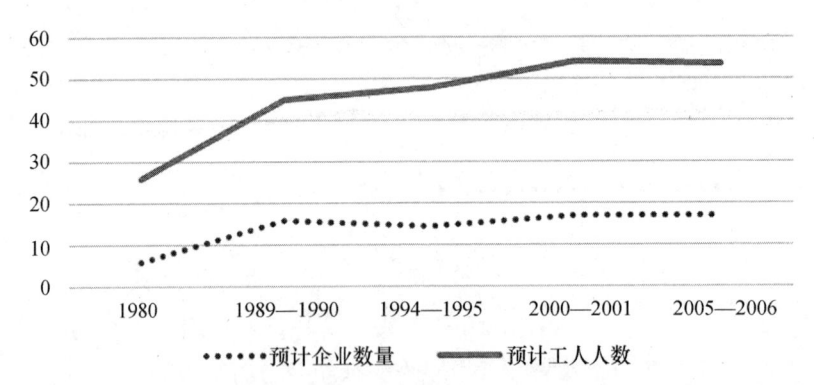

图 5　印度非正规制造业部门从业企业和工人数量变化（单位：百万）

数据来源：NSSO, Ministry of Statistics and Program Implementation, Unorganised Manufacturing Sector in India, NSS 51st & 62th, http://mospi.nic.in/。

正规部门也存在相当规模的非正规就业，数量约为劳动力总量的3%，而这一数字与正规部门的正规就业几乎相当。[1] 长期以来，正规部门的非正规就业呈现出上升趋势，2008年经济危机进一步强化了这一进程，工人的雇佣条件更趋灵活。危机后固定工资的男性劳动者数量呈下降趋势，越来越多的自我雇佣劳动者成为临时工人。[2] 受危机影响，企业承担了更大的风险，因此更加倾向于减少工人工资，增加雇工的灵活性。[3] 2004—2005财年至2007—2008财年，临时工比例由25%增至32.9%，2008—2009财年进一步增至39.3%。固定工资雇工从2004—2005财年的24.5%降至2008—2009财年的16.8%。[4] 劳动者的

---

[1] Jayati Ghoshp, "Growth, industrialization and inequality in India", *Globalization, Industrialization and Labour Market in East and South Asia*, New York: Routledge, 2016, p. 47.

[2] Arup Mitra, *Insights into Inclusive Growth, Employment and Wellbeing in India*, New Delhi: Springer, 2013, p. 172.

[3] Dibyendu Maiti, *Reform and Productivity Growth in India: Issues and trends in the labour markets*, New Delhi: Routledge, 2014, p. 146.

[4] Dibyendu Maiti, *Reform and Productivity Growth in India: Issues and trends in the labour markets*, New Delhi: Routledge, 2014, p. 142. 数据来源：National Sample Survey Organization (NSSO) 61st round (July 2004 – June 2005) and 64th round (July 2007 – June 2008) on the Employment and Unemployment Situation in India; Labour Bureau, Report on Employment and Unemployment in 2009 – 2010.

就业方式向雇用临时工制发展，这进一步反映出就业状况的恶化以及针对贫困劳动者的正规就业岗位的不足。随着非正规部门就业和正规部门的合同工数量快速增长，印度劳动力市场从一个极端走向另一个极端——极度刚性走向极度灵活性。

失业水平不应仅仅以"公开失业"来测量，庞大的非正规就业规模可以更加深刻反映出印度的就业质量问题。印度的非正规就业虽然在数量上解决了大量人口的就业，然而非正规经济活动对劳动力的利用水平是很低的，其总增加值也很低，就业在质量和价值创造上存在人力资源的巨大浪费，这一趋势实质上并未真正有效促进"就业"改善。从劳动力利用来看，非正规就业作为印度经济的发展基础实则造成了相当规模的不充分就业。大量劳动者未能完全发挥其劳动能力，造成劳动力资源的浪费，尤其是自我雇佣和临时劳动者，他们很少有人能够一个月连续工作20天以上。[1] 印度劳动局的报告显示，印度每年有1.6亿就业不足人口，34%的人仅能工作6个到11个月。[2] 印度就业的真正问题是就业不足，而不是失业。从价值创造来看，非正规部门始终难以摆脱低水平劳作的传统生产方式。从1984年到2001年，非正规部门的总增加值从正规部门的1/5降至1/10。1994年至2005年，正规部门平均劳动生产是非正规部门的2倍。[3] 这在很大程度上是源于非正规经济活动长期难以走出原始初级的生产模式。根据2005—2006财年数据，85%的非正规工业部门是自营性质。非正规工业部门的雇佣者中，24%是家庭成员，24%是雇佣工人，10%的企业雇佣劳工不到6人。直接的工资—劳动关系在非正规部门只占很小部分，没有报酬的家庭成员和非雇佣关系的帮工占了很大比例。也就是说，76%的非正规制造业劳工是在现代

---

[1] Jan Breman, *At Work in the Informal Economy of India-A Perspective from the Bottom Up*, New Delhi: Oxford University Press, 2013, p. 393.
[2] "印度面临就业增长缓慢压力"，《人民日报》2017年6月15日，第22版。
[3] Vinish Kathuria, Rajesh Raj S. N and Kunal Sen, "Organized versus Unorganized Manufacturing Performance in the Post-Reform Period", *Economic and Political Weekly*, Vol. 45, No. 24, June 12 – 18, 2010, p. 59.

经济的劳资关系之外的，这些自营劳动者往往缺乏基本的生产资料。73%的非正规制造业以自家房屋作为生产场所，其房屋或生产场所即是非正规部门的主要资产，占其总资产的60%—80%。这种关系和结构长期未发生重大改变。① 非正规部门电力的使用率也非常低。以制造业非正规部门为例，城市电力使用率只有50%左右，而农村非正规制造业仅为城市的一半（见表4），这极大地降低了经济活动的效率。此外，非正规部门在信贷市场上也处于劣势。小规模经济组织和个人很难在信贷市场上筹集资金来发展壮大，也就难以获取规模效应带来的规模报酬，进而影响了劳动资源的优化配置和使用效率。非正规就业劳动者为城市生产活动提供了大量产业后备军，然而他们也是社会经济人口中的脆弱部分。非正规就业占总就业人数的绝大多数，是印度经济实现"包容性"增长的关键所在。

表4 从事制造产业工人使用电力生产的比例　　　　单位:%

财年	地区			
	1999—2000	2004—2005	2009—2010	2011—2012
农村	20.1	21.8	26.6	30.9
城市	42.7	43.9	52.2	55.9

数据来源：NSS, Informal Sector and Conditions of Employment in India, 55th, 61st, 68th, http://mospi.nic.in/.

三、刘易斯劳力转移进程②

刘易斯二元理论因其较强的解释力成为揭示发展中国家经济发展规

---

① T. Besley and R. Burgess, "Can Labor Regulation Hinder Economic Performance? Evidence from India", *The Quarterly Journal of Economist*, Vol. 119, No. 1, 2004, p. 97.

② 刘易斯劳力转移：刘易斯将发展中国家经济划分为传统和现代两个部门，即所谓的农业和工业部门，他认为经济发展是通过利润的再投资来增加新的资本和吸纳更多的传统领域的劳动力以获得更多的利润，这一过程反复进行，传统部门剩余劳动力逐渐进入现代部门，资本积累和利润在国民收入中的比重日益增加，国民经济得以发展。

律的经典理论,在欠发达经济体的研究中得到广泛应用。然而,印度的工业化和经济增长却未伴随着剩余劳动力的显著转移,其发展经验向刘易斯经典理论提出了现实挑战。

(一) 城市化水平

根据刘易斯理论,发展中国家的发展是单位产出持续增长,并伴随着生产能力和就业结构逐渐变化的过程。由于大多数工业部门都集中于城市,因此劳动力就业的结构变化在地域上就体现为从农村向城市的人口迁移,人口城市化水平便是衡量一国农村向城市地区转移情况的基础而重要的指标。

从流动人口数量来看,1951 年至 1961 年,印度农村地区转移至城市的人口为 871 万,1961 年至 1971 年为 1030 万,1971 年至 1981 年上升至 2309 万,1981 年至 1991 年达到 7000 万。[①] 不断的人口流入加上城镇人口的自然增长,印度的城市化水平逐步提高。1961 年印度城市人口占总人口比例为 18%,1971 年升至 20%,1981 年到 23.1%,1991 年再升至 25.8%,2001 年为 27.9%,2011 年到 31.3%。[②] 总的来看,独立后印度农村劳动力不断流入城市,城市化进程始终在推进中,但是相较于世界其他国家,印度人口城市化水平始终处于较低水平。目前,很多发展中国家城市化率已达到人口的一半以上,中国也已达到 50% 以上,发达国家普遍高于 80%,而同期的印度刚刚突破 30%(见图 6)。这说明印度城市化水平始终相对较低,城市化进程相对滞后。从 1990 年到 2009 年的 20 年中,城市化率仅仅增加了 5 个百分点,可以说,印度农村剩余劳动力向城市地区的转移处于一种缓慢小量状态。即

---

① 冯胜:"印度农村劳动力转移问题及其对我国的启示",《南亚研究季刊》2009 年第 3 期,第 61—62 页。转引自: V. C. Sinha, *Dynamics and India's Population Growth*, p. 225; V. Nath, "1991 Population Census-Some Factsand Policy Issues", *Economic and Political Weekly*, December 21, 1991, p. 2937;孙士海、葛维钧著:《列国志:印度》,北京:社会科学文献出版社,2003 年版。

② World Bank, World Development Indicators, Last Updated Date: 2018/2/22.

使是在经济的高速增长时期，印度农村劳动力转移速度仍然很慢，几近停滞。① 此外，虽然印度城镇数量还是在稳步增加，但是人口仍主要集中在大城市地区。2001 年，一级城市（10 万以上人口）人口占城市总人口的 68%，37.8% 的城市人口居住在 35 个大城市（百万以上人口）。2011 年城市群数量由 2001 年的 383 个增长至 475 个。② 可见，印度低城市化水平还伴随着城市人口的分布不平衡。

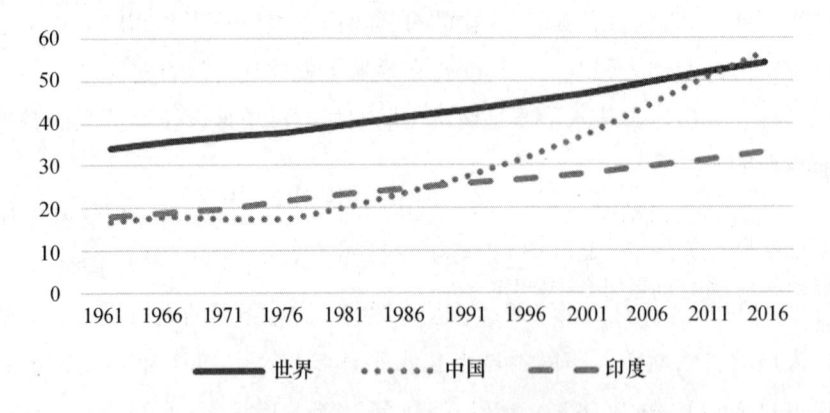

图 6　城市化水平比较（单位：%）

数据来源：世界银行，全球发展指标数据库（2018 年 2 月 22 日更新）。

（二）就业结构

一国人口城市化进程受到诸多条件制约，尤以该国经济结构的变化特别是工业化进程最为重要，这也是刘易斯理论中劳动力转移的核心动力。观察一国经济结构的变化特别是工业化进程对于研究该农村剩余劳动力向城市地区转移情况具有重要意义，同时也是考察刘易斯二元结构转换的关键内容。总的来看，印度劳动力转移严重滞后于国家产业结构的变化和调整，二者并未走上均衡协调的增长路径。

---

① 史美兰：《农业现代化发展的国际比较》，北京：民族出版社，2006 年版，第 294 页。
② Arup Mitra, *Insights into Inclusive Growth, Employment and Wellbeing in India*, New Delhi: Springer, 2013, p. 264.

1. 农业

独立后，印度推行了工业化的经济发展战略，不断推动工业化进程，实现了国民经济的不断增长。农业产值占国内生产总值的比重逐渐下降，工业和服务业产值比重随之上升，国民经济结构不断优化。然而，印度的农业劳动人口却并未随之转移，就业结构变化的速度远远滞后于产业结构的调整。1965年到1985年的20年间，印度农业劳动人口占总劳动就业人口的比例只降低了4.2%。而同期中国降低了19.1%之多，巴西更是降低了23.3%，墨西哥和印尼也分别降低了16.6%和18.1%，[1] 均远远高于印度。

全面改革后，印度实现了较为快速的经济增长，农业产值占国内生产总值的比重由1970年的45.2%降至2010年的16.2%，降幅达到29个百分点，平均每10年下降7.2个百分点。[2] 然而，产业结构升级并未带动相应的劳动就业结构调整，农业剩余劳动力仍大量滞留于低效的农业生产活动中。2005年，印度农业就业人口占总就业人口55.8%。非农产业中，工业劳动人口占19%，服务业人口占25%。到2010年，印度农业劳动人口有59228万人，仍占到就业人口总量的51.1%，工业劳动人口占22.4%，服务业劳动人口占到26.6%。农业仍是吸纳劳动就业的最主要部门。[3] 总体来看，印度农村剩余劳动力未能有效实现向非农部门的流动，至今印度农村还生活着占全国总人口70%的农民。

2. 服务业

独立后的印度继承了英殖民地时期重服务的发展模式，服务业成为印度经济增长的突出亮点。得益于"基础设施薄弱、精英人才涌现"的资源禀赋结构，印度以软件、旅游、金融、交通运输和餐饮等为代表的服务业发展迅猛，服务业产值长期占GDP一半以上，主导印度GDP

---

[1] 史美兰：《农业现代化发展的国际比较》，北京：民族出版社，2006年版，第294页。
[2] 城姝、韩学平："印度城市化进程中农村劳动力转移对中国的启示"，《世界农业》2013年4月，第105页。
[3] World Bank, World Development Indicators, Last Updated Date：2018/2/22.

的整体走势。① 一般来说，发展中国家服务业就业占比与其 GDP 产值比例大致相当，甚至就业占比往往高于 GDP 占比，发达国家也呈现出相似的特点。但在印度，服务业就业占比远低于其 GDP 所占份额，反映出印度的服务业发展对劳动力吸收能力较低（见表5）。独立前，印度服务业就业占比就显著低于服务业 GDP 占比。1946 年至 2010 年，服务业 GDP 占比增加了 20 个百分点，而服务业就业占比仅增加 14 个百分点。② 两个占比差距日益扩大说明印度服务业经济增长的就业创造能力不足，这一趋势在独立后进一步强化。

表5 各国服务业 GDP 和就业占比（2017 年）　　　　单位:%

国家	GDP 占比	就业占比
中国	51.63	55.87
澳大利亚	66.97	78.28
比利时	68.83	77.39
丹麦	65.87	78.63
芬兰	60.05	73.83
德国	61.90	71.46
巴西	63.07	68.83
荷兰	70.38	81.25
瑞典	65.18	80.00
英国	65.95	80.53
印度	48.74	33.48

数据来源：世界银行，全球发展指标数据库（2019 年 1 月 30 日更新），https://data.worldbank.org/indicator/NV.SRV.TOTL.ZS?view=chart&year_high_desc=true。

---

① 罗薇：“印度当前经济形势：动力及阻碍”，《国际研究参考》2016 年 11 月，第 16 页。数据来源于亚洲开发银行 2015 年亚洲和太平洋地区的关键指标；参见 Asian Development Bank, Key Indicators for Asia and the Pacific 2015, https://www.adb.org/publications/key-indicators-asia-and-pacific-2015. （上网时间：2016 年 6 月 15 日）

② Edited by K. V. Ramaswamy, *Labour, Employment and Economic Growth in India*, Delhi: Cambrigde University Press, 2015, p.83.

印度服务业可细分为传统、现代和社会服务业。传统服务业多属于非正规部门，主要为自我雇佣劳动者，多为低技术工人。现代和社会服务业主要属正规部门，从业者多为固定工人，高等及中等技术工人居多。现代部门占了服务业不到11%的就业和38%的产出，传统部门则占58%的就业及40%的产出。[①] 虽然服务业传统部门劳动生产率远低于现代部门，但现代服务业的就业创造能力严重不足。在印度以高新技术为代表的发展模式下，产业的劳力吸收能力受到极大制约。看GDP中服务业所占比例，印度并不像典型的发展中国家模式，但是从就业的角度来看，印度仍然勾勒出发展中国家的一般轮廓。印度早熟的以服务业为引领的经济模式很难全然划归于服务业引领的发展模式之下，劳力分配与产值配比的失衡反映了所谓服务业推动的"印度模式"的缺陷。

3. 工业

1970年至2010年，印度工业增加值比重仅由21.9%上升到28.4%，增长十分缓慢，只有6.5个百分点。[②] 较慢的产值增长使得印度工业发展相对滞后。同时，印度非正规部门长期占据主导地位，制造业内部的劳动力生产率变动极大。2009—2010财年，制造业非正规部门所吸纳劳动力是正规部门的3倍，但劳动生产率不足其1/7。这与中国的情况形成鲜明对比。中国经济快速发展伴随着工业化进程的大幅推进，中等和大型规模生产单位日渐繁荣。而印度低效小型劳动单位长期主导印度工业就业模式，形成独特的发展路径。较小的产值占比加上松散小规模的经营模式，使得印度工业对就业的贡献率很低。如前所述，印度的服务业不是劳动密集型，经济增长的就业弹性很低，尤其是在经济的快速增长时期（2000年至2010年）。[③] 但实际上，印度工业制造业

---

① Edited by K. V. Ramaswamy, *Labour, Employment and Economic Growth in India*, Delhi: Cambrigde University Press, 2015, p. 85.
② 城姝、韩学平："印度城市化进程中农村劳动力转移对中国的启示"，《世界农业》2013年4月，第104—108页。
③ Edited by K. V. Ramaswamy, *Labour, Employment and Economic Growth in India*, Delhi: Cambrigde University Press, 2015, p. 71; Based on data from NSSO and CSO.

部门的就业增长的贡献率甚至低于服务业（见表6）。

表6　印度服务业与制造业就业贡献　　　　　　　单位:%

指标 产业	就业平均增长率		就业增长的贡献率	
	1983—2000	2000—2010	1983—2000	2000—2010
经济	2.2	1.7	—	—
制造业	2.2	2.3	11.2	15.4
服务业	3.7	2.9	38.3	45.7

数据来源：Edited by K. V. Ramaswamy, *Labour, Employment and Economic Growth in India*, Delhi: Cambrigde University Press, 2015, p. 71. （Based on data from NSSO and CSO）。

四、库茨涅兹效应[①]

印度非农产业高速增长的好处没有被广大群众分享，农业和非农产业、正规和非正规部门间的收入差别日益扩大，相当部分劳动者被排斥于经济发展之外。总的来看，印度贫富差距严重，收入分配极不均衡，几十年的经济增长未能带动就业水平和质量的同步提高，还加剧了社会的不平等。印度约12亿人口中有4.4亿多人生活在赤贫线以下，且人数不断增多。与此同时，2010年，印度的百万富翁总数增加到12.67万人。据印度国家统计与项目执行部的调查数据，2000年到2012年，印度农村地区最富的5%的人口的开支和消费增加了60%以上，而最穷的5%的人口的开支和消费只增加了30%。2012年，农村最富阶层的人均月开支4481卢比，最穷阶层的人均月开支仅有521卢比。同期，城市地区最富的人口消费增加了63%，最穷的人口消费增长了33%，

---

① 库茨涅兹效应：美国著名经济学家库茨涅兹提出，将人均财富增长设定为横坐标，人均财富分配设为纵坐标，则二者遵循倒U型曲线规律，具体解释为：农业社会时期，收入分配相当均衡；进入工业化时代，经济增长加快，财富分配不均衡显著加强，曲线呈上扬形态；随着经济的进一步发展，工业发展持续推进，曲线形态会变得相对平缓；直到工业化完成，人均收入不平衡缩小，曲线开始向下倾斜。

最富阶层的人均月开支达到 10282 卢比,最穷阶层的人均月开支为 700 卢比。①

印度非正规部门的劳动收入水平很低,劳动者长期处于困厄状态。虽然非正规部门在相当程度上发挥了吸收剩余劳动力的重要社会作用,然而,劳动者的工作环境恶劣,得不到很好的工作保障,就业人员的劳动收入往往低于官方的最低工资标准。2005 年雇佣工人月平均收入仅有 2134 卢比,即使到 2010 年,日薪 80—100 卢比的情况仍然可见。随后的 5 年中,印度部分地区甚至有些行业的名义工资还出现了下降,例如手工织布。伴随着经济的高速增长,印度非正规部门占 GDP 比例却呈下降之势,国民收入增速最快的时期也是非正规部门收入下降最快的时期。② 也就是说,非正规部门整体收入在原本就很低的基础上还出现了相对恶化。同时,非正规就业人员还缺乏基本的劳动保障。印度非正规就业人员与雇主间没有正式的劳动关系,未纳入国家的社会保障政策。相关的劳动就业政策和劳动保障制度大多数是民间自发形成,包括民间团体和行业组织设立的专门社会保险,没有统一的国家标准。与正规就业人员相比,非正规就业方面的劳动就业政策和社会保障非常匮乏,已有的一些规定或措施也比较杂乱,只有约 8% 的非正规就业人员参加了某种形式的社会保险。对于多数家庭来说,他们难以享有正规部门的劳动保护,就业状态十分脆弱。此外,在劳动者获得极低收入的同时,工作强度却不成正比。他们的工作不计时长,雇主的生产负荷大部分转嫁给劳动者。

从印度正规部门来看,收入相对于非正规部门较高,但其内部不同群体间的收入分化也呈现出逐渐扩大的趋势。从 1990—1991 财年至 2014—2015 财年,印度正规工业部门产出增长超过 5 倍,③ 而工人收入

---

① 王志章、刘天元、贾煜:"印度包容性增长的扶贫开发实践及启示",《西南大学学报(社会科学版)》,第 41 卷第 4 期,2015 年 7 月,第 72 页。

② Jayati Ghoshp, *Growth, industrialization and inequality in India, Globalization, Industrialization and Labour Market in East and South Asia*, New York: Routledge, 2016, p. 48.

③ 其具体值为 531%。

增长仅有3倍,① 表明生产增长的一部分由企业主截留。长期来看,工人工资相对于与企业利润份额呈下降趋势（见图7）。工人不仅失去了正规部门潜在的工作机会,同时正规部门内部工人的实际收益也未得到公平分配。这一方面促使资本向大企业家集中,另一方面造成工人整体福利的恶化。企业主和大资本对于经济自由化改革的支持以及工人及其工会组织长期以来对改革的抗议,似乎在收益的不均衡分配中找到答案。

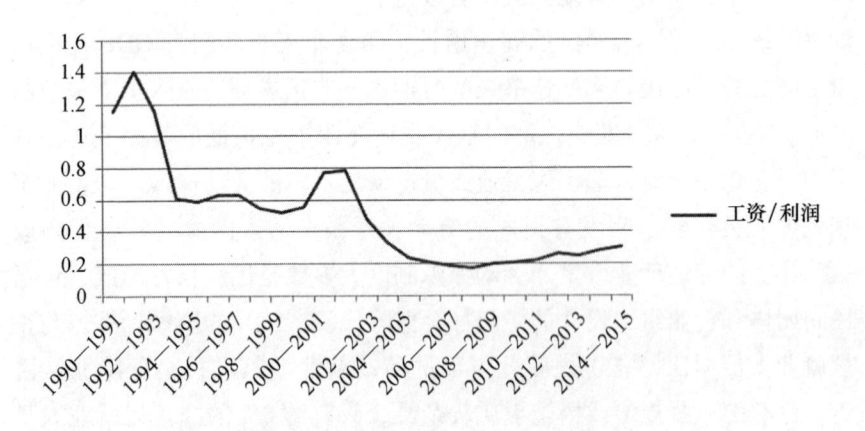

图7　印度正规工业部门工资收入与企业利润之比

数据来源：印度储备银行,Annual Survey of Industries-Principal Characteristics, https：//dbie. rbi. org. in/DBIE/dbie. rbi？site = statistics。

对印度的收入状况进行考察发现,其财富分配长期失衡,收入差距日渐扩大,社会矛盾凸显,基本符合库茨涅兹所谓的工业化初期阶段特点。城乡差别和社会分层的扩大和加剧在一定程度上阻碍了印度经济的协调发展,对印度"包容型发展"的战略设计提出挑战。

---

① 其具体值为316%。

第二节 印度就业的特殊规律与特征

在上述劳动就业状况的描述中，可以发现印度的就业具有不同于大多数国家的独特规律，印度的就业形态也与刘易斯、卡尔多描述的经典模式有所背离，其就业状况成为发展中经济体理论与现实研究的一个独特案例。这些规律和特点不仅反映了印度经济的部分内在属性，更提出关于就业和国家经济发展模式研究的重要而深刻的学术命题，使得印度就业问题有了特殊的价值和意义。通过对印度就业市场上述四个方面的考察，对印度就业市场的规律和特征总结如下：

一、就业市场刚性

一般来说，在市场经济条件下，随着经济增长的加快，劳动力会依据市场进行流动和配置。劳动就业结构应与产业结构的发展变化相匹配，非农部门的劳动力占比随着非农部门的经济增长而增长，以实现劳动力从低效部门转移至高效部门的刘易斯结构转换。但是印度劳动力从低效率部门向高效率部门的流动特征并不显著，这也成为印度独立以来农村剩余劳动力地区转移和利用存在的显著特征。[①]

具体看，印度就业结构和趋势在相对稳定中伴随着幅度较小的波动。相对于男性来说，女性的就业波动更大，且其波动在全面改革后更加显著。改革后，女性的劳动参与率略有提高，但更多地表现为围绕一个较为稳定的值上下波动。2004—2005 财年后，印度女性劳动参与率出现下降，导致总劳动参与率的下降，而男性城乡劳动参与率在改革后大致表现为小幅下降。全面改革加剧了印度国内竞争，给劳动力市场带来更大的灵活性，使得企业更加注重降低生产成本，尤其是劳动成本。

[①] 冯胜："印度农村劳动力转移问题及其对我国的启示"，《南亚研究季刊》2009 年第 3 期，第 60—63 页。

竞争和经济机会促使非正规就业劳动市场急速扩张，并伴随着用工条件灵活性的强化，合同和分包合同、家庭劳动、工时延长现象增加。如此，全面改革进一步加强了两个部门间的分割，致使非正规就业条件更趋恶化。但是，印度这些就业形势的变动都是小幅的，"无就业增长"性质仍根植于印度劳动经济的变动之中，印度的就业对于经济增长的反应表现始终没有出现根本性变化。

长期来看，印度的就业水平和结构大体上均保持了高度的稳定，总就业及劳动力曲线的变化非常平缓。1983年至2007—2008财年，印度就业年增长率为1.8%，而人口年增长率有1.98%，GDP年均增长率却达到6.12%（以1999—2000财年不变价格计算）。同期农村就业年增长率为1.44%，农村人口年增长率为1.66%。城市就业年增长率为3.08%，略超过城市人口年增长率2.88%。总体来看，就业增长相较于人口增长显得异常缓慢。同时，相对于经济各部门的产出变动，印度劳动力结构变化也表现出较强的刚性。农业部门的GDP占比从1983年的37%下降到2007—2008财年的16%，而农业就业仅从同期的68.5%下降至55.4%。服务业更是以较小比例的就业支撑了较高速度的产值增长。印度性别就业同样变化不大。1983年至2007—2008财年，女性劳动者的比例仅从33.9%微调至33%。印度的就业结构在20多年中均没有发生大的变动，剩余劳动力转移十分缓慢。[①] 印度经济结构调整长期滞后，尤以就业为甚，这可能是印度政府最大的政策问题。

二、就业增长与经济增长呈非线性关系

一般来说，劳动作为生产要素之一，应对经济增长做出与自身规模相当的贡献。同时，随着经济增长的加速，国民经济对就业的拉动作用也会随之提升。但印度经济增长和就业关系的演进却呈现出某种悖论。

全球化竞争理应有利于印度劳动密集型活动的开展，而实际上印度

---

① Himanshu, "Employment Trends in India: A Re-examination", *Economic and Political Weekly*, Vol. 46, No. 37, September 10 – 16, 2011, pp. 43 – 44.

产出增长的就业弹性却有下降之势，增长与就业创造没有显著关联。更引人瞩目的是，印度 GDP 增长最为迅速的时期恰恰伴随着劳动参与率的下降，这与过去 200 年其他大多数经济体的发展经验并不吻合。1999—2000 财年至 2004—2005 财年是印度 GDP 增长最为缓慢的时期，而恰好是就业增速最快的时期。1993—1994 财年至 1999—2000 财年，印度 GDP 表现优于 1999—2000 财年至 2004—2005 财年，然而就业增长却不及后者。2005 年至 2008 年，印度年 GDP 增长率达到 9% 以上，进入历史最佳时期，而经济的快速增长却伴随着低就业增长，就业增速变动再次与 GDP 的高增长逆向而行（见图 8、表 7）。1999 年至 2004 年的农业危机反而推动了就业的增长，就业不仅对经济增长的长远机会做出反应，同时也深受经济短期收缩的影响。2005 年后印度农村的严重困难得以缓解，然而此后的经济高速增长并未带来相应的就业岗位。1993 年至 2005 年，固定工就业的年创造量约为 200 万，2005 年至 2010 年这一数字几乎减半。其实 2004 年后私人正规部门就业有所增长，但其增长被非正规部门固定就业的下降完全抵消。可见，印度非正规部门的就业变化对于总就业水平的变动影响更大。相应的，印度经济增长的就业弹性也表现出类似的规律。1977—1978 财年至 1983 年总就业弹性为 0.56，1983 年到 1987—1988 财年降至 0.38，1987—1988 财年到 1993—1994 财年又回升至 0.42。全面改革之后的 1993—1994 财年到 1999—2000 财年下滑至 0.16，1999—2000 财年至 2004—2005 财年升至 0.47，2005 年至 2010 年几乎下降为零。其中，第一产业 GDP 增长极为缓慢，其就业弹性非常之低，甚至出现负值；第二产业 GDP 增长较为平稳，从 1972—1973 财年到 1977—1978 财年的 4.91% 增长到 2004—2005 财年到 2009—2010 财年的 8.82%，增速增长了将近一倍，就业弹性也有所下降；第三产业表现令人瞩目，相应时期 GDP 增长率由 4.7% 增至 11.15%，增长率增加了 1 倍还多。由于 GDP 增长迅速，其就业弹性下降趋势更为显著。① 全面改革后的历史考察揭示，印度就业增长与产出增长并不存在正向关系，就业创造与经济增长之间关系的断裂向"经济增长推动就业"的标准论断提出挑战。

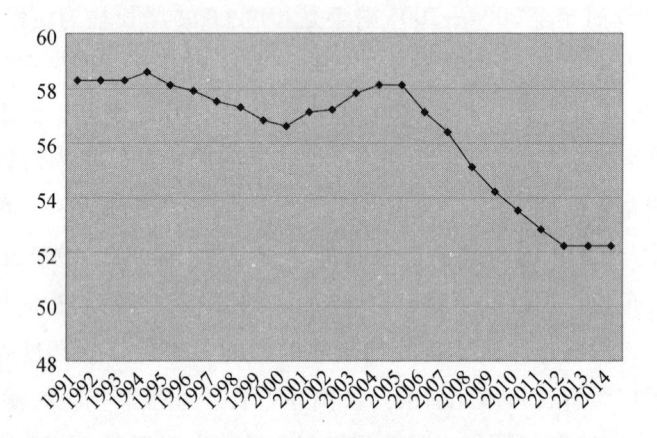

图 8　印度就业人数占总人口比例（15 岁以上）（单位:%）

数据来源：世界银行，全球发展指标数据库（2017 年 6 月 30 日更新）。

表 7　印度 GDP 平均年增长率　　　　　　　　单位:%

财年＼产业	1993—1994 财年至 1999—2000 财年	1999—2000 财年至 2004—2005 财年	2004—2005 财年至 2007—2008 财年
农业	3.99	1.56	4.55
非农产业	9.36	7.30	10.56
总增长率	7.86	5.98	9.47

数据来源：Himanshu, "Employment Trends in India: A Re-examination", *Economic and Political Weekly*, Vol. 46, No. 37, September, 2011, p. 51.

三、印度就业形势变化与"普遍贫困"关系密切

一般来说，随着经济的不断发展，就业应是改善贫困状况、提高福

---

① Raj Kishore Panda and Asima Sahu, "Changes in the Structural Growth of Employment", *Structural Changes in Employment Generation*, New Delhi: Regal Publications, 2014, p. 19.

利水平的最有效手段。在宏观经济环境比较差的时期，就业也会相应下降。但是印度的情况并非如此，20世纪80年代中期，印度经济告别了"印度式增长"，开始走上高速发展轨道，但却未有促进收益向低收入人群转移的机制转换。20世纪90年代以来的就业减贫效果不佳，失业引发的贫困问题愈发凸显，并产生相互作用。

首先，虽然印度政府将扶贫就业的政策重心放在农村，但是农村的失业型贫困状况却长期得不到实质改善。目前，印度农村以无地少地的农民为绝大多数，大量农村人口生活在贫困线以下，贫穷造成的自杀现象屡见不鲜。尽管多种媒体的报道反映了印度经济快速增长、中产阶级逐步扩大的发展景象，然而对于广大贫苦农民而言，经济繁荣距离他们只是触而难及的景观，众多贫苦农民负债累累，不堪重荷。根据世界银行的一项研究报告，印度生活在贫困线以下的农村人口占到人口总数的70%以上。据其预测，如果以印度经济增长和分配发展模式为基础发展，未来印度穷人还将增加1亿左右。[①] 解决印度广泛存在的贫困问题已成为其社会经济发展的突出难题。

其次，贫困问题成为印度城市化过程中最大的教训。得以走出农村的农民仍难以走出贫困，他们往往在城市中继续与贫困对抗，成为贫民窟的主人。严重的城市贫困问题实则反映了高度的社会分化。城市设计和规划主要基于少数富裕群体的需求，贫困人群难以从城市发展中获益，反而可能成为城市化过程的牺牲品。这种城市建设和发展中的二元隔离状态在印度大型城市广泛存在。班加罗尔市因集中了大量信息产业而被称为"百万富翁的城市"，孟买也被视为一个"全球城市"。在这些城市中，发展规划严重偏向大资本的利益，受灾最严重的往往是贫困人口最集中的郊区地区。结果，"虽然为穷人提供必需品和改善城市的整体生活质量在规划图上继续得到体现，实际的建设却很少惠及于占人

---

① 宋志辉："试析印度的城市化对农村减贫的影响"，《南亚研究季刊》2012年第3期，第50页。

口多数的穷人"。① 这种城市矛盾的集中凸显和极端对峙很容易造成所谓"反全球化运动"的社会冲突，导致合理的计划和规划实施举步维艰，印度城市化也进入一种恶性循环。

最后，大规模的贫穷致使相当劳动参与并非出于劳动者自愿选择，而是受到收入水平的极大影响。20世纪90年代后，印度的就业增长提速，但是经济增长和新增就业似乎更有利于较高收入群体。长期来看，农村男性、女性和城市男性劳动者的就业方式均向雇用临时工制发展。同时，有固定工资的农村和城市男性劳动者数量呈下降趋势。这进一步反映出就业状况的恶化以及针对贫困人口正规就业岗位的不足。② 由于非正规部门的普遍存在，印度所谓的失业率数字不至悲观，众多劳动力处于雇佣状态，但是相当部分的劳动者仅得到极低的劳动收入，这一点从印度的高贫困率中可见一斑。如果采用国际贫困线（即每天2美元的人均购买力平价为贫困，2.25美元为弱势群体）的标准计算，印度超过3/4的人口为贫困或弱势人群。③ 约有84%的工人处于低工资、低生产率以及恶劣劳动环境的状态，大量劳动力陷入非正规就业低效率—低收入的恶性循环。工资水平不稳定是这种就业的普遍问题，劳动者在一年中的就业时长往往变动较大，尤以女性就业为代表。在这种普遍贫困的社会背景下，印度劳动参与率对于经济环境的变化有悖于一般的认识和理解。劳动参与率与宏观环境优劣呈反向变动，学界一般将其描述为"收入效应"，当经济环境不佳，家庭收入发生较为明显的下降时，女性为补充家庭经济来源会产生从家庭走向劳动市场的倾向。儿童、青少年和老人也是如此。

---

① Banerjee-Guha, "Critical Geographical Praxis: Globalisation and Socio-Spatial Disorder", *Economic and Political Weekly*, Vol. 37, No. 2, 2002, p. 122.

② Arup Mitra, *Insights into Inclusive Growth, Employment and Wellbeing in India*, New Delhi: Springer, 2013, p. 172.

③ K. P. Kannan, *Interrogating Inclusive Growth-Poverty and Inequality in India*, New Delhi: Routledge, 2014, p. 3.

四、劳动力利用水平低

作为劳动富裕型的发展中国家,劳动力是印度发展经济的巨大优势,是印度经济增长应当密集使用的资源。但是在印度,非正规就业占总就业的绝大多数,是印度就业的主要形态。由于非正规就业占主导地位,宏观的失业率已难以对印度的劳动力利用状况进行充分描绘。因为公开失业率也许没有上升,然而就业的质量并不高。实际上,低效率劳作仍然是印度就业的主要特征,劳动力利用水平始终偏低。

印度全面经济改革以来,经济增长引人瞩目,但是初级生产活动和低效率生产占主导地位,导致劳动力利用水平不高。时代未能催生劳动的正规化及工人的大规模集中生产,相反,自我雇佣等非正规就业遍及印度,且顽固持久。正规就业增长长期迟滞,而非正规部门长期吸纳众多劳力从事低效产出活动,产出长期在低水平徘徊。这在一定程度上导致印度不同行业和部门间低效率生产与高附加值活动并存,即使在同一行业部门,不同企业的生产效率差距也极大。就算是有活力的部门,大多数劳动者的生产效率也仍然很低,仅有少数劳动者从事高回报高产出劳动。GDP 构成中增长最快的生产活动,例如金融、保险、房地产、IT 相关服务和电信行业,几乎占到 GDP 总额的 20%,却只雇佣了不到 2% 的劳动力,大量劳动者长期从事低生产率的活动。图 9 显示了 2009—2010 财年不同部门的生产率和就业比例,低生产率部门吸收了超过 60% 的劳动力大军。[①] 印度有一些服务业发展较快,致使有部分言论认为,印度经济能够以现代服务业为基础提前进入"服务业引领"的后工业化时代。然而,印度新兴服务业对于劳力吸收的失效证明,印度难以以此方式绕过工业化阶段。印度工业产出和就业份额始终难以走出低水平困境,劳动力仅是从农业低效生产流动到非农部门的低效生产中,低效率劳作仍然普遍存在。

---

① Jayati Ghoshp, "Growth, industrialization and inequality in India", *Globalization, Industrialization and Labour Market in East and South Asia*, New York: Routledge, 2016, p. 46.

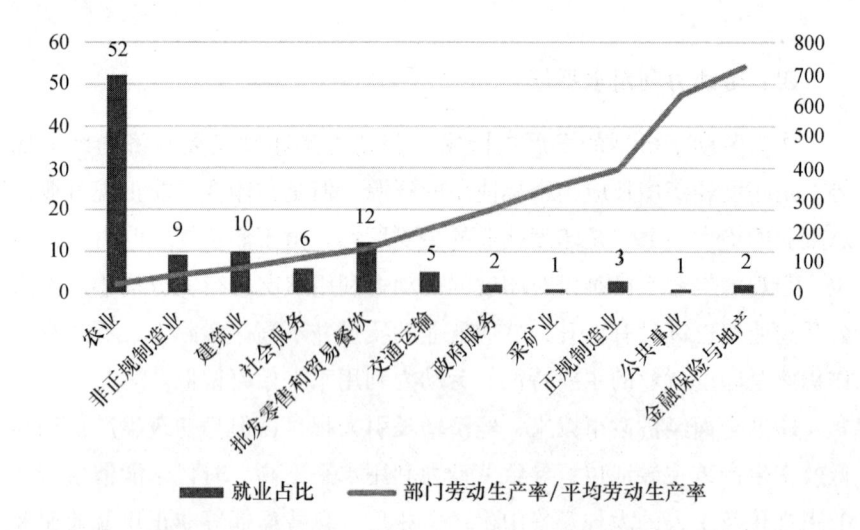

图 9 2009—2010 财年印度各部门就业与劳动生产率占比（单位：%）

数据来源：Government of India, Economic Survey 2012-13, Chapter 2, p. 32.

总之，印度非农业就业比例的相对增加仅仅体现了一种被雾化的劳动力的吸收和贫困共享的过程。就业问题作为一种集中反映，体现出印度多元复杂的国家特色，更凸显了印度社会经济中存在的发展、公平和安全矛盾。无论是尼赫鲁式还是市场导向战略时期，抑或是经济增长的快速、缓慢或是滞胀时期，印度就业的诸多特征均在印度不同增长速度和战略政策下得以延续。这些特征使得"印度模式"成为国家社会发展经验和经典经济理论中存在的一个特殊案例，对其内涵和原因的探究便显得极为必要和极具意义。

综上，通过对印度劳动就业水平、劳动就业形式、劳动力转移以及劳动收入四方面的考察，可见印度劳动就业具有不同于多数经济体的特殊规律和特征。具体表现为就业水平及结构具有长期稳定性，经济增长与就业增长非线性相关，就业深受贫困的困扰和影响，以及劳动力利用水平非常低。劳动就业问题成为印度经济的一大痼疾，并因其特殊性对经济学传统理论提出挑战。

第四章 印度经济发展战略对就业的阶段性影响

印度社会经济表现出鲜明的二元分割性，城市和农村间的劳动就业具有不同的形态和规律，二者之间的互动又对印度整体就业趋向产生影响。经济发展战略通过正向或负向激励对劳动者动机发生作用，劳动者依据自身的价值选择决定劳动力流动的方向和数量。从劳动者个体来看，经济发展战略的激励对其价值选择过程和就业决策过程的作用表现为"推力"和"拉力"共同作用的结果。本章基于这一理论框架，尝试对印度不同时期战略对就业的影响进行较为系统的研究。

第一节 经济战略与就业创造

印度政府以五年计划为指引，对其国民经济增长措施和目标做出具体规划。一开始，就业并非印度政府的主要政策目标，随着就业形势的恶化和社会矛盾的积累，该问题日益引发关注。政府五年计划对就业的目标设计，体现了印度政府对就业问题的认知及应对措施的变化。

一、就业被视为经济增长的必然结果

独立初期，印度曾在五年计划中提及利用劳动力促进经济增长，但解决失业问题本身未得到足够关注，更未在国家战略计划或项目中作为

独立部分来处理。"一五"战略计划着重于加快推动经济增长,"二五"计划基于马哈拉诺比斯模式将资本品部门作为战略优先。之后,印度政府逐渐意识到失业以及不充分就业问题,认为快速的经济增长加上小规模劳动密集型产业部门的培育能够有效应对这一问题,计划在未来10年内以5%的增长率提供就业机会。此时,就业已成为国家政策的目标之一,但并非核心和首要目标,在某种程度上,政府只是将就业视为发展过程的必然结果。这一状态持续到20世纪70年代。1973年,印度国家样本调查组织基于首次采集的综合数据对贫困、就业及失业状况做出评估,调查显示,经济增长对就业的带动效果并不尽如人意。鉴于失业和贫困的普遍性、持续性和紧迫性,政府第五个"五年计划"(1974年至1979年)提出,国家经济发展战略应以就业为导向,据此推出缓解贫困和失业的国家项目,多以农村部门为主要政策对象,并在此后长期延续。

二、就业作为明确目标

印度第七个"五年计划"(1985年至1990年)首次将就业作为经济发展战略的中心目标,指出"第七个五年计划发展战略的中心任务即生产性就业的创造"。① 在此原则指导下,政府将特定部门的就业指标进行了量化,计划在整体上实现4%的就业年增长率。然而,20世纪80年代印度经济增长呈现加速趋势,GDP增长率增至5.5%,但总就业增长却没有提升,政策效果未达预期。20世纪90年代初印度开启了全面改革进程,在此背景下,政府针对全面经济改革对就业的可能影响以及失业与就业前景进行了评估,并据此形成了第八个"五年计划"(1992年至1997年),就业问题也首次因其重要性单独占据一个章节。第八个"五年计划"将就业和经济增长视为相互补充而非对抗的两个过程。"八五"计划设定了2.6%—2.8%的就业年增长目标,并力图在2002年实现全民就业。鉴于此前对就业问题治理的失效,政府启用了新的战略措施,将这一目标内化于一些全民或部门计划中,例如农业多样化、

---

① Planning Commission, Seventh Five Year Plan (1985-90), 1985, p.23.

垦荒工程、非农产业、小规模分散化产业部门、非正规就业、技术培训等，试图从经济的各个方面形成合力以支撑国家就业目标。

三、重回"经济增长推动型"发展战略

全面改革后，印度经济逐步走上快速增长的轨道，印度政府也从中得到极大鼓舞。政府第九个"五年计划"（1997年至2002年）再次强调了就业的重要意义，"生产性工作不仅仅是实现经济福利的手段，还应视为目的本身——国民自尊的基本来源"，[1] 并将就业作为国家政策的三个关键部分之一。该计划放弃了独立初期对于经济增长与就业因果关系必然性的认识，但仍坚持经济增长能够带来更多的生产性就业机会，强调经济增长应通过"关注失业率及不充分就业水平较高地区的劳动密集型部门"来实现更高的就业创造能力。[2] 该计划认识到生产性就业机会的重要性，通过对劳动密集型部门、技术以及失业严重地区的重点识别来推行落实。在具体措施上，计划提出"推动农业和农村发展，以促进生产性就业岗位的增长和贫困的消除"，并将其作为优先任务。第九个"五年计划"同此前一样对就业趋势进行了具体分析，它虽然将就业作为经济发展战略的关键部分，但是在实践中仍将其视为经济增长的附带结果。这一计划再次降低了就业创造的目标，计划中对就业机会增长的预期仅大致相当于新增劳动力的增长，而此时GDP增长率已达到7%。从就业目标的设定上可以看出，政府已困扰于就业问题的棘手性，战略设定多少体现出一些迫切和无奈。2004—2005财年劳动力增长率达到3.06%，因此亟需政府提供相应的就业保障措施。然而，第十个"五年计划"没有制定就业创造战略，而寄希望于8%的GDP年增长会带动就业创造。

四、"包容性增长"

1999—2000财年至2004—2005财年印度就业出现难得的增长，但

---

[1] Planning Commission, Ninth Five Year Plan (1997-2002), 1998, VolumeI.
[2] Planning Commission, Ninth Five Year Plan (1997-2002), 1998, p.14.

就业水平的提升并未降低国民的贫困水平。鉴于这一情况，印度第十一个"五年计划"（2007年至2012年）提出"包容性增长"的概念，将就业作为增长的核心要件。该计划预计期内将新增劳动力5200万，设想提供7000万个新就业岗位，[①] 强调通过提高生产率和劳动收入改善国民贫困状况。不过，在第十一个"五年计划"中，政府仍将就业目标内化于经济战略之中，由储蓄和投资、技术和供需等因素共同支持。同时，印度的就业促进战略强调推动具有较高就业增长潜力的部门快速发展，并通过一定程度的信贷和财政政策给予支持。实际上，印度经济战略"全球化"和"新经济政策"的内核以"包容性增长"的名义重新回归。"十一五"期间印度新增劳动力人口实际达到4500万，[②] 而就业创造远远不及预期，印度的就业愿望再次落空。综上，作为印度"五年计划"的重要目标，就业在降低贫困、缓和社会矛盾方面意义重大，印度政府对此问题的认识逐步加深并日益体现在国家经济战略设计中，其间也伴随着停滞或反复。

第二节　印度经济发展战略对就业影响的阶段性分析

经济发展战略在城乡两部门产生了不同的激励，在来自农村的"推力"和来自城市的"拉力"的综合作用下，印度就业呈现出独特景象。与印度的经济发展战略演进阶段相对应，不同时期的战略设计对劳动就业产生了不同的影响。本节对各阶段战略对就业影响的演变进行探究，还原印度经济发展战略与就业的历史关系。

---

① Edited by Anil Kumar Thakur and DR. B. P. Chandramohan: *Employment Policies and Programmes-Opportunities and Challenges*, New Delhi: Regal Publications, 2013, p. 158.

② Edited by Anil Kumar Thakur and DR. B. P. Chandramohan: *Employment Policies and Programmes-Opportunities and Challenges*, New Delhi: Regal Publications, 2013, p. 158.

一、1947 年至 1980 年：强"推力"和弱"拉力"的作用失衡

印度的劳力失业问题始终复杂难解，与印度经济发展战略密切相关。印度就业问题的产生可追溯到其独立之初的几项基本战略设计和政策取向，这些起初的战略政策奠定了印度的国家战略基础。

（一）印度独立初的就业图景

早在独立之初，印度的就业问题便十分严重。全面市场化改革前，印度是一个典型的二元制农业大国，小生产者不计其数，就业和失业呈现出封建农业向资本主义过渡、市场经济由国家计划压制的复杂性。在工资劳动者中，临时工占到 62.1%，而固定工仅为 37.9%。[①] 全印不仅有公开失业，还存在大规模的半失业，据有关资料估算，后者占全部失业的 90% 左右。在半失业中，大体可区分为两种：一是局部性失业，二是隐蔽性失业。前者指代一定时期内时而工作时而失业的劳动人口，即所谓"三天打渔，两天晒网"；后者是指表面上看劳动者处于就业状态，然而工作内容很少，即所谓"人浮于事"。

独立后到 20 世纪 80 年代，印度的失业人数数据最常为引用的是印度职业介绍所的登记记录，印度政府的《印度统计年鉴》和联合国《统计年鉴》均使用这一数据来源。根据该记录，印度失业人数统计如表 8 所示：

表 8　印度职业介绍所谋业者人数统计

时间	职业介绍所数量	登记人数 当年人数（万人）	增长率（%）
1951 年	—	33.5	100.0
1961 年	325	183.3	547.2
1971 年	437	510.0	1522.4
1981 年	592	1783.8	5324.8

---

① 印度计划委员会：《第六个五年计划》（1980—1985 年），第 219 页。

续表

时间	职业介绍所数量	登记人数	
		当年人数（万人）	增长率（%）
1982 年	619	1975.3	5896.4
1983 年	652	2195.3	6553.1

数据来源：印度中央统计局《1980 年印度统计年鉴》，第 369 页；印度中央统计局《每月统计摘要》，1984 年 6 月，第 7 页。

以上数据较为系统地记录了印度失业者人数，在一定程度上反映出印度失业人口增长之快。然而，职业介绍所后期发展较快，数量明显增多，且其数据记录主要涵盖的是大中型城市的劳动状况，并不完全。同时，这一数据中失业者与半失业无法区分。因此，这一统计并不精确。

为了更好地呈现印度失业的全貌，印度政府和一些学者尝试做出种种调研和估计，然而由于印度公开失业和半失业交织的复杂性，数字难以相加。针对这一问题，印度计划委员会在"六五"计划中将工作和闲暇时间进行折算，以"标准人年"（每年 273 天，每天 8 小时）为基数计算出就业水平（见表 9）。

表 9 印度"六五"计划 1980 年失业人数统计

人口	1980 年（实际）	
	65900	
劳动年龄人口	万人	占人口的%
总计	56624	85.9
5—14 岁	16864	25.6
15—59 岁	36149	54.9
60 岁以上	3611	5.5
劳动力	万人	占同龄人口的%
总计	26805	47.3
5—14 岁	1664	9.9
15—59 岁	23695	65.6
60 岁以上	1446	40

续表

	1980 年（实际）	
人口	65900	
就业人数	万人	占劳动力总数的%
5 岁以上	15111	56.4
失业人数	万人	占劳动力总数的%
15 岁以上	8500	35.9

数据来源：印度计划委员会《第六个五年计划（1980—1985 年）》，第 19—22、203—214 页。

在上述统计中，一些干家务打零工的灵活劳动者未计算在劳动力中，劳动力人数是低估的，因此失业人口的数据也略微偏低。按此方法计算，1980 年全印就业人数为 15111 万标准人年，仅占全部劳动力的 56.4%。以 15—59 岁人口为统计范围，失业人数达 8500 多万标准人年，劳动力总数占比只有 35.9%。

与此同时，印度独立后的 40 年里，三大产业产值有较为明显的变化。农业产业比重从 1980—1981 财年的 56.5% 下降到 1988—1989 财年的 35%，相应时期的工业部门比重由 15% 升至 27%。然而，印度劳动力就业结构却未随之转变。在此期间，农业劳动力比重大致保持了稳定，农村剩余劳动力的转移十分缓慢。1951 年至 1981 年的 30 年间，农业劳动力比重从 72.1% 降至 70.6%，仅下降 1.5%；相应的，工业劳动力占比也增长缓慢，从 10.7% 升至 12.9%，仅上升了 2.2%。[1] 劳动力吸收能力严重不足，城市工业劳动力的吸纳能力增长十分有限，甚至难以容纳城市新增劳动人口。农业劳动生产率低下带来的农村人口低收入，阻塞了农业劳动者依靠自身积累来发展工业等非农产业的道路，大多数农村剩余劳动力被隔绝在工业化大门之外；以城市为主要阵地的现代工业产业未能有效提供适应劳动力增长的工作岗位，反而加深了城乡之间、城市传统部门和现代部门之间的收入鸿沟。

---

[1] 孙士海："印度的城市化及其特点"，《南亚研究》1992 年第 4 期，第 15 页。

为了更清晰地描绘印度失业的程度和影响，我们以印度部落民为例，来观察落后群体的生存状况。印度部落民所处的地理和生活环境一般均较为恶劣，经济落后且贫富分化极大，2%的富农占了20%以上的土地，多数失地部落民四处流浪，靠出卖劳力维持生存。他们多为求生存负债累累，过着生于债、活于债、死于债的悲惨生活。随着印度人口不断攀升，失业和贫困不降反升，加剧了社会各集团、族群、部门对土地、资本等就业资源的争夺。随着失业和贫困的步步升级，这种争夺外化为争取自治权利的分裂反叛活动，种族屠杀、种族骚乱和暴力冲突撕扯着印度的政治安全和社会稳定。20世纪60年代中期，印度东北部那加人和米佐人先后挑起反叛分裂活动。80年代初期，西北部旁遮普邦的锡克人爆发大规模暴力冲突。与此同时，不满政府经济举措，质疑战略公平的部落民要求掌握自己的命运，越来越多主张本部落利益的政治党派和社会团体涌现出来，提出自己的政治设想和发展纲领。在广大生产权利被剥夺的部落民的支持下，他们向中央权威提出挑战，公开拒绝中央政府的政策安排。由此，印度严重的失业和贫困等经济问题演化成民族分裂、地区独立的政治和社会顽疾。由此足见，印度当时失业问题严重，其影响已波及社会和政治领域，这也正是本书之所以关注印度就业问题的重要原因。

（二）独立初印度经济发展战略对就业的影响路径

1. 经济发展战略对就业规模的影响

印度就业水平不高、失业率高，这一问题早在印度独立之初便已奠定了基本图景。它由印度立国之初的战略设计造成，为印度就业确立了一个不利的起点。

（1）土地改革

土地改革是印度战略演进的第一个重要岔路。印度独立后土地权利的确立致使众多小农未能分得赖以生存的土地，政府经过长期的农业政策探索均未能将广大农民稳定在农村，成为农村存在广泛失业的重要诱因。同时，城市被迫接纳农村剩余人口，失业水平之高更甚于农村。土地问题就成为印度就业问题产生的重要根源。

　　印度独立之初,失业、贫困问题非常普遍,占人口80%的农村严重缺粮。[①] 土地改革之后,这一状况也没有得到显著改变。印度独立之初的土地改革是失败的。各邦关于保障租佃权的立法规定,地主有权将土地收回自耕,而关于自耕的定义大多十分模糊,加上大土地拥有者到处钻法律的漏洞,政府能重新分配给贫困农民的土地只占很小一部分。当时各邦土地持有限额一般在20万平方米左右,例如比哈尔邦的最高限额是18.21万平方米。根据1万平方米土地9个人的人口密度来看,这样的上限其实还是非常高的。[②] 1977年7月31日,估计的土地剩余面积为215.3亿平方米,该地区宣布的剩余面积为163.5亿平方米,政府接管的地区是85亿平方米,实际分配的面积只有52.5亿平方米。[③] 而该地的总播种面积为14387亿平方米,所以土地改革甚至没有触及耕地的百分之一。此后除了西孟加拉邦外,这一图景基本也没有太大改变。到20世纪80年代初,印度仍有1000万农户没有耕地,另有5000万农户耕种耕地面积不足1万平方米。[④] 56.5%的人口仅占有12.2%的耕地,土地占有极不平衡。[⑤]

　　印度土地改革以失败告终,众多小农未能分得赖以生存的土地,成为农村存在广泛失业的重要诱因。土地对于印度农村绝大多数人而言不仅仅是收入的基本来源,更意味着就业的保障。失去土地便失去就业的基础,必然导致失业和贫困。印度农村劳动力存在严重的显性失业和隐蔽性失业,造成这一长期严重失业的原因固然很多,但大量边际农失地

　　[①] 宋志辉:"试析印度的城市化对农村减贫的影响",《南亚研究季刊》2012年第3期,第48页。

　　[②] 盛荣:"印度土地制度效果对中国土地制度改革的启示",《中国农业大学学报》2006年第4期,第72页。

　　[③] Ranjit Sau, "Liberalization, Unemployment and Capital Reform", *Economic and Political Weekly*, Vol. 30, No. 3, January 21, 1995, pp. 157–160.

　　[④] Ashutosh Varshney, *Democracy, Development and the Countryside: Urban-rural Struggles in India*, Cambridge: Cambridge University Press, 1995, p. 123.

　　[⑤] 胡玉婷:《农地制度变迁的国际经验及对完善我国农地产权的启示》,中国人民大学博士学位论文,2007年。

或持有极少土地，缺少进行农业劳动的起码物质资料，显然是造成他们失业的主要原因。① 虽然印度的土地私有面积是规定了上限的，但仍有很多家庭通过把土地分别登记在家庭不同成员名下等办法占有大量土地。经验研究表明，小农场比大农场具有更大的劳动力吸收潜力。43%的农户家庭拥有的土地不足 2000 平方米，完全没有土地的农户占到 1/4 之多，这与贫困率基本相当。② 如果印度的土改能将土地较平均地分配给农民，农村失业问题会得到相当程度的缓解。失地造成的失业或半失业是对人力资源的极大浪费，是促使劳动人口脱离农业生产的重要推力。

（2）重资本发展模式

印度城市实施的工业化战略与国家所设定的就业目标并不协调，赋予了就业政策一个较为不利的产业起点。印度在其各"五年计划"中几乎都不同程度地对消除贫困、促进就业进行了规划，其基本目标是"沿着社会主义路线发展，以确保经济迅速增长，实现充分就业、减少收入和财富分配的不平等，防止经济权力集中，创造平等自由的社会价值观念"，③ 但政府的目标与手段之间存在严重脱节。印度政府认为投资的增加会带来国民收入和就业的相应提高，印度计划委员会在"三五"计划中明确指出，就业和国民收入将随着投资而增加。印度计划委员会出于历史和现实的考虑，拒绝选择以生产消费品的轻工业为发展重点的渐进式工业战略。委员会认为，强调生产资料的生产，不仅可以快速增加投资，而且可以巩固国防，减少对外依赖，经过一定阶段的发展后，已有资本货物的生产能力还将促进轻工业发展，进而推动全民福利的提高。因此，政府计划借鉴苏联模式，在短期内做出牺牲，施行优先发展重工业的战略。该战略的核心是，以投资带动重工业、基础工业、

---

① ［印］鲁达尔·达特、K. P. M. 桑达拉姆著，文富德、雷启淮等译：《印度经济》（下），成都：四川大学出版社，1994 年版，第 85 页。
② 盛荣："印度土地制度效果对中国土地制度改革的启示"，《中国农业大学学报》2006 年第 4 期，第 71 页。
③ ［印］鲁达尔·达特、K. P. M. 桑达拉姆著，雷启淮、文富德等译：《印度经济》（上），成都：四川大学出版社，1994 年版，第 251 页。

机械制造工业来迅速实现工业化。从经济学角度而言，选择优先发展重工业战略并不符合印度自然资源和人力资源丰富、技术落后、资本贫乏所决定的比较优势。① 重工业投资和工业产值虽不断增长，但由于产业发展的资本和技术密集性质，劳动力无限供给的资源特征被忽略了，资本密集型产业先于劳动密集型产业的发展，工业部门对剩余劳动力的吸收能力很弱，严重阻碍了农村劳动力的转移。1961年至1976年，印度现代工业的投资增加了139%，工业产量增加了161%，但就业只增长71%。结果，每单位总产量的就业实际上下降了34%，每单位资本的就业下降了28%。② 同时，印度重工业往往是国有企业，而私有经济受到压制。在此形势下，私人工业企业得不到壮大，工业的整体作用受到削弱，劳动力吸收能力亦难以实现显著增长。此外，私有经济一直被边缘化，难以获得资源和政策的支持，只能通过控制劳动力成本来求得生存，这些企业自然希望寻求以非正规就业形式的低成本来雇佣员工。政府对私营企业的严格管制极大的压制了市场作用，抑制了市场机会，恶化了劳动环境，工业产业难以扩张，经济的活力和就业创造力受到很大削弱。总体来看，印度重工业优先发展战略的实施对加速建立完整的工业体系起到了一定作用，但未能向国民提供起码的生活条件。印度此种产业发展模式对劳动力的吸收能力弱，极大地催生了失业和就业不充分现象。财富日益向大财团积聚，收入和财富不平等日益扩大。印度"五年计划"确立的充分就业、收入增长、分配公平的目标仅成为停留在纸上的文字。印度重工业发展模式下的劳力"拉力"不足是印度劳动需求不旺的主要根源。

（3）农村发展计划

这一时期政府实施的优先发展重工业战略的实质是优先发展资本密集型产业。重工业作为主导产业的就业吸纳水平很低，对解决就业尤其

---

① 陈吉祥、叶红梅：："论印度国民经济管理手段的嬗变"，《南亚研究季刊》2011年第3期，第99—101页。
② 俞金尧：："20世纪发展中国家城市化历史反思——以拉丁美洲和印度为主要对象的分析"，《世界历史》2011年第3期，第6页。

是农村劳动压力意义不大。政府只能另辟蹊径，寄希望于农村就业计划，将农村失业控制在一定水平，以避免社会动荡。但印度以农村就业项目为缓解就业问题手段的做法存在诸多问题，能够发挥的作用极为有限。

就项目整体情况而言，印度各项农村就业规划涉及内容众多，且互有重叠交叉甚至矛盾的情况，缺乏有机联系。各届政府出于获取穷人票仓的考虑，都高举向农村穷人提供更多就业的大旗，成立相应机构并制定出各自的就业计划，以彰显该政党对穷人的重视。虽然各计划的目标和主体内容是一致的，但新政府出于党派利益的考虑，对原政府制定的计划在资金使用和执行方面大打折扣，计划实施难以连贯，反而造成机构臃肿。在政党轮流坐庄的情况下，促进农村就业的计划很多时候只是政治做秀的产物，规划缺乏长远性。各届政府制定的计划之间没有连续性，也就难以建立协调统一的长效机制，极大地降低了计划运行的效率。此外，联邦政府与反对党执政的邦政府为维护不同的政党利益，在工程项目立项、相应机构设立、项目冠名、计划执行、资金分配和使用、建立健全相关监管制度上长期存在矛盾，致使行动迟缓，久拖不办。政党更迭致使政府缺乏动力去建立保证计划长期正常运行并发挥预期功能的政策体系。对于政府及其政党而言，这些项目的政治意义远远高于穷人能否真正从这些计划获取利益。

就项目执行情况来看，各计划均未达预期目标。印度政府为缓解日趋严重的失业和就业不充分，先后提出各种就业方案，然而，中央政府耗资17亿卢比的各种就业"应急"措施和农村就业计划都未实现预期目标，农村失业和就业不充分的状况并未得到多大改善。首先看以工代赈计划，1978年至1980年，中央政府为以工代赈计划分配了270万吨粮食，到1979年底，给邦政府提供的223万吨粮食仅使用了119万吨，利用率仅为53.36%。[①] 政治动荡、底层民众动员和参与不足均阻碍了邦级政府对计划的推行和落实。以工代赈计划更名为全国农村就业计划

---

① 陈吉祥：《印度农村劳动力就业问题研究》，四川大学博士学位论文，2013年，第179页。

后，计划执行结果仍与计划目标相距甚远。首先实施过程中利用了很多原材料、机械设备来搞工程项目，与利用人力创造更多就业的主要目标背道而驰。其次计划提供的粮食价格高于公开市场的粮价，属于变相降低了工资。另外，项目资金还存在被挪用的情形。这些因素都使得全国农村就业计划创造的就业不达预期目标。农村综合发展计划目标是在1980年到1985年的5年内使全国约1500万户低于贫困线的家庭脱贫，结果其实施效果也不理想，据估测，真正提高到贫困线以上的受益者比例不足10%。调查显示，72%的受援家庭所有的资产价值并未发生变化，仅有18%的受援家庭资金增加了500卢比以上。农村无地劳动者就业保证计划的就业指标仅完成85%，并未兑现100天就业的保证。① 即使是计划期间执行的较为成功的马哈拉施特邦就业保证计划，随着时间推移，该计划确定的最低日工资也远远难以满足每天维持最低生活所需，所创造的就业人数自20世纪80年代初期后也一直处于下降趋势。贾瓦哈尔就业计划、农村工资就业计划、乡村自我就业计划、国家以工代赈项目、农村就业保证计划等促进农村就业的计划均存在着项目资金被挪占、实际实施项目少等问题，所能提供的就业机会十分有限。即使获得工作机会，收入也难以改变其境遇，各计划都难以达成预期目标。同时，政府推动印度农村工业的发展也面临着诸多约束，资金不足、电力等能源供应紧张、原材料缺乏以及技术革新缓慢等问题对农村工业的起步和壮大构成极大制约，农村工业企业仍难以满足印度农村人口的就业需求。总的来看，这些计划所提供的就业岗位对于整个农村剩余劳动力来说还是太少了，项目仅发挥救济效果，未有效达成政府的项目设计目标。要想解决农村上亿剩余劳动力的就业问题，以现实情况和发展速度来看，单纯依靠农村的发展似乎不是可靠的出路。印度政府试图弱化土地"推力"，以农村就业计划的方式吸纳更多的劳动力，然而政策效果却未达预期。

---

① [印]鲁达尔·达特、K. P. M. 桑达拉姆著，雷启淮、文富德等译：《印度经济》(上)，成都：四川大学出版社，1994年版，第679—683页。

(4) 节育政策

印度人口的增长在很大程度上源于较高水平的出生率。得益于经济发展和医疗进步，印度人口的死亡率由1957年的27‰下降至1971年的16‰，而出生率却长期处于较高水平，下降程度有限。1980年印度人口的出生率达到3.4‰，高于世界同期2.8‰的平均水平。实际上，印度人口自20世纪以来就保持持续增长态势。1961年为4.58亿，1991年较1961年又增加近1倍之多，达到8.88亿。2010年增加至12.31亿，50年来其人口增加了2.68倍，平均每10年人口增长率达到20%上下（见表10）。印度不仅人口增速很快，而且性别失衡问题严重。受传统重男轻女思想的影响，印度独立后女孩的出生率和存活率都低于男孩，1951年印度的男女比例为1000∶946，到20世纪70年代，男女比例为1000∶930，1981年之时也维持在1000∶934。[①] 快速增长的人口数量尤其是男性比例大给就业带来巨大压力。印度现代部门的扩张甚至难以满足新增劳力的就业需求，而农村本就不足的土地资源更难以承载不断增长的人口规模，农村和城市全面的人口膨胀对城乡失业水平的整体提高带来了强大推力。实际上，印度政府对人口过快增长问题的严重性已有认识，但是陆续推出的计划生育政策缺乏严格完善的政策体系，加之复杂多元的国内文化，计划生育政策始终收效甚微。最终，印度未能形成一个成熟有效的人口政策，致使人口不受控制地快速增长。印度人口政策的失效可由三个方面体现：其一，印度女性结婚年龄较小，生育早且间隔较短；其二，非计划内的生育率很高，相当部分孩子的出生并非出于妇女的计划或愿望；第三，已婚妇女采取避孕措施的人口比例不足一半，且采取避孕措施的方式也不尽合理。印度的人口政策长期单纯强调节育本身，而缺乏妇女地位、妇女教育、妇幼保健、妇女保障和生育服务等配套措施，忽视了这些影响女性生育的关键因素，致使此项政策多次流产。节育政策的失败导致印度劳动人口快速上涨，成为提升

[①] 申秋红：“印度人口发展状况与人口政策”，《人口学刊》2014年1月，第26页。（注：印度性别比计算用1000男性对应的女性人数来表示）

劳动力供给的重要推力。

表10 印度人口增长（1961年至1991年）

年份	指标					
	1961	1971	1981	1991	2001	2010
总人口（百万）	458.5	566.2	713.1	888.1	1071.5	1231.0
十年增长率（%）		23.49	25.94	24.54	20.65	14.89

数据来源：世界银行，全球发展指标数据库（2017年6月30日更新）。

2. 对劳力转移的影响

印度独立之初以计划经济为指导，经济体制僵化，各项生产要素的配置均以国家政策为导向，劳动力难以快速流动，劳力分配相对固化。此外，印度确立的土地制度不利于农村劳动力自由流动，也限制了劳动力的城乡间转移。不过，这一时期农村地区间的劳动力转移较此前还是有所增加。

（1）城市重工业产业导向

城市地区优先发展重工业的战略不利于农村剩余劳动力的转移。前面已提及，印度马哈拉诺比斯工业化战略大量发展的是资本密集型产业，这种产业类型单位资本吸收的劳动力少，城市劳动力吸收尚且困难，更难以拉动农村劳动力的跨地区流动。由此造成大量劳动力束缚在农业生产上，城市化进程缓慢，农村劳力大量积压。此外，劳动者也会对来到城市工作所取得的收入和生活有一个预期，而城市本身的劳动者就业还难以解决，农村劳动者便更无法获得满意的工作岗位，也抑制了他们进入城市的意愿。城市重工业的发展模式有悖于印度劳动密集型的资源优势，劳力需求不旺，抑制了劳动要素的产业和城乡间转移。

（2）精英教育政策

印度政府推行的教育模式是将大量资源投入为社会上层服务的精英式教育，而为社会底层广大群众服务的基础教育却资金缺乏，导致印度全国范围的低识字率。1901年印度的识字率仅有5.4%，独立后有了一定的提升，由 1951 年的 16.7% 上升到 1981 年的 36.2%，但是与其他国家相较，识字率仍然偏低，文盲仍居于多数。① 在印度农村地区，人口识字率更低于城市。据印度 1981 年的人口普查数据，印度全国有 2.41 亿人，农村占了 1.5 亿人，但其识字率仅有 29.6%。印度农村主要劳动力约 17640 万人，其中文盲占到 64.6%，这意味着只有 35.4% 的劳动者识字。在识字的劳动者中，小学文化程度者占 37.1%，初中文化程度者约占 18.6%。也就是说，印度非文盲的劳动工人总体文化程度也是很低的。② 印度劳动力文化素质低的直接原因就是国民教育初中以上入学率相当低，即便印度企业存在劳动力需求缺口，低素质低技能的广大劳动者也难以满足企业提供的工作岗位要求，这也极大地限制了农村剩余劳动力向城市现代部门的转移。

（3）土地制度封建残余

印度以"限田制"为中心的土地改革，确切来说应该是一种改良，而就土地来说，往往只有改革才能成功。改革实践中，地主阶级利用法律漏洞劫持改革，他们通过利益集团在政治上抵制土改，得以重新分配的土地仅占很小一部分，改革进程被大土地所有者绑架。实际上，地主和地主土地所有制作为封建的核心内容保存了下来，印度的土地制度没有得到实质上的改变，印度的独立赶走了英国人，却极大地保留了传统，可以说只有反帝而没有反封建。众多的土地立法并未真正保证耕者有其田，"耕别人的田"还是最普遍的现象。在旁遮普邦，大土地所有者借助农业机械化大大提高了耕种能力，因此他们开始收回出租的土地来自己耕种，佃农和分成农就与土地分离。甚至有些土地所有者的耕种能力远超过其实际拥有的土地面积，于是他们想方设法扩大耕地面积。众多小农、边际农因土地不足以维持其基本生存所需，且缺乏购置资金，不得不向地主租佃土地或向地主、高利贷者举债，从而被迫处于债

---

① ［印］A. N. 阿格瓦尔等主编：《印度基本经济资料》，新德里，1986 年版，第 52 页。
② 程姝、韩学平：印度城市化进程中农村劳动力转移对中国的启示，《世界农业》2013 年 4 月，第 107 页。

务依附或土地依附状态。这一过程导致农村经济关系发生变化，一些中型农场的农场主成为企业家式的人物，一些条件较差的小土地所有者受雇于农场主，或成为潜在的城市移民。结果，农村中的无地少地、生活贫困的农民日益增多，农业工人显著增加。① 据统计，从 1951 年到 1971 年，全国农业工人的数量从 3060 万扩大至 4540 万人。② 农业工人主要包括长工、短工、混合工。长工长期隶属同一个雇主，工资以现金和实物混合结算。短工是临时性工作，工资以现金为主。混合工有四类：一是拉加尔合同工，这种合同是分给工人一小块土地作为生活费，雇主提供部分工资，全部收获物归工人。工人需在农忙季节以低于市场水平的工资为雇主工作。二是亨特利合同工，同样是分给工人一块土地耕种，但工人只能获取该地块收获物的小部分，并以固定工资给雇主工作一整年。三是邦塔尔合同工，是不工作就没有工资的合同工，为期一年。四是农民制度，雇佣期为一年，雇主提供投入物，工人耕种并获得土地收获物的 1/3。③ 可见，地权严重不均迫使小农、边际农和大量农业工人处于不同程度的依附或半依附地位，劳动力要素的自由流动受到较大限制。

（4）"绿色革命"和"白色革命"

20 世纪 60 年代中期到 70 年代中期，农村地区间的劳动力转移越来越多，原因在于"绿色革命"和"白色革命"的兴起，更多的经济价值高的作物种植扩大了劳动力需求。种植土豆、水果、蔬菜等经济价值高的作物，相较于种植小麦、甘蔗来说，劳动投入更为密集。根据一项针对北方邦的调查，以一个种植周期每公顷的人工需求计算，土豆为

---

① 俞金尧："20 世纪发展中国家城市化历史反思——以拉丁美洲和印度为主要对象的分析"，《世界历史》2011 年第 3 期，第 12—20 页。

② 林承节：《印度独立后的政治经济社会发展史》，北京：昆仑出版社，2003 年版，第 336 页。

③ 曾向东："浅析印度独立以来农业雇佣劳动的增长"，《南亚研究》1982 年第 2 期，第 57 页。

195 个，而甘蔗是 151 个，小麦是 100 个。① 畜牧业是劳动密集性行业，可以在既有技术的基础上小规模地进行。绿色和白色革命的就业影响还超出了种植和饲养本身。饲养产奶动物还带动了就业机会的增加。就饲养产奶动物这一活动来说，其劳动力需求可能大大超出想象，它包括饲草料的收割、搬运、晒干、喂料、挤奶、舍圈清洁、卖奶、收集粪便以及制成燃料等多种劳动。② 这些对劳动力的新增需求吸引了农村内部一些失地少地的农民到来，为他们提供了一定的就业机会。"绿色革命"的影响也渐渐超出了农业领域，存储、加工、上市以及运输等作物收割后的活动还会产生更多的就业机会，新增岗位从农场延伸到市场、货栈、集镇和车站等各地。总的来说，印度"绿色革命"和"白色革命"在一定程度上带动了劳动力在农村内部的转移，有助于缓解农村的就业压力，不过对于庞大的农村剩余劳动力来说，这一就业容纳量还是太小了。

3. 对收入分配的影响

这一时期印度劳动力绝大部分是在农村就业，土地是其就业的基础。土地改革的失败以及"绿色革命"造成的生产资料分配失衡，在很大程度上造成两极分化和社会矛盾。广大劳动者在贫困线上挣扎求存，总体就业质量不高，劳动收入很低。

(1) 城市偏向发展

印度独立后长期推行城市偏向的战略安排，这在工业起飞的阶段发挥了非常重要的作用，但也极大地造成了城乡发展的失衡。城市偏向的发展战略导致公共资源配置不均，大量经济资源从农村流向城市。结果造成农村地区基础设施落后，教育、卫生等公共资源匮乏，医疗、养老的社会保障不足，农村发展整体缓慢。而城市公共资源相对完善，城乡

---

① 刘子忠："试析印度绿色革命以来农村地区间的劳动力转移"，《南亚研究》2001 年第 2 期，第 34 页。

② Sharma Rita, Poleman Thomas T, *The new economics of Indids Green Revolution: Income and employment diffusion in Uttar Pradesh*, Ithaca and London: Cornell University Press, 1993, p. 115.

基础设施投资、基础教育资源分配、资金配置等均出现严重的不平衡。在此条件下，印度城市阶层和农村阶层的矛盾凸显，社会关系日趋紧张。此外，城市偏向战略还造成资源流动和分配受到限制，资源配置效率低下，社会总产出水平也受到抑制，城乡地区经济发展都受到影响。有学者提出，当经济发展到一定阶段，城乡间可生成一种收入差距的自我矫正机制，促使城乡收入差距自发地由逐渐扩大的形态向逐渐缩小的形态演变，形成倒 U 型演化轨迹。[1] 而在城市偏向的战略安排下，政府直接或间接地加剧了城乡发展的不平衡，通过人为干预的方式使得这种自我矫正机制失灵，城乡收入矫正机制也就难以在印度的社会经济背景下实现。

（2）土地权力

印度的土地以私有制为基础，农业收入依据市场机制基于土地所有权进行分配。以土地制度为基础的土地权力分配决定了印度劳动和就业的一些特色：一方面，印度农村存在很多农业富人，作为乡村中产阶级，他们拥有土地，享有较高的教育水平和生活质量，他们转换了印度的农民收入问题；另一方面，大量失地农民涌入城市，成为城市贫民窟的深刻根源，他们其实就是农民收入问题的另外一种表现形式。土地划分的"金字塔式"使得印度的农民问题转化为贫困问题。土地是农民赖以生存的基础，地权的集中将进一步带来其他经济力量的集中，从而加剧农村财富占有的失衡。土地权力分配不均使得大量农民没有或仅占有极少的土地，甚至不足以维持基本生存，致使他们失去就业根基和财富积累基础。结果，底层农民无力进行农业投入，农业发展受到制约，农民就业环境恶化，农村贫困蔓延。

大土地持有者凭借着他们的地位和权力，进一步占有更多的信贷等资源，小农生产能力受到削弱。大土地所有者还控制着农村基层政权，他们凭借占有的资源优势来获取更多的便利和优惠，例如灌溉水和农

---

[1] 杨怡爽、杨洋："中国与印度的包容性增长比较"，《学术探索》2014 年 6 月，第 36 页。

药、政府提供的高产优良种子、政府的电力和化肥等补贴，尤以公营部门的农业信贷影响显著。据调查，1972年占农户总数10%的居于土地控制地位的地主、富农和资本主义农场主垄断了合作信贷，并囊括了62.29%的公营银行贷款和77.29%的私营银行贷款，还占有76.24%的电动水泵和拖拉机总数以及62.25%的各种农业机械总值。与此同时，约85%的农民缺乏获得农业投入品和信贷的渠道。[①] 广大下层农民难以获得足够的信贷和政府补贴，不得不举借高利贷，造成印度农村高利贷盛行。从1951年到1971年的20年中，耕种者借贷来源中高利贷一直居于绝对主体地位。从1971年到1981年的10年中，虽然国家合作社和商业银行的金融支持力度大幅提高，高利贷借款比例下降，但是由于种种原因，乡村高利贷者始终占据优势。[②] 信贷组织特别是合作社面临的主要问题是过期未还贷款，而借款未还的多是无助小农，大农则具有良好的偿还能力，这就使得金融机构贷款向大农倾斜。合作社和商业银行向大农提供了大约6%到10%的低息贷款，而小农不得不从高利贷或其他非组织的资金市场按12%到75%的利息借钱。[③] 小农缺乏偿还能力和贷款信誉，难以筹措资金进行农业投入和革新，更难以获得较大的生产收益，两极分化也由此扩大。作为社会主体阶层的下层农民没有生产动力，广大劳动者缺乏投资和消费能力，出现大量的贫困阶层，并由此引发了社会动荡。印度一些地区，例如西孟加拉、比哈尔、奥里萨和安得拉邦等农民暴动绵延不绝的原因也在于此。[④]

"绿色革命"进一步恶化了少地和无地农民的生活状况，并加剧了农村财富的集中。由于地权严重不均，"绿色革命"以来印度农业的发

---

① 印度第二十六次抽样调查，转引自孙培钧：“印度农村生产关系的几个特点”，《世界经济》1979年第3期，第61页。
② [印] 鲁达尔·达特、K.P.M.桑达拉姆著，雷启准等译：《印度经济》（下），成都：四川大学出版社，1994年版，第99页。
③ [印] 鲁达尔·达特、K.P.M.桑达拉姆著，雷启准等译：《印度经济》（下），成都：四川大学出版社，1994年版，第105、183页。
④ 张文木：《印度国家发展及其潜力评估》，北京：科学技术文献出版社，2005年版，第99—117页。

展成果也绝大多数被大中土地所有者占有。"绿色革命"的要义是增加现代化技术投入，而现代农业投入成本已远超传统，这就极大地抬高了投入价格。加上"绿色革命"使粮食产量剧增从而降低了农产品价格，小农耕种土地反而入不敷出。这就进一步在不同阶层之间拉开差距，促使收入和土地向大农集中。一方面，大农场主为实行机械化作业，采取提高租金的方法迫使承租人离开土地，导致农村的就业机会减少和工资水平下降。另一方面，大农靠占有生产资料剥削贫农，农业工人普遍负债，仅获得微薄的收入。

缺乏基本的生存资料又进一步限制了劳动者就业能力的提高。按照印度政府的贫困人口界定，1957 年印度农村低于贫困线的人口占总人口的比重为54%，1968 年为 56.5%，1978 年为 50.8%，1988 年为 30%。[1] 小农、边际农和无地者均处于就业不足或严重失业状态，是农村贫民的主要构成。这些家庭每人每天摄入热量不足 2400 卡，难以满足其最低生理需要。直到全面改革后农村下层人民的贫困状况也并未得到改变。2006 年，超过 75% 的农村人口每天摄入的热量低于国家规定的每日 2400 卡的最低标准，其中最低的 30% 的人口平均每天仅摄入 1600 卡，婴儿和母亲的死亡率以及儿童就学率等指标均处于严重落后状态。[2] 印度大量贫农维持基本生存尚且困难，难以支付家庭基本的必要开支。在此状况下，农村家庭无力投资教育，其改变自身命运的机会也就更加渺茫了。

印度的失业最初产生于农民失地，这一历史发端是印度失业问题的起源。非农部门劳动力吸纳水平不高和劳动力供给规模迅速扩张引起印度劳动力转移迟滞和全国失业率高涨。具体而言，在就业规模上，现有的土地制度成为失业高涨的最大推手，印度农村发展计划弱化"推力"的预期又不达目标，同时节育政策失效则推动人口数量快速上涨。"拉力"方面，二元化下城市工业重资本的发展模式难以容纳太多劳动力。

---

[1] 黎淑英："印度的农村扶贫工作"，《中国农村经济》1993 年第 11 期，第 59 页。
[2] 陈吉祥：《印度农村劳动力就业问题研究》，四川大学博士学位论文，2013 年，第 74 页。

受这两方面因素制约，印度劳动参与率难以提升，失业水平居高不下；印度的劳动力转移也十分迟滞，一方面城市产业难以"拉动"劳动力转移，另一方面农村的土地制度造成劳动者长期依附于大土地所有者，加上受教育水平不高，农村贫苦大众在主观和客观上都难以主宰自己的命运。不过，这一时期在印度"绿色"和"白色"革命的影响下，农村内部的劳动力转移有所增加；收入分配方面，由于失地和依附关系，以农村劳动者为代表的广大普通劳动者收入水平极低，仅可勉强维持生存，城乡不平衡发展严重。总体来看，印度就业问题主要产生于农民"失地"造成的"强推力"，而计划经济体制下非农部门的"弱拉力"对劳力利用形成阻滞。从这个意义上来说，我们可以断定印度非农就业的有限扩张其实是"推力"的结果，由此造成全国失业高涨，劳力转移缓慢，劳动者普遍贫困。

二、1980年至1991年："拉力"的短暂提振

印度20世纪80年代开启的有限改革是在未触动经济结构基础上的局部调整，相较于尼赫鲁模式还是在一定程度上激发了市场的活力。这一时期的就业表现也对这一有限改革做出了回应，也在一定程度上对日后印度政府的就业战略取向产生了影响。

（一）有限改革与就业变化

20世纪80年代，印度非农产业就业增长超过此前任一时期。1972—1973财年至1977—1978财年，印度第二产业就业增长为4.78%；1977—1978财年至1983年略有下降，为3.95%；到1983年至1987—1988财年上升到6.44%，成为印度历史上增长最快的一个时期。同时，第三产业就业增长提速较慢，但也在1987—1988财年至1993—1994财年达到历史高峰，为5.05%（见表11）。可以看出，印度经济发展战略的有限调整对于非农就业产生了一定的刺激作用。但是这一作用并没能持续多久。1987—1988财年至1993—1994财年，第二产业就业增长急速下降

到0.19%，第三产业就业也在90年代下降到2.44%。[①] 可见，印度20世纪80年代非农就业的高增长未能持续太久。

表11 20世纪80年代前后印度就业增长　　　　　　　单位:%

调查期（财年）	第一产业	第二产业	第三产业	就业增长率
1972—1973 至 1977—1978	1.78	4.78	4.86	2.61
1977—1978 至 1983	1.56	3.95	3.46	2.19
1983 至 1987—1988	0.28	6.44	2.11	1.53
1987—1988 至 1993—1994	2.16	0.19	5.05	2.39

数据来源：Raj Kishore Panda and Asima Sahu: "Structure Changes in Informal Sector Employment", Anil Kumar Thakur and Bharti Pandey edited, *Structural Changes in Employment Generation*, New Delhi: Regal Publications, 2014, p.16. (Based on various round of NSS data on employment and unemployment).

与就业增长相对应的是，印度各产业就业占比也表现出类似趋势的变动。1972—1973财年、1977—1978财年和1983年，印度第二产业就业占比分别为11.30%、12.55%和13.78%，每年增加一个百分点。而到了1987—1988财年，第二产业就业占比达到17.04%，增长速度出现一个跳跃。第三产业就业占比在20世纪70、80年代有了稳步小量增长后，也在90年代初有了较大涨幅（见表12）。可以看出，20世纪80年代前后，整体上印度非农就业占比出现短暂提升。

表12 20世纪80年代前后印度三大产业就业占比　　　　单位:%

调查期（财年）	第一产业	第二产业	第三产业
1972—1973	73.92	11.30	14.78
1977—1978	70.98	12.55	16.47

---

① Raj Kishore Panda and Asima Sahu: "Structure Changes in Informal Sector Employment", Anil Kumar Thakur and Bharti Pandey edited, *Structural Changes in Employment Generation*, New Delhi: Regal Publications, 2014, p.16. (Based on various round of NSS data on employment and unemployment).

续表

调查期（财年）	第一产业	第二产业	第三产业
1983	68.59	13.78	17.63
1987—1988	64.87	17.04	18.09
1993—1994	63.98	14.96	21.07

数据来源：Raj Kishore Panda and Asima Sahu: "Structure Changes in Informal Sector Employment", Anil Kumar Thakur and Bharti Pandey edited, *Structural Changes in Employment Generation*, New Delhi: Regal Publications, 2014, p. 14. (Based on various round of NSS data on employment and unemployment).

这一时期印度的正规部门就业出现了显著下降。长期以来，正规部门就业增长一直呈现出下降趋势。1972—1973 财年至 1977—1978 财年就业增长为 2.7%，1977—1978 财年至 1983 年降至 2.2%。进入 80 年代，这一下降速度显著加快。1983 年至 1987—1988 财年，就业增速降至 1.4%，其中私营部门更是出现了负增长（见表 13）。

表 13　20 世纪 80 年代前后印度正规部门就业增长　　单位:%

调查期（财年）	公共部门	私人部门	合计
1972—1973 至 1977—1978	3.8	0.6	2.7
1977—1978 至 1983	2.6	1.4	2.2
1983 至 1987—1988	2.2	-0.4	1.4
1987—1988 至 1993—1994	1.0	1.2	1.1

数据来源：Raj Kishore Panda and Asima Sahu: "Structure Changes in Informal Sector Employment", Anil Kumar Thakur and Bharti Pandey edited, *Structural Changes in Employment Generation*, New Delhi: Regal Publications, 2014, p. 20. (Based on various round of NSS data on employment and unemployment).

应该说，印度 20 世纪 80 年代的经济战略局部调整在就业方面取得了一定积极效果，非农就业增长对经济增长刺激做出积极回应，非农就业增长和在总就业中的占比都出现较明显的上升。但是，这一变化还是显得过于短暂,并未能改变印度就业的长期趋势。这一时期农业就业增长迅速下滑,因此总就业增长并未提高。同时,印度非正规就业规模有所扩大。

(二) 有限改革对就业的影响路径

1. 对就业规模的影响

虽然印度非农就业增长有所提高,但是总的来看,印度这一时期的总就业增长并没有上升。其中,正规部门和农业部门作为支撑就业的两大重要部门,就业增长率是下降的,极大地拖累了总就业的增长。

(1) 正规部门

虽然印度政府通过对工业政策的调整放松了管制,带来了新的就业机会,但是正规部门的就业增长却出现大幅下降。这是因为,经济发展战略调整虽然在整体上激发了市场活力,但是给不同的行业带来了不同的影响。部分国有企业改革并未达到目标效果,甚至面临经营困境,就业也就无从谈起。20世纪80年代中期以来,印度政府对公营企业采取了调整措施,但是,这并没有扭转公营企业的经营不善状况,其生产效率依然低下。由于垄断,一些公营企业表现尚佳,如石油、电力和电信部门,但将其推向市场后,公营企业面临严酷的市场竞争,有些企业承受了严重压力,甚至出现亏损。这些企业无暇自顾,也更无力扩大劳动力吸收。

举例来说,金属基础工业[①]资金短缺,外来竞争加剧。金属基础工业被视为实施进口替代战略的骨干力量,自第二个"五年计划"起便长期得到政府在资金、原材料供应和产品销售等方面的扶持,并被严格划归公营企业经营。20世纪80年代印度政府开始减少对公营企业的扶持,而私营部门不愿过多涉足,这就使得社会投向金属基础工业的资金迅速减少。印度经济监测中心的调查显示,1982年投向黑色及有色金

---

① 根据印度经济监测中心的分类,将黑色金属、有色金属、非电子机械、金属矿产品、运输设备等行业统称为金属基础工业。

属行业的资金占当年制造业投资总额的30.6%，1988年下降为19.3%。相应时期，运输设备、电子及非电子机械及金属矿产品的资金在整个制造业投资总额中的占比由10.6%下降为3.4%，整个金属基础工业的投资在制造业投资总额中的占比由41.2%下降为25.1%。资金短缺使得制造业中大多数公营企业的处境变得十分艰难。

同时，新经济战略推动了石油化学工业、耐用消费品生产行业的发展。20世纪80年代，印度政府推行的战略向私营部门倾斜，促使私营经济迅速发展起来。根据印度储备银行数据，1987年印度资本市场上的私营部门股份和债券总额比1980年增长了855.6%。长期以来，制造业中的私营企业大多集中于石油化工及消费品生产行业，因此这些行业便随着私营经济的扩大迅速发展起来。虽然新经济政策将某些金属基础工业行业向私营经济开放，但相比之下，"进口自由化"政策和税收政策更有利于石油化学工业。根据一项对印度581家私营企业的调查，1984—1985财年，金属基础工业税后利润与资本净值之比为10.5%，而在基础化学、化肥、制药等化学工业中，这一比例为14.4%；到了1986—1987财年，金属基础工业和化学工业这一比例分别为6.9%和9.5%。① 由于从事石油化学工业生产更加有利可图，这些行业对私营经济就更具有吸引力。1982年，炼油、石油、天然气、石油化工品、有机化学、人造纤维行业所吸收的投资占整个制造业投资总额的16.6%，1988年这一比例上升为39.2%。如果加上无机化学、农药化肥等，相应时期，石油化工行业的投资于整个制造业投资总额中所占比例由31.5%提高52.7%。②

不同行业和部门的增减又进一步对就业规模产生了影响。一般说来，金属基础工业技术弹性大，许多行业都具有劳动密集型的特点，可吸收较多的劳动力；相反，石油化学工业大多生产有毒有害产品，生产

---

① 《印度统计概要（1988—1989年）》，孟买，1988年11月版，第115页。
② 陈明华："80年代印度工业结构的变化及其带来的不利影响"，《东南亚》1991年第3期，第50页。

条件严格，技术弹性小，很多行业都属于技术密集型或资本密集型，劳动力要素在生产中所占比重不大。因此，虽然20世纪80年代印度工业正规部门中的私营经济取得较大发展，但因其大多集中于石油化学工业，因此并未给印度社会提供太多的就业机会。"七五"（1985—1986财年至1989—1990财年）期间，工矿业中私营部门的投资比"六五"（1980—1981财年至1984—1985财年）时期增加了105%，1984—1987年整个工业部门生产年均增长率达8.48%，[1]但是1987年正规部门中私营企业的就业人数反而比1982年减少了。在以金属基础工业为主要增长动力的1972—1973财年至1977—1978财年，正规部门所提供的就业机会增长还有2.7%，到了1983年至1987—1988财年这一增长仅为1.4%。由此看来，20世纪80年代印度经济战略调整对正规部门的不同行业带来了不同影响，整体上造成印度社会正规就业的下降。

（2）农业部门

20世纪80年代，随着拉·甘地对"绿色革命"的继续推进，"绿色革命""第二代效果"开始显现。由于"绿色革命"仅限于部分地区，其作用效果并不平衡。一些落后地区的农民无力负担高昂的技术投入，在技术的力量面前日益窘困，失业和贫困大规模袭来，农业劳动力被"挤出"。农业技术进步对农村劳动力转移的推力作用表现在：一方面，农业技术进步推动了农业劳动生产率提高，大量先进农业机械的使用以及农业综合管理水平的提高，极大减少了单位面积劳动力需求量，导致大量边际成本为零的隐形失业；另一方面，"绿色革命"对农业技术水平的提高作用并不均衡，机械化生产促使大土地所有者兼并小块土地，进一步扩大土地规模，间接地拉大了农村劳动者之间的收入差距。这一作用与前一时期"绿色革命"的收入分配效果是一样的。失地少地农民生活更加艰难，不得不离开农业寻求新的工作机会。在向市场化

---

[1] 陈明华："80年代印度工业结构的变化及其带来的不利影响"，《东南亚》1991年第3期，第52页。转引自："发展迟缓的印度政治经济"，《经济与政治周刊》1990年1月27日，第32页。

转型的经济环境下，劳动者的就业机会相对增加，也就有更多的劳动者选择离开农业。由此，"绿色革命"在一定程度上减缓了农业就业增长，推动劳动力向非农部门转移。1983年至1987—1988财年，印度农业就业增长仅为0.28%，农业增长的就业弹性甚至到了-9.1%。[①]"绿色革命"后期，越来越多的劳工从落后地区迁出，由于技术提高而挤出的劳动农民不得不离开土地，寻求其他工作机会。据文献描述，"巴尔道里越往东去，景观更为荒凉，村庄也越来越闭塞、贫困。经过达瓦娄德区往东，便靠近马哈拉施特拉邦，这里是深山老林区，更为落后。这些落后地区普遍干旱，没有什么基础设施，就业机会极少"。"在苏拉特县巴尔道里区，远道而来的劳工引人注目：来自古吉拉特北部驾着驴车的车夫，来自桑拉什特拉的无技术劳工，来自潘奇马哈拉森的修路人，来自巴落奇的采石工。他们住在路边或田间临时搭建的帐篷里，标志明显。"[②] "绿色革命"后期，落后地区越来越多的失业者加入流动大军。

2. 对劳力转移的影响

（1）工业部门

印度经济发展战略的有限调整刺激了印度工业生产的较快发展。1965年至1976年，基础物品产值年均增长率达6.5%，消费品3.4%，资本货物2.6%，中间产品3%；1981年至1988年，上述种类产品产值年均增长率分别达到8.09%、6.86%、9.99%和5.83%。[③]印度工业取得自独立以来的一次大发展，工业的快速进步也带动了就业的提升。1983年至1987—1988财年，印度工业就业增长率达到6.44%，在印度整个工业化进程中这一增长也十分罕见。虽然政府放松了管制，但是战

[①] Raj Kishore Panda and Asima Sahu: "Structure Changes in Informal Sector Employment", *Structural Changes in Employment Generation*, New Delhi: Regal Publications, 2014, p.27.

[②] 刘子忠："试析印度绿色革命以来农村地区间的劳动力转移"，《南亚研究》2001年第2期，第35页。转引自：Jan Breman, *Of peasants, migrants and paupers: Rural labor circulation in West India*, Delhi: Oxford University Press, p.251.

[③] 《印度、尼泊尔国家概览（1990—1991年）》，伦敦，第34页。

略调整的力度和范围非常有限。在未施行结构化改革情况下，允许更多进口，并举债国外。同时，在企业市场能力和环境服务建设上缺乏相应的支持。面对突然而来的国际国内挑战，印度企业并没有能实现自我发展的土壤和能力。横向比较来看，当时印度的工业发展水平和发展能力还是比较低的，突出表现在印度的工业单位资本效益远低于其他工业化国家。举例来说，20世纪80年代中期，印度电力部门实际单位资本发电量180度，一般工业化国家却能达到7000度；印度钢铁部门单位资本产量仅有18公斤，同期中国可达到50公斤，而美国、西欧国家均在600公斤以上。[①] 印度工业部门的劳动生产率也很低。例如，印度煤炭部门井下单位工人日产量0.52吨，中国可达2吨；印度露天矿单位工人日产量4吨到5吨，同期澳大利亚为20吨。在澳大利亚，3万工人可生产1.45亿吨煤，而印度煤炭有限公司60万工人的煤产量才有1.34亿吨。印度钢铁部门情况也与此类似。印度12.5万工人的钢产量不足600万吨，而韩国浦项钢厂1.45万工人的钢产量有900万吨。[②] 印度工业发展能力不足直接导致产业效益低下，工业发展水平落后的状况不利于投资的回收和利润的积累。多数私营企业资本匮乏，获利能力又难以提升，极大地限制了工业部门的长期发展和远期就业机会增加，削弱了国家工业化发展的效益、规模和速度。因此，虽然政府对于企业管制的放宽促进了工业部门的增长，带来了就业机会的增加，但是印度工业部门的发展水平和能力还是比较低的。远期发展能力不足，极大地制约了长期增长。面对效益不佳和资金紧张，企业对劳动力需求的进一步扩大也就无从谈起。虽然市场化暂时地释放了经济活力，但是印度经济条件及政策环境的长期束缚也在不久后逐步显现，印度工业部门的这一"高"增长也终成昙花一现。作为吸收劳动力主要部门，工业成长性不足抑制了农村劳动力的顺利转移。

---

① [印]《主流周刊》，1986年1月26日，第27页。
② 陈继东："试析印度农业剩余劳动力转移问题"，《南亚研究季刊》1992年2月，第19页。转自于[印]《商业周刊》1981年8月15日，第5页。

(2) 电子信息部门

通过确立电子信息产业的战略优先地位，印度极大地改善了国家的软件开发条件和人才储备状况，推动了印度电子技术的飞速发展，也为日后软件业的发展打下了坚实的基础。得益于国家政策的扶持，电子工业迅速发展，1984 年产值为 189 亿卢比，1985 年达 266 亿卢比，增长 40.9%，1990 年达到 1000 亿卢比。20 世纪 80 年代的增长率远远高于 60、70 年代，达到 5% 以上。整个 20 世纪 80 年代，印度软件产业的平均增速达 40%。① 产业的发展也带动了就业增长和人才培养。据统计，1988 年印度总共拥有软件专业人才 6 万余名，在国内从事专职工作，到 1990 年已累计拥有软件人才 8 万名左右，② 这一数字在第三世界国家中是相当可观的。但是，不同于发达国家一开始就运用微电子技术、信息技术改造国内生产环境，并将其推广渗透到生产生活的各个领域，作为一个贫困的发展中国家，印度在 80 年代推行软件产业发展目标时，没有能力和想法利用高技术来装备本国工业，政府急于摆脱窘迫的经济现状，一开始只把软件产业当作出口产业孜孜以求地经营。印度软件出口虽增长迅速，但国内软件市场的发展一直相对滞后，如果有价格更为低廉的软件加工供应国进入国际市场，印度就会面临来自他国的强劲竞争，易于丢失国际市场份额。同时，印度劳动力价格低廉，软件产业又属于劳动力密集型产业，这些特点很快把印度的软件出口引向劳务输出。因此，20 世纪 80 年代以来，印度的软件出口主要是以现场服务为主要方式，其产品主要是按照国外客户要求设计制作，属于"智力型劳务输出"，这就注定印度软件人才开发和人才流失的矛盾是尖锐的。软件信息业新人一旦成才，智力劳动者进入国际市场，便难以抑制人才外流趋势，印度的知识人才外流已成为一个问题。80 年代末，劳务输出一直占到印度软件出口的 80% 左右。据估计，软件人才在执行合同后，

---

① 刘小雪：" 印度经济转型、产业政策变迁及对软件产业发展的影响"，《南亚研究》2004 年第 2 期，第 38 页。

② 刘光宁、朱学文：" 印度软件产业形势分析（二）——人才储备和人才流失"，《国际科技交流》1991 年第 12 期，第 9 页。

有近50%的人滞留不归，而滞留者往往是最有才华、最有竞争力的。①可见，印度在实现软件业重大结构改变之前，出口增长越快，人才流失量也越大。因此，虽然印度电子软件业得到发展，但随着业务的成熟和人才培养的推进，其外向型的电子软件信息产业定位造成人才的外流，限制了本国劳动力吸纳水平的长期稳定提高。

3. 对劳动形式的影响

80年代萌芽的印度经济发展战略调整带来了大量就业和发展机会，但是印度正规部门就业弹性很低，因土地资源不足而"挤出"的劳动者难以在正规部门就业，由此产生了大量非正规就业从业人员。他们缺乏生产资料和基本的资本积累，怀抱对开放带来的经济机会的渴望，投入到一些初级的传统生产行业。从1971年到1978年，在印度增加的3500万劳动力中，非农部门仅吸收了900万人，其中正规经济部门和非正规经济部门各吸收一半。正规工业以年增长率5%的速度发展，而其就业吸收水平年增长只有2.5%，就业增长远远赶不上生产的增长。②在正规部门就业创造不足的情况下，印度只有10%—11%的劳动力增量能在正规部门就业。其余的劳动者只能留在农村，或是进入城市经济的非正规部门，或是长期处于失业状态，甚至被迫退出劳动市场。在此情况下，印度非正规部门逐步扩大，非正规就业的大范围蔓延由此发端。

20世纪80年代印度进行的经济发展战略局部调整是印度市场化发展的一个前奏，应该说这一时期就业对这一调整的反应并不悲观，非农产业就业还是表现出向好信号。但是整体来说，总就业并未实现增长，且就业的向好表现也未能持续。具体来看，这一时期受局部调整对产业推动的不平衡作用影响，加上"绿色革命"的后期效果显现，印度正

---

① 刘光宁、朱学文："印度软件产业形势分析（二）——人才储备和人才流失"，《国际科技交流》1991年第12期，第12页。

② Cherunilam Francis, *Urbanization in Developing Countries-A Socio Economic and Demographic Analysis*, Mumbai: Himalaya Publishing House, 1984, p. 96.

规部门和农业部门的就业出现下滑,极大地拖累了总就业增长;工业部门取得了较快发展,也在一定程度上带动了就业增长,但受部门发展能力制约未能长久。同时,由于印度电子信息产业的外向性和高技术性特征,后期就业带动能力也明显不足;在自由化的政策导向下,印度的非正规就业有所壮大,印度经济及就业中的灵活性种子萌发。

三、1991年至2004年:"拉力"的分化和削弱

20世纪80年代印度的经济增长加速与非农就业增长极大地鼓舞了印度政府。印度政府认为,根据收入贫困理论以及"涓滴假说",经济增长会带动就业的相应增长,其收益会自动扩散到社会各阶层和部门,贫困人口也会随之自然减少。在此认识下,全面改革之初印度政府解决就业问题的出发点是追求经济的快速增长,其政策重点放在城市。应该说,这一时期的全面改革是印度大规模市场化进程的开始,基本具备了考察市场机制关键性作用的条件。因此,这一时期的分析主要基于资源的市场配置。

(一) 全面改革与就业变化

1991年开启的全面市场化改革是印度战略演进道路上的一座里程碑,也是印度经济走上快速发展轨道的发动机。不过从就业的角度来看,改革所产生的影响却出人意料。改革后的1993—1994财年至2009—2010财年,印度平均就业增长率为1.84%,而改革前10年这一增长率为2.02%。为了剔除贫困引发的"收入效应"(详见第三章),本节将研究的时间范围划定在1999—2000财年之前。全面改革后,印度的就业增长从1987—1988财年至1993—1994财年的2.39%快速下滑到1993—1994财年至1999—2000财年的1.04%,其中各个产业的就业增长在不同时期有较大波动。总的来看,各产业就业增长在全面改革后都表现出下降的趋势,其中第一产业就业增长最低,1993—1994财年至1999—2000财年增长率已接近于零(见表14)。

表 14　印度全面改革前后就业增长　　　　　　　　　单位:%

调查期（财年）	第一产业	第二产业	第三产业	总增长率
1977—1978 至 1983	1.56	3.95	3.46	2.19
1983 至 1987—1988	0.28	6.44	2.11	1.53
1987—1988 至 1993—94	2.16	0.19	5.03	2.39
1993—1994 至 1999—2000	0.05	2.44	2.85	1.04

数据来源：Raj Kishore Panda and Asima Sahu, "Structure Changes in Informal Sector Employment", Anil Kumar Thakur and Bharti Pandey edited, *Structural Changes in Employment Generation*, New Delhi: Regal Publications, 2014, p.15.（Based on various round of NSS data on employment and unemployment）（GDP 增长率以 1999—2000 不变价格计算得出）。

相应时期印度各产业的 GDP 增长却均有所提速。1987—1988 财年至 1993—1994 财年，印度 GDP 增长为 5.65%。全面改革后，印度经济逐渐走上快速增长的轨道，1993—1994 财年至 1999—2000 财年达到 6.51%。其中，第二和第三产业的 GDP 增速表现明显优于改革前，尤其是第三产业发展迅速。1993—1994 财年至 1999—2000 财年，GDP 增速相较于 1983 年至 1987—1988 财年几乎增倍，显示出印度全面市场化改革对于经济增长潜力和活力的释放。相形之下，其第二产业的发展则显得较为平缓（见表 15）。

表 15　印度全面改革前后 GDP 增长　　　　　　　　　单位:%

调查期（财年）	第一产业	第二产业	第三产业	总增长率
1977—1978 至 1983	2.47	4.38	5.15	3.92
1983 至 1987—1988	-0.03	4.98	6.90	3.99
1987—1988 至 1993—1994	4.67	5.59	6.37	5.65
1993—1994 至 1999—2000	3.31	6.62	8.35	6.51

数据来源：Raj Kishore Panda and Asima Sahu, "Structure Changes in Informal Sector Employment", Anil Kumar Thakur and Bharti Pandey edited, *Structural Changes in Employment Generation*, New Delhi: Regal Publications, 2014, p.15.（Based on various round of NSS data on employment and unemployment）（GDP 增长率以 1999—2000 不变价格计算得出）。

通过以上数据计算可得，1977—1978 财年至 1983 年，印度经济增长的总就业弹性为 0.56，之后每一个 5 年逐渐下降。全面经济改革后，迅速下滑到 1993—1994 财年至 1999—2000 财年 0.16 的低值（见表 16）。其中，第一产业就业弹性很低且下降迅速；第二产业相对而言表现较优，但经济增长的就业创造能力实际也属于较低水平；第三产业经济增长的就业带动能力在改革后也出现下降。综合分析，改革后印度经济增长的就业带动能力实际上大幅降低了。改革红利的释放极大地促进了生产力的发展，但是在就业上改革却产生了负面影响。改革加速了第二、三产业的发展，但是第三产业在快速增长的同时并没有对就业产生积极的创造作用，而第二产业的经济增长潜力未能充分发挥，也阻碍了就业吸纳能力的提高。

表 16　印度全面改革前后经济增长的就业弹性

调查期（财年）	第一产业	第二产业	第三产业	总弹性率
1977—1978 至 1983	0.63	0.90	0.67	0.56
1983 至 1987—1988	-9.1	1.29	0.31	0.38
1987—1988 至 1993—1994	0.46	0.03	0.79	0.42
1993—1994 至 1999—2000	0.02	0.37	0.34	0.16

数据来源：依据以上两表数据计算得出。

再看印度的就业形式变化。全面改革前的 1983 年至 1987—1988 财年，印度正规部门就业增长率为 1.4%，改革后的 1993—1994 财年至 1999—2000 财年，其增长率只有 0.4%，近乎停滞。[1] 同时，合同工占总就业比重从 1985 年的 12% 上升到 2004 年的 26%。这一趋势在印度安得拉邦、中央邦、马哈拉施特拉邦和拉贾斯坦邦体现的尤为明显。1998 年至 2004 年，安得拉邦正规部门中的合同工比重从 15% 上升到 51%，中央邦从 16% 到 28%，马哈拉施特拉邦从 15% 到 27%，拉贾斯

---

[1] Raj Kishore Panda and Asima Sahu, "Structure Changes in Informal Sector Employment", *Structural Changes in Employment Generation*, New Delhi: Regal Publications, 2014, p. 19.

坦邦从21%到33%。① 改革促使印度就业进一步向"非正规化"转变，正规部门中的非正规就业也日趋增加。

印度全面改革以来，忽视农村的建设和发展，将政策重心放在城市部门和服务业产业，取得一定的经济成就，但其经济增长模式的就业创造力很低。第二产业发展较为缓慢，第三产业虽然取得高速发展，但产业增长的劳力吸纳能力也没有得到提高。同时，非正规就业大规模扩张，就业质量不高，广大劳动群众未能充分分享经济增长的福利。总体来看，全面市场化改革后印度的就业状况是恶化了。

（二）全面改革对就业的影响路径

1. 对就业规模的影响

印度于1991年开启的自由化改革解放了生产力，使经济告别了低速增长，然而印度的劳动力却未能得到解放，就业水平仍然在低水平徘徊。这在相当程度上是印度战略产业发展的要素偏向激励的结果，主要包括资本及教育资源的配给。

（1）服务业部门

在20世纪80年代电子信息产业取得率先发展后，印度高端服务业整体也获得了长足发展。全面改革以来印度经济增长的动力是第三产业，主要是知识和技术密集型的现代服务业。一般来说，产业结构的改变会带动就业结构的改变，然而印度高度发达的第三产业并没有促进就业结构的完善，服务业产值与劳力吸收水平并不平衡。这主要源于印度劳动力供给的低素质特点与服务业就业的高技能要求并不匹配。以高新技术为代表的现代服务业对从业者有较高的需求门槛，要求劳动者具备较高的素质，而为低技术劳动者提供的岗位较少。这种产业特点使得服务业能够为低素质劳动者提供的工作岗位有限，大部分农村贫苦农民无法接受足够的教育，以致难以在服务业谋求到适合的职业。2000年至

---

① Bibhas Saha, "From Rigidity to Flexibility-Change in the India Labour Market", *Employment and Economic Growth in India*, Delhi: Cambridge University Press, 2015, p. 226.

2010年，印度服务业新增就业岗位2850万，其中适于高技术工人的正规就业岗位为670万，占新增就业的23.5%；低技术劳动者的临时岗位仅有10万，仅占新增岗位的0.4%左右。相比较，同期制造业890万个岗位中有120万（12.8%）适于高技术工人，190万（19.6%）适于低技术工人。① 印度以现代服务业为核心的经济发展战略和服务业精英人才的需求模式使得印度低素质劳动者难以进入印度附加值最高的产业即服务业，将占印度人口绝大比例的下层印度人特别是低种姓人排斥在经济发展之外，经济增长的成果难以惠及代表印度最广大人口的贫苦农民和城市低收入阶层。他们难以参与经济发展，更无法分享发展成果，经济增长推动者和受益者都只是那些少数本来就已经富有的城市中产阶层，由此造成印度城市经济快速发展，农村撂荒，城乡差距拉大。此外，服务业高GDP增长率和低就业弹性还伴随着通胀率的居高不下，也极易导致经济领域的不均等滋生。

　　作为一个廉价劳动力丰富的国家，印度为何没有发展劳动密集型的制造业，而是在技术密集型的软件出口方面表现突出？这实则是源于服务业正规部门的比较优势。早在20世纪50年代，印度便将战略重点放在降低资金成本、培育高技术人才和强化公共部门上。其教育政策偏重于发展高等教育，而对基础教育重视不足。物质及人力资源的补贴使得高技术劳动者变得相对便宜，使得高技术劳动力的价格出现了相对下降。20世纪90年代进行的经济改革延续了这一趋势，对服务业高技术劳动者产品的政策补贴进一步强化了高技术劳动者的优势。教育政策带来的长期资源偏向配置造成要素和资源价格的相对变动，改变了低技术劳动力与高技术劳动力的相对价格，印度服务业逐步获取了发展技术密集型产业的比较优势。可见，印度以高新技术为代表的服务业引领的经济发展模式，实则是政府战略的产物。这源于其高素质劳动力的比较优势，而这一比较优势的奠定源于印度独立之初的战略设计。高技术劳动

---

① Edited by K. V. Ramaswamy, *Labour, Employment and Economic Growth in India*, Delhi: Cambrigde University Press, 2015, p. 75.

者获得比较优势促进了印度服务业的发展,又反过来成为服务业的主要受益人群,印度形成于独立初期的教育政策产生了至关重要的影响。

(2) 工业部门

虽然印度政府推行了市场化的改革,但印度劳动力市场化程度依然不高,不同部门和企业面临分割的劳动市场。同时,资本刺激战略强化了资本的使用,但其配置在不同部门也不平衡。一方面,正规部门优先获得生产所需的资本,形成资本的积聚,大量使用资本替代劳动;另一方面,非正规部门得不到发展所急需的资金,还成为正规部门大资本扩大利润的途径。政府的正规部门资本扩张战略和严格的劳动保护政策在其中施加了关键影响。

A. 工业正规部门

印度劳动法改革长期难以推行,劳动法的"刚性"提高了劳动用工成本。印度政府对正规部门劳工权的过度保护使印度劳工普遍行为散漫,缺乏组织纪律性,导致其生产率极低。同时,劳动者还不可任由企业辞退。[1] 由于劳动法改革进展缓慢,印度各地在实践中提高了用工的灵活性。这一实践在不同地区并不一致,印度各邦根据地区实际对《劳动合同法》和《产业纠纷法》进行了修改,因此企业在进入印度市场和选择入驻的地区之前需要做大量研究。但是,实践很难是完全透明的,信息传导很多时候存在阻碍。此外,灵活的实践还使得劳动争议更难解决。尽管印度市场化改革后劳动纠纷数量呈现下降趋势,但是2001年至2007年间每年的纠纷仍有500起左右,48.6%的纠纷会导致停工。[2] 这些都需要投资者支付更高的成本,尤其是社会关系和社交网络方面。[3] 另一方面,改革后,印度中央和地方政府以投资、利息补贴

---

[1] 王星:"劳工品质、劳动保护与跨国资本空间转移",《浙江社会科学》2012年1月,第80页。

[2] Pal, R. and B. Saha, Edited by A. Goyal, "Labour Markets: Balancing Freedom and Protection", *Handbook of the Dynamic India Economy*, UK and New Delhi: Oxford University Press, 2013.

[3] Edited by K. V. Ramaswamy, *Labour, Employment and Economic Growth in India*, Delhi: Cambrigde University Press, 2015, p. 277.

和减少能源支付等激励形式对正规部门进行补贴，使得正规部门的资本价格变得相对较低。由此，资本和劳动的相对价格出现反转，正规部门的资源禀赋与印度整体经济就表现出不同的特征，后者在劳动密集型生产上具有比较优势，而前者则在资本和技术密集活动中占有利地位。理性的企业会在低成本、高利润驱动下不断调整要素投入结构，产生减少劳动投入、增加资本要素的选择倾向。

在资本—劳动的相对价格变动影响下，要素边际产出呈现非对称性，技术进步将偏向于丰裕要素，进而影响就业总量和结构。如果劳动力稀缺，资本丰裕，劳动—资本相对价格高，技术进步将偏向资本，以提高资本的效率；如果资本稀缺，劳动丰裕，劳动—资本相对价格低，技术进步则将偏向劳动，以提高劳动的效率。这意味着在资本过度替代劳动的机制作用下，经济的快速增长与就业之间会出现偏离，导致资本密集型产业超常发展，并诱发有偏的技术进步，形成资本对劳动的长期替代，即长期严格的劳动法保护使得企业主更倾向于使用资本代替劳动，发展资本密集型产业。也就是说，资本劳动的相对价格扭曲导致企业用资本替代劳动的选择倾向，维持并强化了经济增长的资本密集型发展。在印度，正规部门出口技术密集型服务，甚至印度的制造业出口也是资本和技术密集型产品。

为对以上假设进行验证，本书基于费—拉工业化关键最低努力标准，对印度工业正规部门的技术偏向进行检验。根据该理论，任何给定的劳动力吸收的总观察量可以分解为放射效应（η_r）和水平效应（η_s）。前者指代由于资本积累而带来的劳动力吸收率，它与资本积累增长率相等；后者表示创新导致的劳动力吸收率，为就业增长率与资本积累增长率之差。[1] 据此将印度劳动力增长的作用力进行分解，计算如下（见表17）：

---

[1] ［美］费景汉、古斯塔夫·拉尼斯、王月、甘杏娣、吴立范译：《劳力剩余经济的发展》，北京：华夏出版社，1989年版，第101页。

表17 费—拉关键最低努力标准① 单位:%

财政年度	分解分析		
	就业增长率 η_L	放射效应 η_K	水平效应 $\eta_K S$
2004—2005	7.41	2.53	4.88
2003—2004	-0.83	2.46	-3.29
2002—2003	2.39	-0.73	3.12
2001—2002	-2.97	4.73	-7.70
2000—2001	-2.26	-4.06	1.80
1999—2000	—	-0.32	—
1998—1999	—	-14.40	
1997—1998	5.63	4.55	1.08
1996—1997	-6.71	1.38	-8.09
1995—1996	10.78	15.08	-4.30
1994—1995	4.41	12.49	-8.08
1993—1994	0.02	5.91	-5.89
1992—1993	6.21	16.52	-10.31
1991—1992	0.49	-0.08	0.57

数据来源：印度储备银行，Annual Survey of Industries-Principal Characteristics, https://dbie.rbi.org.in/DBIE/dbie.rbi?site=statistics. (Based on various round of NSS data on employment and unemployment)（基于印度储备银行公布数据计算得出）。

如表17所示，印度正规工业部门就业表现出较大的波动性，个别年份甚至出现了负值。从正规工业部门就业的作用力分解来看，各年资本积累的增长率均高于就业增长率，且资本积累增长率长期处于较高水平。与此形成鲜明反差的是，印度技术进步劳动力吸收增长率各年均为

---

① 数据覆盖雇佣人数达十人及以上并使用电力，以及雇佣人数在20人及以上且不使用电力的工厂。数据还包括属于1966年雪茄工人法案下注册的雪茄制造业部门。在中央电力局（CEA）登记的发电、输电和配电等所有电力部门，不论其就业规模如何，均纳入了统计数据。此外，还涵盖某些服务单位和活动，如供水、冷藏、汽车维修和其他耐用消费品，如手表等。国防设施、石油储藏和配送仓库、饭店、酒店、咖啡厅、计算机服务和技术培训机构等均排除在数据范围之外。

负数，呈现出持续高水平的负增长。技术进步对劳动力吸纳的负作用在不同时期大小也不尽相同，全面经济改革初期技术进步的负作用最强。据上述分析，印度工业化增长主要依赖于资本积累，属于资本集约型增长模式。也就是说，创新活动是劳力节约型的，它对正规工业部门的劳力吸收起了消极作用。

要素比价关系不能反映其真实的稀缺程度时，微观经济主体的要素使用方式和技术选择模式就可能悖于帕累托最优，在印度即表现为劳动要素价格相对于资本要素价格的上升降低了劳动需求。劳动价格相对于资本价格的长期偏高会促使企业在技术选择上以资本替代劳动，推动技术路径偏离要素禀赋的自然结构，加快资本的深化过程。在经济增长过程中劳动力逐渐受到资本的排挤，从而降低经济增长的就业弹性。可以说，劳动力市场的严苛保护和资本偏向配置等一系列管控限制了劳动力作为可移动要素的固有特征的发挥。

B. 工业非正规部门

印度未采取通过财产分配和打击垄断来扩大大众消费品市场的经济战略，而是以公共支出、税收以及法律、规章的制定和执行为资本扩张提供支持。资本的逐利性致使资本无限膨胀，在印度形成大资本集团。非正规部门在社会的另一极，他们以大量小型企业为存在形式，缺乏原始资本积累，相较于大商业或金融资本处于不平等的交换地位，限制了其利润获取和就业吸收能力。印度非正规就业劳动者不是简单被排除在正规部门之外，实则与正规部门存在广泛而紧密的联系，非正规部门往往是通过从正规部门获得分包合同来获取生存和发展。根据世界贸易组织和国际劳工组织2009年的一项联合研究表明，发展中国家60%—90%的非正规制造业劳动者与正规部门生产者存在直接或间接的关系。[①] 自2001年以来，制造业正规部门对非正规部门的分包安排有明显增长，一些重要正规部门出口产业，包括成衣、珠宝饰品、汽车配件、

---

① Jayati Ghoshp, *Growth, industrialization and inequality in India, Globalization, Industrialization and Labour Market in East and South Asia*, New York: Routledge, 2016, p. 49.

皮革制品以及运动产品等产出中，非正规活动的贡献非常显著且日益增长。有观点认为非正规经济之所以存在，是因为低工资使得其可与正规部门展开竞争，这其实是种误读。在很多情况下，非正规经济与正规经济并非竞争关系，而是服务于正规经济，其低工资在某种程度上有助于扩大正规部门的利润。在印度经济高速增长时期，非正规部门国民收入占 GDP 比例却呈下降趋势。[1] 生产关系（包括资产所有权）决定了市场力量，市场力量及由此带来的交换关系决定了劳动者收入，收入状况又影响了未来的资本积累和生产关系。印度不平等的生产关系造成了不平等的交换条件，成为市场交换关系的基础，在此逻辑上衍生出印度正规部门对于非正规部门的不平等"攫取"。非正规部门以其低回报活动对正规经济进行着某种补贴，通过以下两种方式得以实现：

第一，大资本对非正规部门的价值吸收通过两个部门间的依附关系来实现。目前关于非正规部门贸易条件的全面深入研究还十分有限，不过，从一些案例研究中也可略见端倪。非正规部门的手工业者大多属于自我雇佣，劳动是以家庭为单位进行生产。在这种经济活动的背后，隐藏的是非正规手工业者对于大资本的依附关系。在印度经济环境下，大商人的数量是有限的，因此手工业者往往需要通过竞争获取一笔或几笔生意，而大商人可以依据竞争优势选取价格最优的劳动者。同时，他们还可以通过原材料等生产资料的借贷进一步获取利润，因此非正规部门的利润空间非常有限。即使对于合作形式的企业来说，也约有 1/4 的固定资产是租借而非自有，其他形式的企业这一比例还要更高。就整个非正规部门来说，租用资产比例达到 30%，[2] 这些租用资产构成非正规工业部门的重要生产资料。在租用关系中，超过 90% 的劳动者从合同方或大商人处获取原材料和设计，仅有 18% 可获得设备。在非正规部门

---

[1] Jayati Ghoshp: *Growth, industrialization and inequality in India, Globalization, Industrialization and Labour Market in East and South Asia*, New York: Routledge, 2016, p. 48.

[2] Amit Basole and Deepankar Basu, "Relations of Production and Modes of Surplus Extraction in India: Part Ⅱ-Informal Industry", *Economic and Political Weekly*, Vol. 46, No. 15, April 9 –15, 2011, p. 70.

生产者和最终消费者之间存在较长的供应链,而非正规部门生产者的销售价格仅是最终消费者支付价格的很小一部分。这一过程中,中间商在集合最终商品中发挥了关键作用。中间商的薪酬并不是计件支付,而是手工业劳动者剩余价值的一部分。由于生产是小规模碎片化的,且贷款和采购量都不大,而交易成本很高,这就为中间商创造了较大的利润空间。实际上,劳动者仅仅作为初级的高强度劳动工具而存在。

第二,计件工资成为大资本攫取非正规部门利润的重要形式。分包作为印度非正规部门主要的业务形式之一,其典型形式是,大资本或大商人将生产流程转包给小手工业者或小生产商,并根据产品特点提供设计要求和所需原材料。生产完成后大商人收回最终产品,并以计件工资的形式予以支付薪酬。在1991年对365家手工业单位的一项调查中,96%的酬劳是计件支付。[1] 直到21世纪初,在印度小型制造业,仍有88%的非正规部门是以计件工资的形式获取薪酬。[2] 虽然大商人不能通过直接监督来管控劳动过程,但他们可根据工人的劳动生产率来调整工作量,并以工资作为激励或惩罚手段对劳动过程进行有效干预。劳动过程以工资的形式得以控制,极大地节省了人工管理的成本。为挣脱非正规就业的困厄境遇,劳动者不得不采取各种方式增加劳动产量,一种方式便是延长工作时间。由于非正规部门不受最低工资法的约束,制造业劳动者往往工作超过一天8个小时的工作时长,期间难得喘息。有些劳动者在主要工作之外还从事第二职业,以延长劳动时长获取保障基本生存的收入。获得更多收入的另一个方式便是利用其家庭成员协助完成生产活动,其中最主要的辅助劳动力便是妇女。为了完成生产目标,工人会借助其妻子、孩子、母亲、邻居等人的帮助。在家庭企业中,女性作为无报酬的劳动力而存在,对于女人和儿童的劳动无偿剥削可以说相当普遍。这是一种增加绝对剩余价值的普遍方法,即不仅要让工匠,而且

---

[1] Vijayagopalan. S., *Economic Status of Handicraft Artisans,* New Delhi: Ncaer, 1993.

[2] Das. K., "Income and Employment in Informal Manufacturing: A Case Study", *Informal Economy Centrestage: New Structures of Employment,* New Delhi: Sage Publication, 2003.

让整个家庭为一个人的工资而工作。通过加强工作强度和延长劳动时间，计件方式就成为非正规部门交换条件恶化的重要渠道。不论何种工作性质，何种就业形态，非正规化趋势都已渗透其中。

起初印度非正规部门是以广大农村无地农民为主力军的。他们缺乏原始生产资料，加之不平等的交换条件和购销价格差距的日益扩大，导致利润微薄，总附加值难以提升，很难发展壮大，造成非正规企业长期以小规模形态存在。在印度资源要素配给不均衡和社会等级盘根错节的复杂条件下，他们的处境更趋恶化，广大低技术劳动者只能充当产业后备军的角色。贫困化蔓延对就业产生不利影响，资金缺乏、规模效应损失造成生产活动难以扩大升级，使得印度非正规工业部门就业创造能力受到极大限制。

2. 对劳力转移的影响

印度服务业对劳动者素质要求较高，对劳动技能较低的广大普通劳动者的吸收能力差，导致服务业产值与就业创造水平失衡。但印度工业部门的就业比重也未有提高，则是工业产业发展水平低的结果。印度工业部门就业比重在20世纪70年代和80年代都呈上升趋势，但在90年代却出现了下降。[1] 1981年至1991年工业部门的年均增长率为6.8%，1991年到2001年却为6.4%。[2] 总的来说，印度工业产值及就业的长期增长除了受到工业本身发展能力不足的限制，还受到工业发展基础薄弱的重要影响。在经历了20世纪80年代的短暂提速后，这些制约开始逐步显现，尤以确立于独立之初的农业及土地政策影响显著。

（1）农业政策

印度经济改革战略具有较为明显的倾向性。农业改革政策措施乏力，甚至可以说，农业相对于工业和服务业而言受到了来自政府相当大

---

[1] 杨文武、王万江：“90年代印度就业结构的变化趋势”，《南亚研究季刊》1999年第4期，第5—6页。
[2] 杨冬云：《印度经济改革与发展的制度分析》，华东师范大学博士学位论文，2005年，第82页。

的忽视。印度农业公共投资难以满足农业发展之需。据估算，印度农业增长若达到4%，其所需投资约为农业GDP的16%。实际上，1981—1982财年印度政府对农业改革投资占农业GDP的比重仅为3.4%，2003年甚至下降到1.9%。① 印度大量农业人口不仅承受着地权不均导致的就业之基、财产之源缺乏，被迫遭受农村强势阶层的盘剥，还承受着农业整体发展落后的压力。在双重压力下，印度农村失业率不断攀升，就业形势日益恶化，也对非农产业发展造成深远影响。

其一，农业发展滞后制约工业经济增长。农业发展不足是印度工业长期增长缓慢的重要原因之一，时间愈久，这一弊端愈发显现。古往今来，农业都是社会产业的源头和基础，是一切非农产业的母体。农业部门健康发展可以为工业生产提供丰富的物质原料和劳动力，并为产业工人生活提供必须的农产品。农业发展不足将限制非农部门的营养供给和输送，抑制农村市场对工业产品的需求，进而阻碍工业经济发展和整个经济体生产效率的提高。印度经济改革始于城市工业，农业部门在改革中没有得到足够重视。农业发展长期落后，地权不均压抑着绝大多数农民的生产积极性，充裕的劳动力资源难以成为产业发展的动力，农业的相对落后实际上限制了工业的进步。

其二，印度农村庞大的贫困人口限制了工业经济市场的扩大。农业在工业经济的发展中发挥的另一不可忽视的作用就是通过农业发展增加农民收入来扩大工业产品的市场，这对于非农经济的进一步壮大至关重要。印度农村人口基数庞大，但大量农民生活在贫困之中，他们维持生存尚且不易，难以再去进行足够的农业投入，更无力购置更多更好的日用消费品来提高生活水平。如此一来，广大劳动人口收入难以提高就极大地限制了工业品消费市场的扩大，进而严重影响了工业增长。有学者研究认为，较低的消费需求和不平等的收入分配是印度工业增长速度下

---

① 李青：" 印度农村发展近况与主要政策措施"，《中国党政干部论坛》2010年第9期，第57页。

降的基本原因之一。① 印度市场取决于10%高收入人群的消费和90%低收入人群极度匮乏的消费市场。贫苦阶层难以打开社会阶层上升通道，国内的消费市场范围狭窄且难以扩张，由此造成的需求不足将成为制约印度工业进步乃至整个国民经济发展的关键因素。印度虽然有13亿人口之多，然而普遍的贫困却严重阻碍了非农产业的增长和人口红利的发挥。

（2）土地私有制

印度工业化大规模的推进亟需相关基础设施快速发展，然而土地所有者与社会（政府）之间的利益冲突剧烈，用地矛盾长期难以协调。土地供给无法满足工业产业的发展要求，成为印度工业经济发展的一大制约。这一矛盾在印度兴建经济特区和大型基础设施的征地流血冲突中表现得尤为明显。政府为开辟经济特区而进行的征地活动时常遭到当地民众的强烈反对。因担心经济特区计划而失去土地的农民挖断道路，设置路障，手持棍棒，阻挠政府相关工作人员进入，甚至与警方发生激烈冲突。在印度的公共工程中，如高速公路和铁路建设等项目，土地所有者漫天要价，补偿久拖不决，工期一延再延，本应3年完工的过程却耗时10年之久，甚至导致工程项目下马。更有工程建设中官员办事拖沓，贪腐严重等问题多发。结果公共项目建设落后提高了物流成本，抑制了外资进入。据测算，在印度运输一个集装箱的平均成本是945美元，而中国仅需460美元，仅为印度运费的48.6%。② 公共设施建设落后对印度投资环境产生了很大影响，对工业经济的抑制作用显而易见。工业经济发展不足又阻碍了农村劳动力转移，严重影响了农村丰富劳动力资源的开发利用。此外，基础设施和地权私有的限制也不利于印度新兴城市的发展，而新城市的兴起又是印度加速实现城市化，缓解农村就业压力的必由之路。

---

① 殷永林："论印度土地改革的成败和影响"，《思想战略》1995年第5期，第42页。
② 陈吉祥：《印度农村劳动力就业问题研究》，四川大学博士学位论文，2013年，第57页。

印度公共建设征地难的问题既反映出政府施政效率低下,也反映出土地私有制下个人利益凌驾于国家利益之上的尴尬。土地征用的核心问题是征地补偿,它的本质是土地所有者的利益与社会公共利益存在冲突。公共设施具有显著的正外部性,增加公共基础设施投资能够降低个体投资成本,提高企业资本增加率和劳动生产率,对于促进印度工业经济发展、缓解就业压力具有较大作用。在土地私有产权下,个人利益与社会利益的冲突难以协调,双方很难寻找到利益平衡点,致使征地冲突剧烈,且短时间难以得到有效解决。征地中土地所有者要价过高会提高整个社会所负担的成本,进而抑制公共设施投资,而压低土地价格又不利于保护土地所有者的利益,有损中小土地持有者的生存之本。同时,土地私人所有者人数众多也会增加征地谈判的成本,后签订征地补偿合约者可能以先签订者的价码为基础进行要价过高的谈判,进而激化征地冲突。此外,印度民主体制下问题的解决通常并非单纯以经济社会利益为导向,政治操弄常常相伴而生,使得土地征用等问题异常敏感,其解决往往也旷日持久。

(3) 制造业政策

在发展服务业的战略导向下,印度政府的各项经济政策明显偏重于服务业的发展。相较于制造业来说,其服务业的税收负担远小于制造业,[①] 外国直接投资进入服务业的限制也远低于制造业。而且,服务业贸易和投资的政策远比制造业开放和自由,也会吸引制造业部分外国直接投资转移至服务业。[②] 此外,印度发展战略忽视基础设施建设,这对于制造业的影响远大于服务业。可见,印度政府战略具有明显的倾向性,尤其是在改革后期,服务业的技术密集型优势得以建立,而

[①] Hansda, S. K., "Service Sector in the Indian Growth Process: Myths and Realities", *The Journal of Income and Wealth*, Vol. 24, No. 1/2, 2002, pp. 80 – 94. [注:Hansda (2011) 研究发现,20世纪90年代,印度服务业占GDP比例超过50%,而其占政府税收比例仅有大约10%]

[②] Rakshit, M., "Service-led Growth: The India Experience", *Money and Finance* (ICRA Bulletin), 2007, pp. 91 – 126.

制造业的竞争力受到削弱。制造业落后不仅仅涉及到产业经济，作为吸纳劳动力的主力部门，制造业发展不足对农村劳力转移和全民福利均影响深远。

3. 对就业形式的影响

印度的全面改革推动了市场的发育与扩大，非正规就业在20世纪80年代的基础上又出现显著增长，主导了整体就业形式。企业和劳动者的生产及就业方式形成独特的形态，表现为企业规模小，生产活动分散，就业不充分且规模难以扩大。印度的非正规就业比例很大，在劳动市场占据重要地位，因此对整个国家的经济社会发展起着不可忽视的作用。印度大比例的非正规、小规模就业现象的形成来源于多种因素，有历史原因，并非国家政策有意鼓励的目标。究其根本，这一劳动市场发展形式是印度经济社会发展模式的自然结果，其背后有着深刻的战略根源。

（1）自由化和全球化改革

来自国家层面的影响，最直接的就是政府的自由化、全球化战略。它对印度的劳动关系产生了重要影响。此次改革强调的是市场竞争，要求企业适应市场规则，以优胜劣汰的方式进行生产和实现发展，而这在某种程度上也是以工人的就业保障为代价的。改革后，制造业不得不重组以适应市场竞争，非正规私营公司和企业都更倾向于雇用临时工以降低生产成本，从而造成劳动力市场严重临时化和契约化。非固定的、以合同为基础的和非全日制的工作形式日趋普遍，临时、低工资和低保障的次级劳动力市场急速发展。就业方式更加灵活一方面促使就业形势从有组织的正规就业转向非正规就业，另一方面使劳动力市场出现了大量失业人员。结果，正规部门的就业萎缩，非正规部门的就业得到扩大。1977—1978财年到1993—1994财年，印度经济年均增长率为5%，人口增长率2.2%，正规部门的就业增长率不足2%。2001年至2003年，制造业正规部门就缩减了70万个工作机会，40万公营部门的工人失业，就业率下降了8%。私营股份公司对劳动力的需求也大幅减少，仅纺织业失业工人就有40万之多。[1] 同时，1991年至2001年，非正规部门就业人数从2874万增加到3744万，年增长率达2.68%。[2] 改革还造成了集体谈判的分散化趋势以及劳动关系的重心从产业、国家层面向企业层面的转移。以撤出政策为例，政府减少对企业的干预，允许病态企业关闭，一些企业主便借此机会关闭工会组织程度高的工厂，建立没有工会组织的新厂。自愿退休制度作为撤出政策的组成部分，对工人和工会的影响最为明显。据估计，仅1990—1991财年，正规工业部门解雇工人就达440.3万名，占到工人总数的16.5%。[3] 政府从经济领域逐渐退出，企业主对工人的录用和解雇、生产劳动安排等控制力越来越强。同时政府出于吸引外资、推动经济增长的考虑，还反对工人罢工，阻碍工会活动，劳动者与工会逐渐脱离，集体谈判等争取工人利益的活动更加困难。印度正规部门往往也是公营部门，全球化带来的竞争促使病态公营企业关闭，公营经济在印度混合经济中的比重下降，大量产业部门的主体工人增长放缓以至停滞，个体边际工人数急剧增加，边际工人数的增长就成为印度自由化改革后劳动力队伍增加的主体。[4] 边际工人作为一个新的工人群体，捍卫自身利益的力量十分弱小。

（2）小规模企业保留政策

小规模企业保留政策始于独立初期，印度政府于2003年开始着手废除该制度，到2007年仍存有308项。[5] 改革后这一政策的变革虽然缓慢推进，但长期以来难以完全革除。该政策塑造了印度企业的小规模化

---

[1] 张淑兰：“全球化与印度的工人”，《当代世界社会主义问题》2008年第4期，第115页。

[2] 陈玉杰、杨伟国：“印度劳动关系的变迁：国家主导和自由竞争的平衡”，《教学与研究》2013年第6期，第12页。转引自：Team Lease: India Labor Report 2006: A Ranking of Indian States by their Labor Ecosystem, http: //www. teamlease. com/tl_reports. htm. 2006。

[3] 张淑兰：“全球化背景下的印度工会”，《南亚研究》2011年第1期，第54页。

[4] Sanjay Kumar and N. K. Sharma, "Workers in Census 2001", *EPW Commentary*, May 4, 2002, p. 7.

[5] Jayati Ghoshp, *Growth, industrialization and inequality in India, Globalization, Industrialization and Labour Market in East and South Asia*, New York: Routledge, 2016, p. 60.

发展的雏形。一方面，对小规模企业的优惠待遇意在保护小企业生产者，但企业担心生产扩张会失去这些税收和补贴优惠，因此这项规定在很大程度上限制了非技术劳动密集型生产的扩大，在某种程度上鼓励了企业主维持小规模生产。小规模企业保留政策的规定和安排在相当程度上造成了战略环境的僵化，不利于市场机制发挥作用，对于企业家扩大投资产生了负激励。另一方面，该政策为大企业提供了更多"钻空子"的机会，他们乘机分割成小企业来坐享许可证和小企业预留的双重优惠。许可证政策和对小企业的预留使部分大企业和小企业成为受益群体。在此政策影响下，印度企业规模呈现出鲜明的两极化趋势。印度雇佣工人人数在50—1000人的中等规模企业占比相较于大型企业（雇佣人数1000人以上）和小型企业（雇佣人数不足10人）很小，呈现"中等规模企业缺失"的产业布局特点。[①] 劳动力利用形式和企业形式会互相制约和影响，企业规模会在很大程度上塑造劳动、分工、生产监督和控制过程。由此形成的两部门的劳动行为和反应机制截然不同，伴生而来的便是明显分割的劳动市场和正规就业及非正规就业两种不同的就业形式。

（3）劳动法体系

企业产生保持小规模化生产的动机，在很大程度上还出于规避劳动法的严苛规定。印度的劳动法律政策强化了企业小型化与非正规化发展的制度基础，削弱了小企业吸引资本、扩大生产的意愿和能力。首先，印度不少劳动就业法律法规对正规部门的用人标准提出了严苛的要求，致使企业主产生雇佣非正规工人的倾向。其中《产业争议法》影响最大，该法规定正规企业解雇员工必须获得州政府的批准，但是这项申请很难得到批准，因此企业也就不愿意聘请太多员工，长期维持较小规模，甚至钻法律空子，经由非正规途径雇佣工人。难以

[①] Amit Basole and Deepankar Basu, "Relations of Production and Modes of Surplus Extraction in India: Part II-Informal Industry", *Economic and Political Weekly*, Vol. 46, No. 15, April 9 – 15, 2011, p. 66.

在正规部门就业的劳动者不得不通过非正规就业渠道谋生。其次，印度的劳动就业法拉大了非正规就业与正规就业的差别。印度的劳动就业法律法规长期将非正规部门排除在外，没有为非正规部门的劳动者提供有效的支持和保障，非正规部门也缺乏动力为相关劳动者提供相应的劳动保护和社会保障。这就加大了两部门劳动者使用成本的差距，刺激了非正规就业的扩张。最后，印度关于非正规就业的政策相对宽松，促使非正规部门遍地开花。在印度开办非正规部门经济实体不需要进行登记，也不需要纳税，大量的劳动者很容易通过非正规就业形式参与社会劳动并获得相应的劳动报酬，由此成为许多难以在正规部门就业的劳动者谋生的主要途径。总体来看，不合理的劳动法实际上大大增加了正规部门的用工成本，促使企业倾向于使用其他要素替代劳动力，或更多使用非正规就业劳动，为劳动市场的无序埋下了隐患，对于劳动者的就业和收入权利也造成损害。同时，严格的劳动保护制度压制了市场作用，抑制了市场机会，使得经济的活力和就业创造力受到很大削弱，大量工业产业在规模上难以扩张，造成总生产力与产量低下，又进一步限制了经济就业创造力的提升。

（4）"大资本"动机

如前所述，印度大资本对非正规部门存在不易察觉的价值攫取，这种社会及生产关系不仅是一种现象存在，更成为印度经济积累过程的基础，且因性别歧视、种姓和群落等社会规则而得以强化。在学界，将贫民窟与非正规就业联系在一起的研究并不鲜见。非正规部门公共服务相当匮乏，国家战略未能为抵御资本力量提供基本的保护。尽管资本在全球化时代下表现为多种形式，但它仍借助于特殊的社会结构积极从事价值抽取活动。从劳动市场分割中获取的好处进一步为压低工资的绝对剩余价值攫取提供了激励，依靠提供劳动效率以获取相对剩余价值的生产活动反而成为补充。大资本在新的社会条件下，利用劳动市场的二重分割特性从印度非正规就业劳动者身上获取超额利润。在此情况下，私人部门对于促进劳动形式变化的战略推进并无动力，因为这样的结构变化短期内很有可能会损害其利益，这在一定程度上阻碍印度就业结构和就业形式的转化。印度特有的不平等模式继续滋生着不平等，推动劳动结构变化和劳动形式转化举步维艰。

4. 对就业质量的影响

市场化、自由化改革极大地释放了经济活力，推动了非正规就业的快速增长，但非正规就业劳动者享有的劳动收入和就业保障是很低的。2000年前后，印度总就业人数为4亿多，非正规就业人数有3.6亿。农业劳动力人数有2.8亿左右，仅有2%是正规就业，剩余1.3亿非农劳动者中，非正规劳动力也达70%。非正规就业是一把双刃剑，它在扩大就业渠道的同时也意味着就业质量的低下。其一，非正规就业人员多是正式部门的临时聘用人员和辅助性岗位工作人员，他们难以享受所在单位的常规职工福利，所能够得到的劳动保障也微乎其微。[①] 非正规就业为穷苦大众提供了获得收入的机会，但这种就业毫无规范可言。非正规就业劳动者的现实收入极低，更看不到提高收入的途径，劳动者仅仅是从农业失地农民变成城市"拾荒"者，劳动者身份的转换没有实现收入或技能的提高，劳动者就业质量始终在低水平徘徊。其二，非正规就业需要的劳动者技能低，就业等待时间短，大量文化素质和职业技能不高的劳动者集中在非正规部门就业。但是，非正规部门劳动效率低下，更没有劳动者技能提升的相关学习和培训，从而限制了劳动者的职业发展，导致"非正规就业"与"人力资本低下"之间的恶性循环。其三，由于存在分割的劳动市场，正规部门出于规避劳动法和降低成本的考虑，必然分解工序后交给低成本的非正规就业者完成，由此导致社会不公平滋生，企业缺乏技术创新动力，也弱化了企业竞争力。其四，非正规就业的发展加剧了城市两极分化，严重威胁着城市的可持续发展。印度1949年宪法规定，印度所有公民均享有在印度境内自由迁徙的权利，可选择任何地方短暂或永久居住，公民登记之处即为其选举投票所在地。印度全面经济改革开启的自由化进程使得城市化步伐提速，

---

① 陈吉祥："论城市化进程中的印度非正规就业"，《南亚研究季刊》2010年第4期，第47页。

部分农村无地、少地的农民涌入城市寻求生存机会。实际上，城市劳动力也是冗余的。劳动力的地区供给与需求不相匹配，多余劳动力反而成为城市隐患。农村移民本希望通过融入大城市来改善自己的生存条件，结果却成为城市失业者和漂泊者，长期难以走出生活的泥淖。教育水平低下、无技术、无资本的城市新移民没有财产基础，只能进入城市成为非正规就业劳动大军，从农村贫民变成城市贫民。其工作所得仅可果腹，购置房屋住所、享受体面的教育和娱乐只能是海市蜃楼。

这一时期，印度政府将改革的重点放在城市非农部门，强化经济增长的自由和活跃度，意图通过大力推进工业化进程实现印度的经济起飞和资源优化。自由化的市场环境下，要素资源的价格和配置由市场决定，根据不同的要素比价，市场活动和行为相对不易计划，也促使印度就业问题呈现出新的特点，伴生日益扩大的贫富分化。实际上，政府进行的一系列战略设计和调整，在相当程度上延续了独立初期的战略安排。也就是说，此时的印度战略体系包括旧有战略及其环境的沿袭，也包括新战略的设立。一方面，印度改革战略推行了新的经济模式；另一方面，印度的土地及劳动等制度在改革后依然延续，在新的市场经济环境下对印度现代化进程的推进形成阻碍。二者共同形成的战略框架并未实现其政策目标，既有战略土壤中培植出的新经济模式造成印度经济与就业增长悖论。在具体战略影响上，这一时期的战略建设主要作用于城市劳力"拉力"，产生了削弱和分化的效果，且具有极强的隐蔽性，具体表现为：高素质劳动者与低教育水平劳动者的相对价格出现逆转，促使高技术产业的兴盛，反过来又对低教育劳力产生排挤。同时，随着印度政府资本引进战略的推进，资本与劳动的相对价格变化造成印度正规工业部门中资本对劳动的替代，使得产业的劳力吸纳能力下降。大资本还利用劳动市场的分割性对非正规部门劳动者进行掠夺，又抑制了非正规部门的发展和升级。可见，产业发展的要素偏向激励极大地限制了劳动就业规模；农业和土地政策乏力阻碍工业化发展，工业基础薄弱又进一步阻碍了劳动转移；自由化市场化改革提高了就业的灵活性，企业及劳动法规也产生就业非正规化激励，大资本更无意推动劳动结构变化，印度非正规就业迅速增长；非正规化就业蔓延又造成就业质量的低下。

四、2004 年至 2014 年："推力"的优化设计未达预期

前期的市场化改革开启了印度经济的快速增长时代，然而广大劳动人民却并未享受到经济发展的好处，贫困、失业普遍，社会矛盾累积。全面改革带来的"高增长、低就业"给印度政府带来深刻教训，市场经济的发展并不意味着国家整体就业和劳动利用状况的改善，政府转而将就业创造和社会公平作为政策重点。这一时期的经济发展战略主要是针对弱势群体，即农村贫困人群，从优化劳力"推力"的角度出发，谋求劳动者自身福利和能力的提升。

（一）"包容性增长"战略与就业变化

这一时期印度政府将关注点放在社会公平与福利上，将农村贫困人群作为主要施政对象。在此战略转型下，印度就业表现出新的变化。1993—1994 财年至 1999—2000 财年，印度总的就业增长率为 1.04%，1999—2000 财年至 2004—2005 财年上升到 2.81%。不过，这一时期的就业增长只是"收入效应"导致非正规部门女性暂时性的进入或退出劳动市场，引起劳动参与率上升，这些变动是较为短暂的，是一种不真实的增长（详见第三章）。因此，2004—2005 财年至 2009—2010 财年的就业数据是向正常水平的回归。2004—2005 财年至 2009—2010 财年，印度就业增长率降至 0.22%，就业增长几近停滞。即便剔除掉"收入效应"的影响，也可看出在这一时期印度就业状况更加恶化了，就业增长进入历史最低时期。从城乡两部门分别来看，农村就业增长从 1993—1994 财年至 1999—2000 财年的 0.67% 下降到 2004—2005 财年至 2009—2010 财年的 -0.34%，城市相应时期则为 2.3% 和 1.78%。也就是说，这一时期就业的下降主要是由农村劳动就业的变化造成的（见表 18）。农村就业的这一负增长在印度"包容性增长"的战略实施期显得尤为醒目。应该说，印度政府为缓解就业问题而推出的农村就业计划是失败的。

表18 城乡就业增长率（UPSS） 单位:%

调查期（财年）	农村	城市	总就业增长
1993—1994 至 1999—2000	0.67	2.30	1.04
1999—2000 至 2004—2005	2.29	4.44	2.81
2004—2005 至 2009—2010	-0.34	1.78	0.22

数据来源：Raj Kishore Panda and Asima Sahu, "Structure Changes in Informal Sector Employment", Anil Kumar Thakur and Bharti Pandey edited, *Structural Changes in Employment Generation*, New Delhi: Regal Publications, 2014, pp. 18 – 19. （Based on various round of NSS data on employment and unemployment）.

下面，进一步对印度这一时期的劳动参与率进行考察。依然剔除2004—2005财年段的数据干扰，这一时期印度劳动参与率是大幅下降的，其中女性下降幅度最大，是导致劳动参与率下滑的主要原因。1999—2000财年，印度农村女性劳动参与率为30.2%，2009—2010财年已降至26.5%，而男性劳动参与率依然围绕55%波动。同期城市男性和女性劳动参与波动都较为平缓（见表19）。

表19 印度劳动参与率（UPSS） 单位:%

调查期（财年）	农村 男性	农村 女性	城市 男性	城市 女性
1993—1994	56.1	33.0	54.3	16.5
1999—2000	54.0	30.2	54.2	14.7
2004—2005	55.5	33.3	57.0	17.8
2009—2010	55.6	26.5	55.9	14.6

数据来源：NSS Report No. 515, Employment and Unemployment Situation in India, 2004 – 05, p. 65.; NSSO 66th Round: Key Indicators of Employment and Unemployment in India, 2009 – 10, p. 12.

综上，印度这一时期总劳动就业增长较前一时期是下降的，总劳动参与率也出现历史性下降，其中农村女性大幅退出劳动市场是主要原因。应该说，在印度"包容性增长"战略指导下，印度的整体劳动就业状况并没有得到改善，就业增长反而进入了历史最低时期。本书接下来重点来看印度经济发展战略调整所引起的就业变化，即深入探讨"包容性增长"战略重点施政的农村究竟发生了什么。

(二)"包容性增长"对就业的影响路径

1. 对就业规模的影响

虽然政府将关注点放在就业民生上，然而这一时期的劳动就业水平却没有显著改善；相反，总的劳动参与率反而出现下降，总就业增长也几近停滞。这在一定程度上反映了印度政府战略导向偏差以及战略实施的力不从心。

(1) 财政约束

作为多党竞争的民主国家，印度用于社会保障方面的支出较大。① 政府为弥补财政缺口，大量依靠公债和增发货币来解决，旧债沉重。每年仅还本付息就要耗费国库一半收入，沉重的压力制约着印度政府政策功能的发挥。自20世纪70年代以来的各种就业项目都不得不与此瓶颈相搏斗，受其制约。这一阶段的农村就业计划得到显著推进，多是因为政府看到全民的促进就业项目为获取选票所带来的巨大优势，但是财政约束对政策实施的制约始终难以忽视。印度政府为减少贫困地区农民基本种粮支出、维护城乡居民利益已花费巨额财政补贴，一旦农业投入和粮食补贴减少，城乡不稳，社会矛盾必然加剧。因此这一投入需长期维持，政府减少农业预算的目标短期内难以实现。"包容性增长"的扶贫战略确定后，印度政府就增强贫困地区的造血功能制定并实施了一系列促进基础设施和能源建设的发展规划。在印度农业结构的碎片化和普遍

---

① 罗薇："印度当前经济形势及其发展动因"，《国际研究参考》2016年11月，第19页。

财产私有化的社会背景下，要求农民自己进行大规模设施和产业建设并不现实。为强化农村硬件、能源和基础设施建设，政府又加大了投入，导致财政赤字率居高不下。这一时期印度的就业计划是由国家主导的，国家主导的这一工程多使用无地的工人，这些雇佣劳动力的工资需要事先挪动财政资金来进行支付。此外，政府为提高非正规部门社会保障而进行的支出也属于福利性质，难有显著的收益来平衡政府投入。这些就业计划虽然实现了有限的就业，但这些财政资金是通过动员精英、征收资源来实现的，所以颇不受精英阶层的欢迎。"包容性增长"战略确定后，印度加大社会福利与公共事业方面的支出。政府这些受穷人欢迎的项目均需要提供先期的财政支持，原本捉襟见肘的财政更加困难，这就约束了有限就业所能发挥的功能。印度现已成为世界上财政赤字率最高的国家之一，多次受到国际货币基金组织和世界银行的警告。①

（2）农村就业计划

这一时期，印度农村就业计划的主要目标是在农村公共事业中通过有保障的就业来实现减贫。该计划产生了积极正面的效果，也融入了一些实现社会包容的元素，通过了一些特许的、有利于表列种姓和表列部落②的条例，对农村动员和组织落后阶层具有一定的刺激作用，具有民主性、革新性的力量。这些项目意图在农村直接提供就业，可以说是世界上最大的就业提供项目，这直接影响了它的就业创造规模和形式。印度政府在其官方文件中将此时的农村就业保障计划描述为"保障全国居住在农村地区18岁以上人群生计的中央法案"，③ 其实这一表述有些夸

---

① 文富德："印度经济改革的成绩与问题"，《南亚研究》2012年1月，第92—99页。
② 表列种姓和表列部落：在印度独立之前，对处于社会最底层的群体一般被称为"不可接触者"或"贱民"，还有另外一些落后地区的群体被称为"原始部落""野蛮部落""山民"等。在首部印度共和国宪法中，宣布"不可接触制"（untouchability）为非法并废除了上述称谓，"表列种姓"和"表列部落"被确定为对印度处于主流社会之外的、印度宪法规定的两类社会弱势群体的总称。
③ [荷] 阿什瓦伊·赛斯著，黄玉琴译："保障农村就业——两个国家的故事：新自由主义印度的就业权和中国集体时代的劳动积累"，《华东理工大学学报》2015年第5期，第3页。

大其词。实际上,印度就业保障计划未能成为真正的变革力量,仅成为间接的补偿工具来弥补印度在战略上的失效,就业创造能力非常有限。印度就业不足等问题在此前经济的高增长中都没能得到纠正,这一时期的农村就业保障计划仅是为这些问题收拾烂摊子。事实表明,印度农村就业计划意在发挥缓解就业问题的功能,其影响有限,发展潜力有限。2006年2月到2007年3月,印度农村社会保障计划仅仅覆盖了所有登记农村家庭的3.2%,也就是说,约97%的登记农村家庭未能享受到该政策。[1] 很多邦的农村贫困人口数量远大于参与农村就业计划并获得工作的农村家庭,反映了在许多邦,该计划提供的岗位难以满足低于贫困线的最需要工作家庭的需求。[2] 研究表明,在中印两国农村集体主义运动如日中天的时候,印度所实现的就业创造远低于中国。1975年全年,中国农村大概有83亿工作日的劳动积累,[3] 用于农村资本品建设的时间大约是每个农村工人26—34天。[4] 与此对照,2008—2009财年印度农村社会保障计划的就业积累是21.6亿天,一年中平均为每个农村工人提供了6—8天的工作。[5] 可见,中国1975年的努力成果是印度2008—2009财年成果的4倍。其实,印度2008—2009财年所实现的就业规模总数仅达到目标水平的一半左右。若该项目顺利实现为参与农户每户提供100天的任务,那么印度以工作日所计的成果也仅是中国的一半。

(3) 教育计划

印度女性就业率在世界上一直处于倒数几名,在这一时期女性就业率更呈恶化之势。这是印度独立后首次女性劳动就业率出现下滑,同时

---

[1] 温俊萍:"印度农村就业保障政策及对中国的启示",《南亚研究季刊》2012年第2期,第68页。

[2] 李亚军:"'圣雄甘地国家农村就业法案'评估",《ISSA观察》2017年第5期,第30页。

[3] Rawski. T. G, *Economic Growth and Employment in China*, Oxford: Oxford University Press for the World Bank, 1979, p. 115.

[4] Rawski. T. G, *Economic Growth and Employment in China*, Oxford: Oxford University Press for the World Bank, 1979, p. 115.

[5] [荷] 阿什瓦伊·赛斯著,黄玉琴译:"保障农村就业——两个国家的故事:新自由主义印度的就业权和中国集体时代的劳动积累",《华东理工大学学报》2015年第5期,第5页。

劳动力中的女性总数也发生缩减。1993年4月到2011年12月，适龄妇女的劳动就业率出现下滑，其中53%的下滑量是由15—24岁的少女和农村妇女组成，且2004年后的下滑尤为显著。2004年5月到2009年10月，农村女性劳动就业率下降了11.2个百分点。2004年5月到2011年12月间，近2000万印度妇女放弃了工作。2013年，国际劳工组织在131个国家中将印度就业率排在第121位，属于世界最低的国家行列。①印度女性放弃工作可以归因于一些常见的社会因素——婚姻、抚养孩子、性别歧视以及父权制等，但它们都不是引起印度这一阶段女性就业下降的主要原因，因为这些因素在长期来看始终未有显著改变，而且这些因素的城乡影响并不一致。例如，婚姻会影响女性劳动力就业率，在农村已婚女性的劳动就业率高于未婚女性，然而在城市这种情况就发生了逆转。实际上，这一时期就业率最低的是城市和农村中拥有高等教育的女性，文盲和大学毕业生的就业率反而最高。印度女性面临的就业挑战异常严峻，在这种环境下年轻女性可能倾向于接受更高水平的教育，而非寻找不确定是否存在的工作岗位。研究发现，在印度，高学历对于女性参加工作并不存在正向激励。在分析了劳动力参与率和教育参与率的关系后，研究认为农村15—24岁女性就业率下降的可信解释是当时扩大的中等教育和快速变化的社会规范，更多的适龄女性选择继续教育，而不是趁早加入劳动力大军。不断增长的生活预期使得印度大量妇女放弃工作。而且，选择接受教育也不能确保这些女性未来会参加工作。数据显示，这一时期已婚女性收入高于丈夫的比例仍较低，只有19%，男性仍然是家庭收入的主要来源。② 由于印度工薪工作增长缓慢，且普遍存在基于性别的职业隔离，当男性作为家庭收入主力的收入增加，家庭收入稳定时，充当临时工的女性也会放弃工作，转而把更多重心放在其他方面。有研究称，印度女性在就业市场的参与度往往随着

---

① http://www.360doc.com/content/17/0526/18/21872115_657510849.shtml. （上网时间：2018年6月3日）
② http://www.jiemian.com/article/1982813.html.（上网时间：2018年5月13日）

教育水平的提高而下降。还有一项研究显示，受过高等教育的女性更有可能嫁给高收入的、受过高等教育的男性，因此也就不必外出充当劳动力。① 此外，上学对于富人的收入变化影响要大于穷人，这也使得政府针对弱势人群推出就业计划能够发挥的作用受到限制。

2. 对劳力转移的影响

"包容性增长"战略下，印度政府对于农村劳动力流动的政策立足点是不支持农民进城，鼓励他们留在农村。为了遏制农村人口大量涌入城市，政府在促进移民城市生活条件的改善上几乎没有动作，致使移民在城市的生活成本极高，多数农村人口难以进入城市，即使进入城市的农村人口也难以真正融入。印度法律鼓励人们自由迁居，但政府在给移居人口提供即使是最低标准的住房方面基本无所作为，外来者必须自寻出路。大量移民流入城市后最大的挑战之一就是住房问题，对大多数移居者来说胡乱搭个住处是唯一可以实现的选择。他们不得不成片聚居，在城市中形成大片的贫民窟聚居地，加剧了城市中现代建设与贫民窟文化的强烈视觉冲击。印度大城市中贫民窟人口的比例已达20%以上，个别大城市如孟买则远远超出此比例。② 农村移民大量居于贫民窟中，很多人素质不高，生活设施非常简陋，与城市现代化建设格局格格不入，这在很大程度上造成城市对于农村移民的歧视。同时，贫民窟的各项社会服务很差，治安管理薄弱，犯罪率远高于平均水平，这显然和贫民窟人群较易对生活及前途产生失望和幻灭感有关。犯罪者的组成明显指向低层族群，而这类人也可能本来就受到不公平待遇，他们一代接一代只能待在贫民窟里，这就形成恶性循环。此外，城市人口的自然增长率高，城市居民也存在大量失业现象，他们易于将农村移民视为工作和生活机会的某种竞争者，对其反感与排斥。农村转移劳动力遭受城市排挤，对城市归属感不强，难以真正完成由"农民"向"市民"的身份

---

① https://baijiahao.baidu.com/s?id=15945174021702379588&wfr=spider&for=pc. (上网时间：2018年6月5日)

② 赵干城："印度无户籍：贫民窟成城市顽疾"，《人民论坛》2013年2月，第28页。

转换。城市对农民工的融入存在经济收入、社会福利及文化心理层面等诸多现实性壁垒，使得绝大部分农民工只能是在农村和城市之间进行候鸟式迁移。虽然这是很多发展中国家在城市化进程中出现的普遍现象，但是印度土地属于私有，贫民窟简易棚就只能搭建在政府所有的公共土地上。政府不能驱逐"非法"占用者，甚至为了安抚人心，规定若贫民窟棚屋的居住者居住超过 10 年就可拥有这块土地，居住者有权要求所属土地的使用者做出补偿。这些庞大的移居人口对公共土地的占用已经使印度在改造城市的过程中面临巨大困难，对于贫民窟的宽松政策实际加剧了印度各大城市移民问题的复杂性和顽固性。政府无视农村移民融入难的现象，间接抑制了农村剩余劳动力向城市转移。

3. 对收入分配的影响

印度农村就业计划是由带有社会目标的政治支持者推动的，它的执行和管理者只想在下一轮选举中紧握权力，因此，项目各利益相关者都不关心项目质量，政府的农村就业计划安排也就没有产生太多的创造性投资。相反，各方均积极谋求私利，个人和团体私利形成了一个黑洞，资源遁形其中。但该项目却切合了各个群体的需要：政客获得了公众关注，公务员、土地主无需付出就能得利，穷人也能从中分得一杯羹。计划似乎与各个社会团体的需求不谋而合，但是其收益在不同群体间的分配并不平衡。

第一，对于农民来说劳动所得非常有限。考虑到印度农村社会保障计划的全民规模，该项目应该能为降低农村贫困发挥重大作用，然而事实远非如此。项目计划所有 18 岁以上的农民都可以参加，且可以自由选择退出。工作的薪酬应与最低工资水平相关，但有些邦支付的薪酬水平实际低于这一标准。一个家庭可以在这个工资水平上享有 100 天的就业，理论上这个报酬并不能使一家农户的收入达到贫困线以上。这一薪酬可能还高估了农户收入的净增加，因为这些就业机会当中有些可能是以放弃其他报酬更低的工作为代价的。再则，有研究指出，农业劳动可能被困在一个"贫穷—营养"的陷阱中，即劳动所得太低而无法提供维持相同水平劳动能力的营养。① 研究表明，农民每天在这些项目中的劳动所得要比所付出的精力少得多，甚至可能只有其一半。② 具体到项目的质量，各邦之间以及各邦内部差异明显。据报告，很多农户称他们或没有在合约规定的时间内获得工作，或没有得到法律规定的误工补偿，或没有得到100天的工作，或没有得到最低工资，或没有按时得到工资。而且，缺乏一个自动的内在循环系统将收益进行回收再利用，用以支付过去的劳动薪酬并为未来进行投资。更缺乏直接或间接的财务工具和设计，使得创造这些公共资产的穷人也能享有一定的所有权或租借权，进而让他们能获得这些基础设施所产生的价值增值部分。对于建设阶段的过分关注使得该项目仅具有短期影响，而在运作阶段对于农户的分配收益却是递减的，在工资之外为劳动者带来的收益有限。因此，广大贫困下层农民仅能从流过自己面前的断断续续的涓滴中得到些许回报，这些工资对于农户来说是只是零星的、变化的，难以提供持续性的生计来源。

第二，落到非目标群体口袋的收益体量巨大。"包容性增长"战略下，印度农村项目重点强调项目执行阶段的收益，而忽略了建立在接下来的几年中产生直接效益的模式，这使得农村就业计划的好处主要集中于当前已建立的资产价值。而且，已创造出的些许生产性资产所带来的收益更多地落到那些经济状况相对较好的农户的口袋里，穷人所得甚少。国际劳工组织资料显示，作为该项目目标群体的贫穷农户仅从总收益中获得大概1/4，其他3/4则由那些非目标群体获取，主要是由地方项目管理和参与者截留造成的。③ 各利益相关者通过各种手段将手伸向农村就业项目的价值链，包括利用各项政策漏洞。一项田野调查估计，30%—40%的漏损是通过"百分比"规定实现。该规定强调，用于工

---

① ［荷］阿什瓦伊·赛斯著，黄玉琴译："保障农村就业——两个国家的故事：新自由主义印度的就业权和中国集体时代的劳动积累"，《华东理工大学学报》2015年第5期，第11页。

② Geneva, "Economic Security of a Better World", Report produced by the Socio-economic Security Programme, International Labour Organization, 2004, pp. 371 - 372.

③ Geneva, "Economic Security of a Better World", Report produced by the Socio-economic Security Programme. International Labour Organization, 2004.

资的经费和非工资经费的比例遵循3∶2的原则，在此规定下，从街区向高层形成一条贿赂链。"这种情形下，村领导和村民及地方公职人员一道，尽其所能从政府汲取资源，比如，他们多报工作量，然后均分好处。"[1] 不仅精英参与其中，当地大众也从项目中分一杯羹。

第三，政客仅谋求短期选票。资产无法投票，而劳动者可以。瓦杰帕伊政府的倒台给了继任者一个教训：要通过提高就业水平获得公民选票。在相当长的一段时间内，这个宏大的计划因财政原因遭到了官员、经济学家和政客的全面反对，然而不久，那些原来反对该计划的人转身变成了它的拥护者，这种转变正是由于这个巨大的就业项目具有在全国获得选票的能力。印度的道路极易在雨季中被冲毁，这就为修建新的道路工程提供了合法性。回心转意的政客们粉碎了早期财政巨头为此项目设置的路障，推动项目扩张到印度国土的几乎所有区域，甚至在表列种姓和表列部落的私有土地上也制定并推行了特别条款。政客们更乐意提供就业经费，尤其是那些有机会在媒体上抛头露面的工程，而不愿为监管乡村资产大费脑筋。印度农村就业计划因行政和政治私利而沦落为一个就业和收入转移项目，其增长性很低。

4. 对就业质量的影响

（1）就业政策定位

印度政府为解决就业问题求助于农村就业计划，却没有扭转城市经济增长模式，这本身就是着眼于暂时的、折中的社会矛盾缓和政策。在此战略定位下，印度就业问题不可能得到根本缓解。农村基础设施建设是产生就业的功能性工具，而就印度农村就业保障计划的实施来看，它并非是出于创造有效的农村资产而采取的中间步骤，其主要焦点仍然是在提供短期就业。如果说中国的项目产生长期的社会投资，印度项目则分配短期的社会消费，是一个以社会消费为形式的无休止的、单调的传输过程。鲜有注意力放在项目创造出来的资产的质量、使用、可持续性、增长和分配等方面，政府和社会均自觉不自觉地将计划视为短期减

---

[1] Banerjee. A, "A Job Half Done", *Hindustan Times*, August 14, 2009.

贫与就业创造的附加性工具。这两种出发点是基于不同的基础，其关注点和优先权也不相同。如果印度农村就业计划意在强化就业的来源和基础，就业就应当产生于有效资产的建设过程中。若该计划沿着这个方向推进，那项目的一些关键阶段应当会产生一些资产，并以此作为项目的绩效。然而，印度的情景并非如此：其一，每户工作100天的就业限额规定在落实中与创造生产性资产产生矛盾。因为这项规定，有些项目还没完成就停工了，有些根本没有开工。其二，项目规定，预算中工人工资和非工资性花费的比例应维持在3：2，这就排除了一些需要很大劳动投入的资产建设项目。关注资产创造需要募集更多资金，而这与项目的具体目标相违背，因此很多长期的生产性资产项目受到忽视。政府的选择多限于库查（kutcha）资产，[①] 这些资产在设计时就没指望能在一个雨季后还幸存。一些邦政府明显更加青睐那些工资性花费高的工程，显然是将短期减贫的目标放在比长期投资和增值更优先的地位。其三，印度农村就业计划规定生产过程不允许经由承包者安排，这就将项目设计和建设这些技术性的任务转移到乡村潘查亚特组织。但乡村潘查亚特的技术和装备都难以处理这些项目执行过程中出现的复杂问题，有些极度贫困地区的潘查亚特更难以和专业的承包者相比。其四，对于项目创造出的相关资产的所有权或使用权缺乏明确规定，甚至是资产维护的责任也难以厘清。很多类似分水岭等建造项目的土方工程本就很难维护，责任不明更严重影响到资产的寿命。其五，一些项目在表列种姓和表列部落社区成员所拥有的私人财产上建设生产性资产，效果很难达到预期。因为表列种姓和表列部落所有的资产价值难以评估，同时项目财政是由政府和私人拥有者联合出资，这可能会使贫穷的表列种姓和表列部落陷入债务陷阱。其六，印度乡村分散，聚居地自然环境险恶，社区人口分散，资产难以聚集以达到足够的规模。此外，学界、政府以及相关社会团体早已多次强调农村就业计划存在就业创造和工资支付等治理问题，印度公共项目中存在的寻租和腐败早已成为荼毒印度经济运行效率

---

① Kutcha 相对与 pucca 而言，是指不耐用的建筑物或临时棚，用泥土搭建且房顶很薄。

的一大毒瘤。

就农村保障计划而言，它仅是为短期减贫提供就业，印度农村的工业化策略本质上是处于保护性、防御性地位，传统农村非农业经济中最活跃的商业元素在面对现代部门竞争时逐渐萎缩，与中国农村计划相较差距明显。在中国与印度农村动员最活跃的时期，两国的农业投资规模大体是相似的。中国将农村政策作为不断扩大农业剩余的工具，因此农村内部的积累是有力的、持续的；而在印度，政府认为农业市场存在供过于求，而非结构性的、长期性问题，农业的作用受到忽视。此外，为获取选民票仓，政府向富裕一些的农民提供了相当数量的补贴，农业的积累作用相对较弱。因此，中国的经济现代化和与之伴随的结构性变迁是剧烈的，甚至可以说是翻天覆地的。印度尤其是印度农村地区的经济变化相比缓慢得多，有些地区甚至看不出来。结果，中国的农业人口普遍与所有权和生产结构变化发生联系，并从这种联系中获得福利；而在印度，相当一部分农村人口与生产性部门联系薄弱，只能通过出卖劳动力从事日益衰败的农村手工业和服务业来维持贫困线以下的生存状态。

（2）非正规就业保障

印度政府致力于将非正规部门纳入社会保障范围，解决困扰印度多年的非正规就业劳动保障难题，然而政府推行的非正规就业劳动者保障体系存在很多缺陷，令其在执行层面的效果大打折扣。例如，印度政府关于强化非正规就业人员就业保障的最有利武器之一便是《非组织化部门社会保障法案》，然而该法案出台不久就面临很多质疑的声音，认为该法案并未提供有价值的社会保障服务。此外，印度的非正规就业计划的执行也存在很多突出问题。首先，计划执行难度大。由于社会保障计划、政策和法案众多，且没有统一的执行机构，使得非正规部门保障呈现出零散化、碎片化的特点，在操作和执行层面上存在较大障碍，因此很难落实到位。其次，有些计划和政策的实施时间是有限的，各个计划的持续性和连续性不强，一些就业促进计划执行完毕后不再具有法律效力。再次，有些政策对企业或个人缴费的要求较高，导致企业和个人的参与度较差，政策覆盖面远远没有达到预期。最后，政府财政资金紧张，投入不足，难以保证社会保障计划、政策和法案的长期持续落实。非正规就业劳动者由于社会地位低，难以获取相关服务及应享权利的信息，也给法案的落实带来很大困难。[①] 因此，总体来看印度非正规就业的质量仍没能得到实质改善，非正规就业的劳动者保护和利用难题还有待政府进一步解决。

（3）市场化、全球化战略环境

印度优化农村贫困群体生存就业条件的"包容性增长"战略是置于市场化战略之下，而市场化经济发展战略对农村问题的影响是结构性的、深层次的。这一时期，印度继续推动自由化改革和对外开放进程，积极采取外向型的贸易政策，发布了一系列新的经济法规来废除或修改过去半管制经济体制留下的各种限制性政策，进一步消除了贸易壁垒。通过这些措施，印度农业实现了与世界经济的融合，农业产销结构也从内向型的自给自足模式转变为内向型和外向型兼有的模式，农产品开始走向世界市场。一开始，这种市场化改革对印度农业发展的促进作用是显著的，农产品出口竞争力明显提高，对于国内农业市场的繁荣也起到积极作用。但是，农民没有得到必要的农业种植信息和生产种植保障，随着市场化改革的深入，它对农业的负面影响也暴露出来。由于经济类作物可以通过出口获得更大的经济效益，因此其种植得到大量推广，导致许多粮食作物的用地被挤占，许多小农跟风种植。农业商业化的扩展促使许多农民转向高风险的经济作物，在缺乏可靠信息的情况下，他们的选择常常被化肥公司和种子公司所主导。为此，他们大量举债，但是又无力承担巨大的损失，农民破产自杀的现象屡见不鲜，尤以转基因种子导致的自杀数量居多。

这一时期提出的"包容性增长"实则是一个附加的策略性政策，用以弥补过去和现在的工业化和增长战略没能覆盖到的大众权益。该战

---

① Lal. Manohar, "Labour Administration and the Informal Economy in India", *Informal economy: The Growing Challenge for Labor Administration*, New Delhi: International Labour Organization, 2005, pp. 59 – 60.

略更多地是从优化"推力"的角度出发，试图缓和农业对劳动力的强推力，提高劳动者自身素质，但是经过近 10 年的努力，就业效果仍不尽人意。具体而言，财政约束了政策功能发挥，农村就业方案属于防御性定位，教育计划对女性劳动参与率反向激励，这些都限制甚至降低了印度的总就业水平；政府鼓励农民留在农村的战略抑制了劳动力转移；收益分配上，农民受益有限，而落入非目标群体口袋的收益相当可观，政客也收获了政治利益；农村就业计划并没有产生多少长期资产，这种就业多是无效的重复劳作，非正规就业的困厄状况也未得到明显改善，市场化的竞争环境反而恶化了部分贫农的处境。总的来说，这一时期的经济战略更多地是一种事后追溯的补充政策，作为几十年农村低发展之后的减贫工具而引进。它依然沿袭了独立初的"救济"思路，只是一种规模的扩大和机制的完善。"包容性增长"战略关注的是短期就业创造和人类权益，而非长远的社会发展和就业促进，因此也难以有效推动印度社会转型过程中的农村积累和发展。印度政府在推行"包容性增长"战略的同时，在城市则继续奉行全面改革后的市场化、自由化思路。换言之，"包容性增长"战略是在印度市场化改革思想指导下，政策资源向农村和教育领域的小幅倾斜。市场化改革对就业的影响在前一时期的基础上继续发挥作用，而农村的就业福利措施也没有发挥预期的效果。

五、2014 年至今：提"拉力"的调整改而未革、革而不利

莫迪政府上台后，一改往届政府从农村入手缓解失业和贫困的战略导向，提出"印度制造"为核心的改革战略，借由这一转变实现经济发展、城乡协调以及低素质劳动者就业三个政策目标。该战略从进一步提升劳力"拉力"的角度出发，将扩大劳动力需求作为战略侧重，为印度失业和发展问题开出"工业化"和"城市化"的处方，以期提高市场效率，把握"人口红利"的机会窗口。

印度的人口问题关键在于落后的农业部门。刘易斯二元理论认为，在劳力剩余经济体中，资本作为稀缺要素，通过不断地与劳动力的结合

来实现现代部门的扩张和国民经济的增长。据此逻辑，经由战略调整，将劳动力从闲置的失业状态和低效率的自然经济或农业部门中转移到高生产率活动，是莫迪政府提高劳动生产率获取增长的核心原则和主要途径。这一政策导向实则是通过发展来解决就业，是公平与效率二者的统一，也是莫迪政府对于就业和城市工业化关系的政策确认。印度服务业产值占国内生产总值的比重高达58%，但只吸纳了全国26%的劳动人口；制造业产值占比仅为16%，劳动吸纳占比却有13%。印度人力资源发展研究部门认为，制造业的劳力吸纳优势可以成为莫迪经济战略的重要抓手。在此战略下，莫迪政府将刺激和引导资本配置作为最重要的政策手段。进一步完善市场机制，强化市场主体职能，力图优化印度密集的劳动力资源配置，延长生产曲线。这一战略选取就业弹性较高的部门作为政策重点，是对劳力"拉力"作用的强化，也是莫迪经济发展战略的重要逻辑和出发点，本质上是对全面改革战略逻辑的回归。莫迪政府上台伊始便致力于创造就业，但其战略实施却难以摆脱原有的锁定，印度就业创造了八年来的最低纪录。

(一)"印度制造"战略的就业效果

莫迪执政后，印度宏观经济基本面逐步改善，短期内显示出经济发展的较强活力和吸引力。自2013年后，印度经济呈现企稳回升之势。不过，虽然"印度制造"实行以来取得了一定成效，但持续性不足。时至第四年，用于衡量经济发展指标的部分数值已出现下滑，而就业方面始终没有得到较为明显的提振，到改革后期甚至持续走低。

1. 吸引投资

莫迪"印度制造"战略推出后，短期内吸引外国直接投资（FDI）水平有明显增长。2014年4月到2016年10月，FDI股权投资由此前32个月（2011年8月到2014年3月）的673亿美元上升至1034.3亿美元，增幅达54%。[①] 2014—2015财年，印度制造业吸引FDI165亿美元，

---

① Ministry of Commerce and Industry, Government of India, Annual Report 2016-2017, p.90.

较 2013—2014 财年的 156 亿美元和 2012—2013 财年的 103 亿美元有所增长。2015—2016 财年，制造业 FDI 出现下降，为 134 亿美元，不过仍保持在较高水平。2016—2017 财年制造业 FDI 出现显著增加，达到 203 亿美元（见图 10）。[①] 不过，从制造业吸引 FDI 占印度 FDI 总额的比例来看就没有这么乐观了，2013—2014 财年和 2014—2015 财年，制造业 FDI 分别占当年总额的 43% 和 37%，属历史较高水平，2015—2016 财年和 2016—2017 财年有所下降，分别为 24% 和 34%，某种程度上预示了外资流入制造业的火热势头有所减弱。2016 年后两年，印度整体经济投资吸收水平出现明显下降。世界银行数据显示，2015 年度 FDI 净流入为 440 亿美元，2016 年增长至 445 亿美元，2017 年则降至 400 亿美元。[②] 根据印度监测中心数据，2017—2018 财年，印度外国直接投资增长为 3%，为 5 年来最低。2018 年 1—6 月，海外投资者从印度撤出 68 亿美元，为近 10 年来最高额。

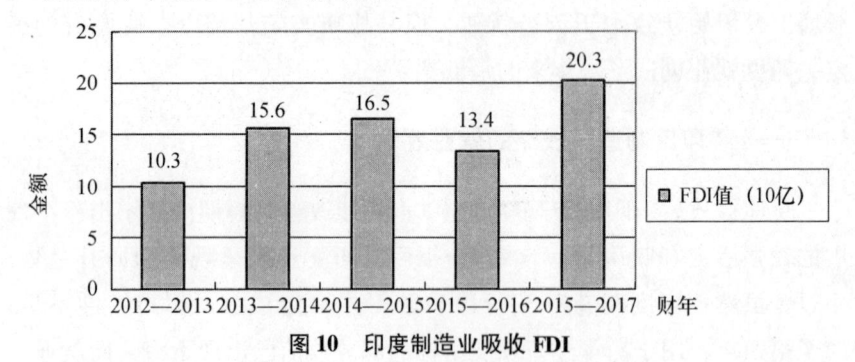

图 10　印度制造业吸收 FDI

数据来源：Economic Survey 2016 - 2017, Chapter 8: Industry and Infrastructure, p. 195, http: //indiabudget. nic. in/.

2. 制造业表现

据世界银行数据显示，2013 年和 2014 年，印度制造业年增长率分

---

① Economic Survey 2016 - 2017, Chapter 8: Industry and Infrastructure, p. 195, http: //indiabudget. nic. in/.（上网时间：2019 年 1 月 23 日）

② 世界银行，世界发展指标，更新至 2019 年 10 月 25 日，http: //data. worldbank. org. cn/country/india? view = chart（上网时间：2019 年 12 月 10 日）

别为 5% 和 7.9%。2015 年，制造业增长率高达 13.1%，2016 年重回 8% 的增长水平。2017 年下降至 5.9%，为 2014 年一季度以来最差表现。2018 年制造业增长企稳回升，到 8.1%。[①] 从制造业工业生产指数（IIP）来看，印度制造业 IIP 年增长率在 2007—2008 财年达到峰值 18.4%，此后波动下行（见表 20）。从采购经理人指数（PMI）来看，2014 年至 2018 年，印度制造业 PMI 多数时期在 50% 以上，有三次下行波动并跌破 50% 荣枯岭：2015 年 12 月，受金奈洪水影响，制造业 PMI 降至 49.1%；2016 年 12 月，莫迪 "废钞令" 的负面作用不断显现，PMI 跌至 49.6%；[②] 2017 年 7 月，PMI 大幅收缩至 47.9%，是自 2009 年 2 月以来的最低水平，从全球同期表现来看，极有可能是内部政策原因所致。制造业增加值占 GDP 比例上，2013 年占比为 16.1%，2012 年降至 15.8%，2016 年至 2018 年分别为 15.2%、14.9% 和 15%，制造业增加值占 GDP 百分比逐渐走低，制造业在国民经济中的地位不升反降。[③] 总体来看，莫迪执政初期，印度制造业及整体工业部门增长有所恢复，表现为温和调整。2017 年受莫迪 "废钞令" 的影响，印度制造业增长出现下降，PMI 近几年曾几次触底，体现出莫迪经济发展战略效果的稳定性不足。

表 20　印度工业部门 *IIP* 年增长率（注：基于 2004—2005 财年不变价格计算）

单位:%

年度	2007—2008	2008—2009	2009—2010	2010—2011	2011—2012	2012—2013	2013—2014	2014—2015	2015—2016	2016—2017
制造业	18.4	2.5	4.8	8.9	3.0	1.3	-0.8	2.3	2.0	-0.1

---

① 世界银行，世界发展指标，更新至 2019 年 10 月 28 日，https://data.worldbank.org.cn/country/india?view=chart（上网时间：2019 年 12 月 10 日）

② Nikkei, Markit, "Nikkei India Manufacturing PMITM: Manufacturing Sector Dips into Contraction Amid Money Crisis", January 2nd, 2017, https://www.markiteconomics.com/Survey/PressRelease.mvc/66876750e4214599a04573a9b7634d6a（上网时间：2017 年 12 月 11 日）

③ 世界银行，世界发展指标，更新至 2019 年 10 月 28 日，https://data.worldbank.org.cn/country/india?view=chart（上网时间：2019 年 12 月 10 日）

续表

年度	2007—2008	2008—2009	2009—2010	2010—2011	2011—2012	2012—2013	2013—2014	2014—2015	2015—2016	2016—2017
矿业	4.6	2.6	7.9	5.2	-0.2	-2.3	-0.6	1.5	2.2	2.2
电力	6.3	2.7	6.1	5.5	4.0	4.0	6.1	8.4	5.7	4.7

数据来源：Economic Survey 2016-17, p. 188, http://indiabudget.nic.in/.

3. 就业水平

2015年，就印度制造业来看，就业水平总体上升，但增幅非常有限，且行业和地区间配置不平衡。2014年9月到2015年9月，印度纺织业就业人数增加11.4万，金属工业增加2.9万。与此同时，汽车和宝石珠宝业出现下降，数量分别为1.8万和1.6万（见图11）。此外，不同邦之间就业状况差别很大，制造业发展水平不同的地区间就业率水平有显著差别。如古吉拉特邦失业率低于3%，而特里普拉邦则接近20%。从整体就业形势来看，2015年印度新增劳动力1200万，而正规部门仅新增13.5万个就业岗位，[1] 因此2015年印度的就业形势未得到明显改善。

2016年，单独对印度制造业正规部门进行考察，总体来说，该部门就业人数震荡上升，但数量有限。根据印度劳动局发布的制造业正规部门就业数据，2016年4月1日，印度正规制造业工人约有1011.7万，其中27.9万人为自我雇佣者，983.8万人为雇员。雇员中765.8万属正规就业，155.7万为合同工，62.3万为临时工。[2] 男性826万，占雇员总量的81.64%；女性185.7万，占18.36%。[3] 从总体就业形势来看，2016年7月1日正规制造业就业人数减少1.2万，2016年10月1日，

---

[1] Huffington Post, "Job Creation under Modi Government Sinks to its Lowest Point in almost a Decade", May 18, 2017. http://m.huffingtonpost.in/2017/05/18/job-creation-under-modi-government-is-at-its-lowest-in-almost--a_a_22096532/. （上网时间：2018年3月1日）

[2] Government of India, Ministry of Labour & Employment, Labour Bureau, Quarterly Report on Employment Scenario 2016.4.1, p. 2.

[3] Government of India, Ministry of Labour & Employment, Labour Bureau, Quarterly Report on Employment Scenario 2016.4.1, p. 16.

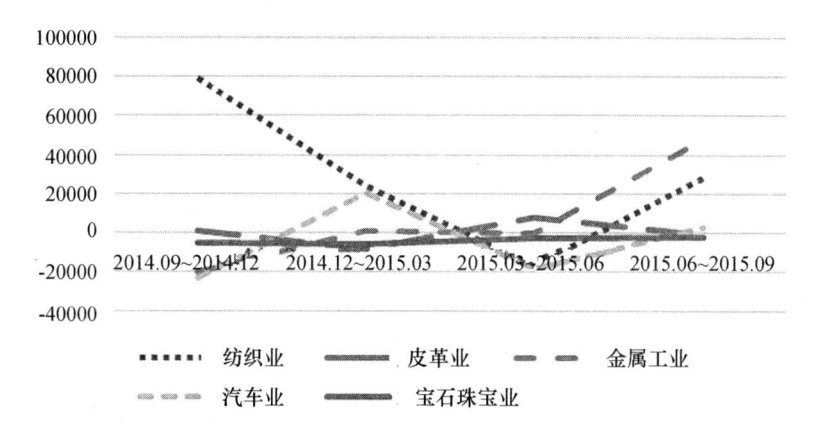

图 11　2014 年 9 月至 2015 年 9 月印度制造业不同部门就业变化情况

数据来源：Ministry of Labour and Employment, "Quarterly Report on Changed in Employment in Selected Sectors (July, 2015 to Septermber, 2015)", March 2016, p. 12.

就业人数有所回升，增长 2.4 万，到 2017 年 1 月 1 日，就业人数出现明显上升，增加达 8.3 万。从男女就业情况来看，2016 年 7 月 1 女性数量下降显著，约 1 万人，男性 0.2 万人；2016 年 10 月 1 日，男性增加达 4.9 万，女性反而下降 2.5 万；2017 年 1 月 1 日，男性就业者增加 6.1 万，女性仅 2.2 万。从就业形式来看，相应时期雇员数量变动情况分别为：2016 年 7 月 1 总就业下降 1.2 万人，自我雇佣者上升 1.1 万，雇员数量下降 2.3 万。雇员中，正式员工数量上升 1.7 万，合同工和临时工分别下降 2.7 万和 1.3 万；2016 年 10 月 1 日，自我雇佣者人数下降 0.1 万，雇员数量增加 2.5 万。雇员中，正式工减少 0.1 万人，合同工和临时工分别增加 2 万和 0.6 万人；2017 年 1 月 1 日，自我雇佣者数量增加 1.1 万，雇员增加 7.2 万，其中 11 万是正式工，7.5 万为合同工，临时工则减少 11.3 万。[①] 从 2016 年波动情况可以看出，在制造业正规部门中，女性相对不受就业市场的青睐，同时正规部门中非正规就业更易受到经济波动等外部因素的冲击，他们在劳动市场中仍处于不利

---

① Government of India, Ministry of Labour & Employment, Labour Bureau, Quarterly Report on Employment Scenario 2017.1.1, p. 12.

地位。也就是说，印度就业基本沿袭了其传统特征。

2017年和2018年，受莫迪"废钞令"影响，印度就业总体形势趋于恶化。根据印度经济监督中心数据，2016年9月至12月印度就业人数约为4.065亿人，2017年前4个月下降至4.05亿。① 2017—2018财年，印度就业人数降至4.019亿。2018年4月，莫迪声称在2017年9月至2018年2月间新增了311万个工作岗位，而印度经济监督中心数据显示这一数字应是180万。不过，无论哪个数字更为准确，都与莫迪2014年民调承诺的每年创造1000万个就业机会相差甚远。与此同时，自废除旧币以来，印度劳动参与率急剧下降，目前尚未得到恢复。印度经济监督中心数据显示，印度劳动力从2016—2017财年的4.397亿人降至2017—2018财年的4.261亿人，劳动力参与率从46.1%降至43.5%。② 2018年10月，印度劳动参与率降至2016年1月以来的最低水平，为42.4%，其间就业人数估计为3.97亿人，比2017年10月的4.07亿人减少2.4%。③ 大量失业人士停止寻找工作，其中妇女占到相当比重。他们退出了劳动力市场，导致劳动力萎缩。此外，失业率高涨，印度中央统计数据显示，印度2017—2018财年整体失业率达6.1%，为45年来最高水平。④ 另据印度经济监测中心数据显示，2018年12月印度失业率再创新高。⑤ 毫无疑问，时至当下，印度整体就业形势更趋恶化，凸显了莫迪面临的执政挑战。

总体来说，在莫迪政府的战略推动下，短期改革提振作用较为明显，但是印度经济及其制造业的发展并不稳定，易受到突发事件影响，

---

① 项梦曦："印度经济亮红灯，莫迪改革副作用显现"，《金融时报》2017年8月17日。
② https://baijiahao.baidu.com/s?id=1606480944717165836&wfr=spider&for=pc.（上网时间：2018年12月2日）
③ 中华人民共和国孟买总领事馆经济商务室，http://bombay.mofcom.gov.cn/article/jmxw/201811/20181102804623.shtml.（上网时间：2018年12月2日）
④ 新华网，2019年6月1日，http://www.xinhuanet.com/2019-06/01/c-1124570118.html.（上网时间：2019年10月13日）
⑤ 沈鹏："印媒：印度失业率攀升，莫迪用工作教育配额拉选票"，新华社，2019年1月15日新媒体专电，http://www.thecover.cn/news/1604800。（上网时间：2019年1月26日）

长期稳定性不足。同时，印度改革初期的投资和产出增长未能有效带来就业的同步增长，印度经济发展模式的劳动力吸收能力依然较弱。莫迪政府"印度制造"对就业的助推作用有限，即使是在吸收投资的高峰时期，资本的力量也未能启动印度就业增长的引擎。时至莫迪执政后期，改革红利释放殆尽，经济增长动力不足，就业增长更是如空中楼阁。就当前数据来看，莫迪政府的改革努力似乎仍是延续印度经济增长模式道路上的一次冲量尝试，其就业效果并不明显。

（二）莫迪战略与就业目标

莫迪政府的经济发展战略将促就业作为政策目标之一，拟在2022年之前创造出1个亿的就业岗位。① 莫迪曾在演讲中称："提振印度制造业能够为广大的穷苦青年提供就业，而青年人群得到工作岗位，可以大大的改善家庭经济状况，由此家庭购买力将得以提升，从而助力经济发展。"② 应该说，创造就业是莫迪经济发展战略的核心目标之一。观察莫迪第一任期上台以来的施政措施，其政策实施实际上可以"废钞令"为标志分为两个阶段，即2014年至2016年底和2016年底之后。莫迪执政前期与后期经济治理有较明显差别，前期莫迪出台了强势改革措施，致力于扩大开放，振兴印度经济。然而在改革难达预期的情况下，莫迪的经济发展战略逐渐让位于政治利益诉求，倒向选举政治。因此，我们所讨论的莫迪经济战略也多集中于其执政前期的改革措施。

1. 莫迪旧制改革"改而未革"

莫迪政府的战略设计与其政策支撑之间似乎存在着某种背离，其战略设计的远见与政策实施的短板之间具有一定矛盾。就莫迪具体政策调整来看，缺乏对于具有竞争力制造产业的具体政策保障，更缺乏支撑要

---

① Sunita San & A. Srija, "Make in India and the Potential for Job Creation", http://www.ies.gov.in/pdfs//make-in-india-oct15.pdf.（上网时间：2016年7月25日）

② "English Rendering of Prime Minister Shri Narendra Modi's Address at the Launch of 'Make in India' Global Initiative", http://pib.nic.in/newsite/PrintRelease.aspx?relid=110043.（上网时间：2016年8月13日）

素平衡配置的政策设计。"印度制造"是以劳动力需求方改革为侧重的劳动和经济关系调整，其核心在于扩大开放，强化资本的作用，通过资本的积累实现劳动力吸收能力的提升。莫迪政府试图走刘易斯工业化道路，却忽视了要素的优化配置及生产的技术偏向，因此大大削减了其战略效果。

从关键政策的改革力度来看，莫迪政府的各项措施在很大程度上是对以往各项政策的沿袭，仅仅是将各项涉及制造业发展的政策汇集于一个战略之下，一些核心政策调整实则并未实现。莫迪上台后主张对印度在英国殖民时期形成的一整套劳动法进行改革，包括允许企业以更简单的方式解雇工人，可因经济不景气宣布倒闭等。一些工会特别是公共服务部门对此改革提出强烈反对，认为这有损工人权益，并组织了多次大规模罢工，导致莫迪劳工改革计划受挫。同时莫迪政府的《土地法》修改草案也难以得到反对党认可，农民普遍对该法案持反对态度。最终该修改草案宣布失效，莫迪政府的土地改革已基本停滞。[①] 由于一些关键改革难以实行，莫迪只能将其政策重点放在吸引外资、推进开放上。

战略推进的滞后给印度把握全球机遇带来消极影响。一方面，长期战略塑造下形成的产业特点难以迎合国际需求。过去半个世纪，非技术劳动密集型制造业产出和就业快速增长，并成为重要的经济增长引擎。企业不仅可以为国内需求提供产品，还可参与出口，分享全球市场。这些出口活动获利颇丰，从而进一步推动产出和就业增长。对于出口企业来说，需要有相当的规模以开展学习调研、质量控制、标准化生产、市场把握等活动。印度历史战略强调乡村和农舍式的工业发展，非正规制造业以低技术生产的中小企业为主体，且各单位间联系紧密度较低，致使制造业非正规部门规模效应难以发挥。印度历史上在纺织、制衣、制鞋等劳动密集型生产活动上颇具优势，而在开放进程中逐渐落后于其他国家，"正规化"进程阻滞的影响不可忽视。随着全球市场竞争的加

---

① 梅冠群：":莫迪执政后印度经济发展战略选择及我国应对之策"，《南亚研究季刊》2017年2月，第35页。

剧,印度这些产业由于规模过小而受到极大制约。无组织的小规模生产单位意味着印度出口商难以满足国际大单的需求,比如耐克和沃尔玛等大型国际买家。非正规部门为主体的小单位分散化的制造业模式难以有效支撑劳动密集型制造业出口,脱离了过去保护政策下的印度小规模企业将面对来自越南、印尼、孟加拉国等的价格和规模竞争,其制造业发展显得力不从心。当前,印度制造业的发展模式与国际需求格格不入,在亚洲其他低成本国家的低价商品面前,印度不断扩张的国内市场甚至可能面临着进口和国内生产的艰难选择。虽然小企业可以通过其他途径将生产活动联合,然而这无疑会大幅增加其成本。另一方面,开放对经济和就业的促进作用也受制于该国的国内战略环境。开放为印度的经济发展带来契机,但是开放并不是无条件地促进一国的经济增长,印度体制机制方面的问题严重制约着其参与经济全球化的进程。莫迪任下,关键性要素改革仍未取得实质性进展,要素的合理配置仍缺乏全面有效的战略支撑。征地法、劳动法在议会审议中一再搁浅,莫迪上台之初的强硬势头在一轮又一轮的政策推进中逐渐消磨,经济改革呈现出"高开低走"的态势。因此,国内市场一系列管制仍未撼动,印度体制方面的一些繁文缛节对其经济发展产生了严重的负面影响。这些陈规陋习让一些投资者望而却步,外资投资和贸易的不旺,阻碍了开放条件下制造业的发展。例如,作为一项根本性制度,莫迪的"工业友好型"土地改革方案不能得到"农业依赖性"社会的广泛认可,这项改革的停滞会对莫迪的基础设施建设战略和"印度制造"战略产生不小的冲击,基建和企业投资将继续受到广泛制约。同时,印度过于严格的劳动法使许多外国投资者感到难以适应。由于受劳动法的保护,印度的制造业劳动力市场产生了一大批劳动贵族,他们生产效率低下,还对其他工人进入制造业部门形成阻碍。印度劳动力看似廉价,实则隐含成本很高,国际投资者也多持观望态度。印度的制造业发展之所以缓慢,真正原因并非政府产业布局的政策导向错误,亦非开放的时机和国际环境的影响,更多是长期的混合经济和民主政体造成了体制上的僵化。主要以劳动力市场保护、土地私有制等为表现,制约着印度制造业的发展。莫迪改革再次陷入"资本优先"和"要素错配"的历史桎梏中,"失衡"仍旧是印度政府改革难以挣脱的发展牢笼。

2. 莫迪新政建设"革而不利"

2016年11月,莫迪政府宣布禁止使用500卢比和1000卢比的大额纸钞,据莫迪所言,这是政府打击猖獗的腐败和伪造货币行为的一部分。在印度,85%—90%的交易都使用现金,可以说对现金极为依赖,被废除的两种大额纸币更是占到流通货币总值的85%以上。"废钞令"推行后,这两种占货币流通量比例很高的现金开始退出市场。长期以来,印度相当一部分企业为了避税只接受现金,很多富人将资金存入外国银行,或是换成珠宝和古董,一些宗教场所都成为富人洗钱或赌球的"地下黑庄"。按照印度政府的设想,"换钞"举措会让持有大量来路不明现金的人无所遁形,然而"废钞令"的实际效果远不如政府预期。现金不足极大地抑制了市场需求,产品供需缺少了中间媒介,消费和投资均受到极大抑制。大量依靠现金经济的低收入民众、贸易商和普通储户因为现金短缺受到严重的打击。

除却"废钞令"引发的现金短缺混乱,就业层面的负面效应也开始显现。印度的房地产业、建筑业、黄金、珠宝、私营商业等产业以及非正式部门,特别是食品、交通和餐饮行业,严重依赖现金交易,"废钞令"使得印度国内86%的现钞瞬间蒸发,直接抑制了这些行业的消费需求。这些行业又是承载劳动力的主要产业,这又将进一步导致失业率提升。"废钞令"对印度就业的负面影响相当大,短期内印度民众是痛苦的。两年前,印度劳动参与率还在47%—48%的水平,而在一纸"废钞令"后便开始大幅下滑,长时间未能恢复正常水平。① 据美国"石英"网站报道,一份最新发布的研究显示,印度的这项历史性禁令对印度的就业冲击严重。印度经济监督中心也称,2017年1月至4月,受"废钞"影响,印度有150万人失业。该智库主管兼首席执行官马赫

---

① https://baijiahao.baidu.com/s?id=1617179379585229660&wfr=spider&for=pc.(上网时间:2018年12月2日)

什·维亚斯称,这一时期的总就业人数约为 4.05 亿,而此前 4 个月,即 2016 年 9 月至 12 月,就业人数约为 4.065 亿。他指出,2016 年 11 月还处于节假日期间,但劳动力参与率却跌至 44.8% 的新低,显然是受"废钞令"的直接影响。印度经济监督中心称,年龄在 15—24 岁之间的人受影响最大,可能是因为他们刚刚加入劳动队伍,并且通常从事的是以现金支付为主的低技能非正规工作。①

"废钞令"还极大地打击了企业的投资积极性。由于货币总量的减少,导致国内新增订单数量下滑,企业的新增资金投入计划更加谨慎。据《印度时报》调查,有 120 多家企业招工规模有所缩减,表明企业在短期内不看好经济增长。"印度所有制造商组织"(AIMO)代表着涉及制造业和出口相关任务的 30 多万家大、中、小型产业,该组织在一项研究中预测,印度就业率和劳动者收入均会下降一半以上,印度总体经济也将陷入困境。根据报告数据,印度基础设施、水泥和钢铁等行业处境艰难,新投资进程缓慢,新项目的数量也在减少。② 国内和国际社会对于"废钞令"的影响普遍流露出悲观态度。印度前总理辛格直接批评"废钞令"是"里程碑式的失误",是莫迪政府"一场有组织的、合法化的抢劫"。美国福布斯杂志称"印度政府进行了一场史无前例的犯罪行为,不仅损害了经济,并威胁到数百万计已经贫困的公民,使其陷入更贫困的境地,而且鲜廉寡耻"。③ 印度"废钞令"推行后,各大机构纷纷因此下调印度的经济增速预期。其中,汇丰银行预测印度 2017 年的 GDP 增长将降低 0.7 至 1 个百分点,国际信用评级机构惠誉也下调了印度实际 GDP 增长预期,印度券商阿南德拉蒂证券首席经济学家苏詹·哈吉莱更是认为印度经济在短期内会出现较大幅度下跌。④ 美国

---

① https://www.weiyangx.com/317125.html.(上网时间:2019 年 4 月 2 日)
② http://world.huanqiu.com/exclusive/2017-07/10996283.html.(上网时间:2018 年 8 月 3 日)
③ 钟震:"从印度废钞令实施效果看发展中国家宏观调控困境",《金融发展》2017 年第 12 期,第 42—43 页。
④ 陶凤、初晓彤:"'废钞令'满月,印度经济乱中求治",《北京商报》2016 年 12 月 9 日,第 8 版。

财政部长阿伦·杰特利在社交媒体中写道,"废钞令"是"印度经济史上的分水岭"。

在印度经济受"废钞令"影响尚未恢复的情况下,改革的各项软、硬条件均未充分到位,莫迪仓促推出了商品及服务税改革,对经济也造成了负面影响。首先服务税仍过于复杂,对不同商品品类实行不同税率,石油等重要产品仍不在其覆盖范围内。而且,税收权收归中央政府,但是各地方政府还是要向企业收费,这又进一步加重了企业负担,遏制了民间投资热情。税改和"废钞令"不仅冲击了印度的企业投资,对社会和企业信心的严重打击还将对印度就业的远期前景产生不利影响。

此外,印度的"双创计划"在实施过程中也遇到了诸多问题。首先是印度发展初创行业的行动迟缓,没有有效抑制消费品价格上涨,创业成本显著上升,如今的渠道买量价格已是几年前的10倍之多。其次是政府监管机制不健全,难以将政策落在实处。莫迪政府上台之初的首个政府预算中,为初创提供的资金支持达1000亿卢比(约96.6亿人民币),① 但并未对申领资金提出明确、可行的实施意见,这使大多数创业者对政策产生了质疑,政策执行停滞不前。最后是政府扶持仅停留在喊口号的阶段。与中国对"大众创业、万众创新"方面的支持相比,印度的政府扶持力度远远不够。作为世界上的IT大国,更多的印度裔精英选择留在美国而不是返回印度国内,这充分说明印度国内在创业方面的支持不足。声势浩大的印度创业计划,其实质有可能是政治集团为赢得选票的手段,其可持续性令人担忧。

莫迪政府的经济发展战略实施初期无疑处于较好的国际和国内环境之下。内需和服务产业驱动型增长使得印度受到经济危机的冲击较小,国际能源及大宗商品价格大幅下降改善了印度的通胀和赤字率,为莫迪战略提供了较好的经济环境和较大的政策空间。莫迪的经济发展战略实施初期也取得了一定成效,制造业增长有所加速。即便如此,印度就业

---

① https://china.qq.com/a/20151116/060986.htm.(上网时间:2019年3月28日)

也未随之显著提升。在战略后期,随着经济形势下行,就业更是逐步走低。莫迪的"印度制造"战略开始时声势浩大,但效果并不理想。一方面,关键性的政策改革步履维艰;另一方面,以"废钞令"和"统一税"为代表的新政措施没有产生预期效果,反而造成经济的短期波动。印度版"双创"看来也前景模糊。随着印度的国内改革步入深水区,前路依旧坎坷。以当前的战略推进情况来看,第一任期莫迪的战略意图未能完全实现。

第三节 战略演化与就业问题累积

印度劳动力没有成功实现从低效率部门向高效率部门的规模化转移,剩余劳力或滞留在农村成为隐蔽性失业者,或从农村传统部门进入城市传统部门,使得印度的经济增长和劳力利用水平和效果受到极大削弱。从劳力"推力"来看,印度独立初期进行的土地改革造成土地分配不均,致使大量失地农民成为失业或半失业者。随后推行的市场化、自由化、私有化和全球化改革,首先选择的突破口是城市工商服务业,农村受到忽视。农村推行的"绿色革命"又进一步扩大了贫富分化和失地少地群体。从劳力"拉力"来看,印度独立之初的战略设计对于资源要素的配置并不平衡,其后的全面改革沿着资本扩张的路线推进,而土地、劳动等制度长期得不到调整,进一步强化了要素配置的失衡。城市基础设施落后加上就业机会缺乏极大地限制了印度城市就业容量的扩张,也对农村人口向城市迁移起到抑制作用。部分进入城市的农民工相较城市居民生计更为脆弱,他们不得不在非正规部门寻求工作,相当一部分往往沦为城市贫困者。部分农民工向城市迁移不仅给城市带来了廉价劳动力,而且在向城市输送贫困。在"推""拉"两个力量的作用下,城市输入性"失业"凸显,城市本已存在的失业问题更趋严重和复杂。"包容性增长"战略时期,经过对市场化改革的反思,政府从农村就业保障计划中寻找缓和社会矛盾的方案,但是这一救济工具对于解决印度的就业问题只能是杯水车薪。莫迪上台之后，誓言缓解印度由来已久的就业问题，然而我们似乎看到历史再一次重演。综上，可以断定印度非农就业的有限扩张其实是"推力"的结果，而"拉力"的力量很弱，难以吸纳印度众多的劳动力。也就是说，印度属于"推动型"失业。伯格曾提出如下论断：如果是在流出地强大的推力作用下产生的流动，则流动的选择性要比强大的拉力作用下形成的流动的选择性要小得多。[①] 印度政府的"力不从心"凸显了劳动问题的复杂性和顽固性，更反映出印度国家战略创新和战略选择的困境。

纵观印度的战略演进历程，独立之初施行了马哈拉诺比斯工业化战略，并确立了富有印度特色的劳动、土地和教育等基本国策，印度就业问题由此发端；从1991年国际支付危机之后印度的战略重建来看，政府试图对原有路径做出改变，但是这种依赖还在延续，印度推行的市场化自由化改革在很大程度上延续了独立初期重资本的战略导向，且印度的战略环境依旧源于独立初期确立的土地、劳动等政策体系。这些政策在市场化的条件下衍生出新的问题，加剧了就业问题的累积；经过对全面改革的反思，政府转而寻求公平和效率的统一，采取了"包容性增长"战略。这一战略还是延续了印度独立之初的农村就业保障思路，仅仅是一种短期减贫的"安抚"政策。因此，印度的就业问题还是没有得到缓解，反而劳动参与率日益走低；莫迪上台后，全力改革，试图以"印度制造"战略提振制造业发展，抓住"人口红利"机遇期。执政至第4年，经济发展战略已基本形成，开局良好，气势恢宏，但由于反对党和利益集团的反对，莫迪在资本以外的要素改革方面推进受阻，要么计划搁置，要么以其他方式勉强实施，改革进程屡屡受挫。同时，政府强势推出的"废钞令"和"统一税"等措施也没有达到预期效果。这意味着，莫迪战略并未扭转印度经济"无就业增长"式的发展路径。莫迪经济发展战略更多地还是对于资本积累的激励，在既有发展模式上

[①] 华中师范大学农村问题研究中心主编：《中国农村研究》，北京：中国社会科学出版社，2002年版，第259页。

以正规部门资本的提振带动就业的增长，而非传统发展模式的转型。而在这种发展路径下，经济增长的就业带动能力弱，且不确定性大。即便是制造业获得快速发展，"无就业增长"的发展模式下就业创造能力也会受到极大限制。

印度独立初期，政府选择了资本偏向型的技术发展战略，显然与印度国家资源条件相悖。稀缺的资本要素用于特定的重工业部门，对于就业创造便显得相当乏力。在日后的经济发展战略中，其正规工业部门技术进步日益表现出资本使用偏向的特征，可以说是对独立初期重资本战略的某种延续。同时，印度经济发展战略多源于其独立初期建立的战略体系，包括企业及劳动制度、教育理念以及土地和户籍管理政策等。这些具体政策在长期的演进过程中未能随着不断变化的国际国内条件而得到调整。印度政府也屡次尝试从战略调整中寻求解决之道，然而结果总不尽如人意。这一现象背后隐藏着深刻的战略原因，改革前的战略设计及改革突破口的选择直接影响了印度经济发展道路的走向。究其根本，不得不回到印度经济发展战略演进的"路径依赖"现象。在长达70年的经济战略建设过程中，印度的多项战略思路或手段均沿袭着过去的路径，战略方向始终难以调整和扭转，因此印度经济发展战略始终体现出共同的属性。在这样的战略演进下，印度就业问题生成并积累，就业水平长期在低水平徘徊，甚至表现出继续走低的趋势。劳动力转移缓慢，就业结构呈现出较强刚性，就业的质量和劳动力利用水平很低。这些就业问题在长期的战略作用下日渐"顽固"，也侧面反映出印度经济发展战略的自我巩固和沿袭。

印度经济发展战略中的劳动、土地、资本和就业等政策反映了印度经济发展战略具有三大属性，在相当程度上催生了印度的就业问题，塑造了印度经济模式的特性。由于印度经济发展战略的思想内核得不到及时调整，通过与不同时期的国内环境与条件相结合，使得各个具体政策和法案无法协调统一，进而对印度的就业问题施加了深刻的影响。因此，印度"推动型"失业问题在相当程度上是战略问题，并非战略缺失，而是战略配合失灵。

综上，本章与第三章的战略划分阶段相对应，分别讨论了印度在不同时期的经济发展战略对就业所产生影响。第一阶段，印度农村不合理的土地制度与城市重工业的发展模式造成失业率的高企，为印度就业奠定了不利起点；第二阶段，政府推行的战略局部调整推动了非农就业的短暂增长，但未能持久；第三阶段，印度开启的全面市场化改革在推动经济增长的同时并没有带来就业的同步增长，要素替代使得劳动就业水平未能显著提升，相反非正规就业快速增长；第四阶段，印度政府汲取此前教训，提出"包容性增长"战略，而这一战略设计实际上仅作为短期减贫的政策工具，并没有改变印度经济增长模式，未能在实质上解决就业问题；第五阶段，莫迪上台高调提出"印度制造"战略，力图深化改革，抓住人口红利的黄金期。然而莫迪的关键性战略改革也未能取得实质进展，"废钞令"和"统一税"等新启政策还部分冲击了经济和就业增长。总体来看，印度经济战略在应对就业问题上是失效的，甚至在一定程度上导致就业问题的恶化和积累。印度经济发展战略的部分思想和多项关键政策的确立均可追溯到独立之初，在长期的战略调整中没有得到及时调整。在旧有的战略框架内采取放松资本管制的策略，各项战略政策的不协调造成就业问题叠加，积重难返。

第五章 展望与启示

随着印度政府经济发展战略的逐步推进,印度的经济与就业增长之路也处于动态变化之中。过去不仅属于过去,也在某种程度上预示了未来。印度国家前进的道路始终牵引着国际社会的目光。印度的经济发展战略历程和前景对于印度本国的大国梦想具有支撑性的重要作用,而且印度的经历对于同为发展中国家的中国来说,也是宝贵的发展经验和参考案例。

第一节 印度经济发展战略及就业趋势展望

印度大选后莫迪再度执政,印度经济步入"莫迪2.0"时期,印度政治也进入"印人党时代","强人政治"色彩更加突出。未来印度的经济发展战略走向将持续影响印度国民的劳动和就业状况,从印度当前的经济挑战和政策矛盾中略可见其大致走向。据此,本章对印度经济发展战略的推进及就业影响做出短期和长期展望。

一、短期预判

迄今为止,印度就业目标仍未达成,印度经济发展的战略设计始终未能交上满意答卷。不过从目前来看,莫迪政府经济发展战略的框架已经形成,短期内印度的政策环境和就业变化可以初步预见。短期内针对就业问题,莫迪会交上怎样的答卷,本节将进行大致估算。

(一) 2019—2020 财年劳动供给估算

就劳动力数量来看，1993—1994 财年印度劳动力人数为 3.811 亿，2011—2012 财年增至 4.847 亿，不过劳动力增长并不平缓。1993—1994 财年到 1999—2000 财年增长了 2700 万，1999—2000 财年到 2004—2005 财年增长 6100 万，而 2004—2005 财年到 2009—2010 财年竟未有明显增长，2009—2010 财年到 2011—2012 财年又增长 1500 万，相应时期的劳动力年增长率分别为 1.15%、2.83%、0.015% 和 1.61%（见图12）。[①] 这一不稳定增长部分归因于年轻人的人口结构、女性劳动力的再教育、童工数量下降以及生活水平的提高。此外，劳动力数量的变化很大程度与教育参与水平有关。2009—2010 财年到 2011—2012 财年劳动力数量有显著提高，有相当部分学生加入了劳动力大军，可以预见趋势还会持续。因此，未来几年加入劳动大军的人数取决于两个因素，即基础年的入学水平及其劳动参与率。基于这一判断，我们将根据教育结

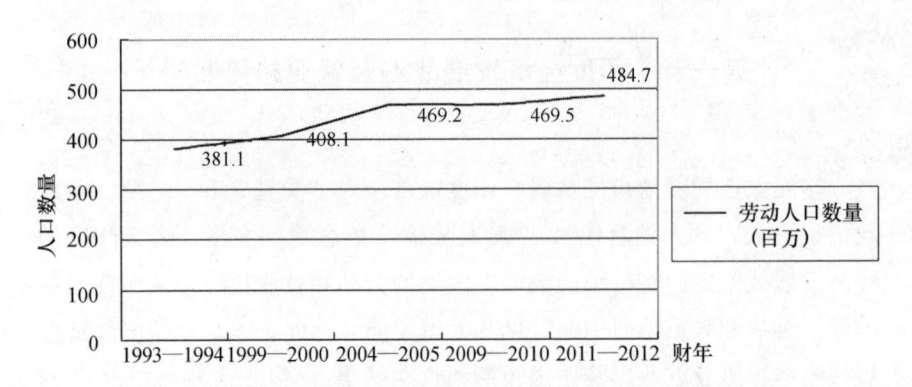

图 12　1993—1994 财年至 2011—2012 财年印度劳动力人口变化趋势

数据来源：Jajati Keshari Parida, Growth and Prospects of Non-farm Employment in India, "Reflections from NSS data", Central Statistics Office Industrial Statistics Wing Government of India, *The Journal of Industrial Statistics,* Volime 4, September 2015, p. 159.

---

① Jajati Keshari Parida, "Growth and Prospects of Non-farm Employment in India-Reflections from NSS data", *The Journal of Industrial Statistics,* Central Statistics Office Industrial Statistics Wing Government of India, Vol. 4, September 2015, p. 159.

构、年龄、性别及相应劳动参与率对2019—2020财年劳动人口进行大致估计。

以2011—2012财年的数据为基础计算，在2019—2020财年年龄达到15岁及以上的人口应属7岁及以上群组。在通识教育体系中，大约有25260万人（男性12640万、女性12620万）接受初等教育，4060万（男性2010万、女性2050万）接受中等教育，3070万（男性1510万、女性1560万）接受高级中等教育，650万（男性240万、女性410万）接受大学及以上教育。在技能教育系统中，大约有230万人（男性150万、女性80万）接受中等教育，100万（男性60万、女性40万）接受大学及以上课程水平教育。此外，7—24岁年龄人口约有2090万是文盲，其中男性570万、女性1520万，他们未接受任何形式的教育。[①] 根据这一数据，本节基于两个假设对2019—2020财年劳动力数量及结构做出预计。

假设1：劳动参与率保持2011—2012财年水平不变

这一假设非常严格，它能够为目标年的劳动力增长提供一个粗略的数量概念。在此假设下，2019—2020财年劳动力人口达到5.429亿，其中男性为3.899亿，女性为1.53亿。也就是说，2011—2012财年到2019—2020财年间，劳动力的规模将增加5820万，平均年增长730万，其中男性占68.8%。

其中，加入劳动大军的学历分布为：中等教育者约910万（男性680万，女性230万），高级中等教育者630万（男性450万，女性180万），大学及以上240万（男性130万，女性110万）；技术教育者约150万（男性100万，女性50万）；初级教育者和文盲数量约为4450万（男性3020万，女性1430万）。[②]

---

① Jajati Keshari Parida, "Growth and Prospects of Non-farm Employment in India-Reflections from NSS data", *The Journal of Industrial Statistics*, Central Statistics Office Industrial Statistics Wing Government of India, Vol. 4, September 2015, p. 160.

② Jajati Keshari Parida, Growth and Prospects of Non-farm Employment in India, "Reflections from NSS data", Central Statistics Office Industrial Statistics Wing Government of India, *The Journal of Industrial Statistics*, Volime 4, September 2015, p. 161.

假设 2：中等及以上受教育者劳动参与率增加 5%，文盲及初等教育受教育者下降 5%

这是一个更加接近现实的假设。1993—1994 财年至 2011—2012 财年，文盲和初级教育人口的劳动参与率呈下降趋势，可以假定这些群体的劳动参与率将进一步下降。男性中等及以上受教育者的劳动参与率相较于女性更高，且呈上升趋势。女性中等及以上受教育者的劳动参与率也高于整体女性劳动参与率，同样有上升表现。基于这一假设，目标年劳动力人口数量预计为 5.408 亿，其中男性 3.884 亿，女性 1.524 亿。2011—2012 财年至 2019—2020 财年，劳动力的规模将增加 5610 万，平均每年增加 700 万。

新进劳动力人口受教育水平分布情况为：中等教育者约 870 万（男性 650 万，女性 220 万），高级中等教育者为 660 万（男性 470 万，女性 190 万），大学及以上有 250 万（男性 140 万，女性 110 万）；接受技术教育者约 160 万（男性 110 万，女性 50 万）；文盲或初等受教育者约有 4240 万（男性 2880 万，女性 1360 万）。① 总体劳动力新增状况总结如表 21：

表 21　2019—2020 财年不同教育及性别下新增劳动力数量

单位：百万

教育水平		接受教育人员数量（7—24 岁）			不同教育水平下预计新增劳动力数量					
					情景 1			情景 2		
		男性	女性	总计	男性	女性	总计	男性	女性	总计
文盲及未接受教育者		5.7	15.2	20.9	3.3	4.2	7.5	3.2	4.0	7.2
通识教育	初等教育	126.4	126.2	252.6	26.9	10.1	37.0	25.6	9.6	35.2
	中等教育	20.1	20.5	40.6	6.8	2.3	9.1	6.5	2.2	8.7
	高级中等教育	15.1	15.6	30.7	4.5	1.8	6.3	4.7	1.9	6.6
	大学及以上	2.4	4.1	6.5	1.3	1.1	2.4	1.4	1.1	2.5

---

① Jajati Keshari Parida, Growth and Prospects of Non-farm Employment in India, "Reflections from NSS data", Central Statistics Office Industrial Statistics Wing Government of India, *The Journal of Industrial Statistics*, Volime 4, September 2015, p. 161.

续表

教育水平		接受教育人员数量（7—24岁）			不同教育水平下预计新增劳动力数量					
					情景1			情景2		
		男性	女性	总计	男性	女性	总计	男性	女性	总计
技能教育	大学以下	1.5	0.8	2.3	0.7	0.3	1.0	0.8	0.3	1.1
	大学及以上	0.6	0.4	1.0	0.3	0.2	0.5	0.3	0.2	0.5
总数		171.8	182.9	354.7	43.8	20.0	63.8	42.5	19.3	61.8
预计劳动力数量					389.9	153	542.9	388.4	152.4	540.8

数据来源：Jajati Keshari Parida, Growth and Prospects of Non-farm Employment in India, "Reflections from NSS data", Central Statistics Office Industrial Statistics Wing Government of India, *The Journal of Industrial Statistics,* Volime 4, September 2015, p. 163.

通过两种情景下的劳动力估算，莫迪第二任期之初的劳动供给状况得以大致勾勒，从中可得出以下结论：

2019—2020财年印度的劳动力在5.408亿人以上。据此计算，这一时期印度的劳动力供给数量相当可观，预计年增长率达到1.4%左右。根据前文所述，1993—1994财年至1999—2000财年、1999—2000财年至2004—2005财年、2004—2005财年至2009—2010财年、2009—2010财年至2011—2012财年四个时期，印度劳动力年增长率分别为1.15%、2.83%、0.015%和1.61%。与历史增长率相比较，2019—2020财年是一个劳动力供给增长比较大的时期，加之在新增劳动力中，男性比例高达69%，总体就业压力不容小觑。

在这一时期的新增劳动力大军中，文盲或初等教育劳动者占到69%左右，其中文盲及完全未接受教育的劳动者有11.7%，总体说劳动力素质仍然较低。新增劳动力中，大学及以上学历劳动者不足5%，高素质劳动者仅是极少数群体。从新增劳动者教育水平分布可以看出，2019—2020财年，印度的劳动力低素质状况没有显著改善，他们代表了印度最广大劳动者的处境。

从这一供给特点可看出莫迪推行"印度制造"战略的初衷，也凸显了莫迪面临就业挑战之严峻。"印度制造"战略正是针对印度劳动力的供给特点应运而生的,也是针对印度劳动力供给特点的应对之策。莫迪的"印度制造"战略制定确有其必要性,应该说,莫迪政府并非缺乏远见,只是该战略推进的效果更直接影响到莫迪政府对这一就业问题的化解。

(二)"莫迪 2.0"时代政策走向

莫迪誓言将推动印度经济总量在 2025 年达到 5 万亿美元,2032 年翻番,达到 10 万亿美元,冲刺升级为世界第三大经济体。① 根据莫迪竞选表态,推动经济快速增长将是莫迪施政的最重要政策方向。尤其在第一任期执政后期,致力于调整经济结构的改革实际上未能达成政策目标,而经济增长也有所下降。在此背景下,莫迪政府会更倾向于将更易见效的经济快速增长作为主要施政目标,由调结构向促增长转变。但是莫迪再度上台,仍然要面临庞大的人口红利及失业率居高不下的问题,面对 5 年前他关于创造就业的政治承诺,莫迪政府经过多项改革均未能实现就业目标,可见,就业问题的解决并非朝夕之功。在此背景下,莫迪不得不继续应对印度的就业问题,但可能更倾向于将其设定为长远规划,让位于经济增长的政策目标,从企业发展与营商环境建设上弥补短板。总体来看,莫迪第二任期的政策将更加务实,以莫迪"废钞令"等强势手腕推测,其施政强度和推进力度可能会更大。但是改革还会主要继续推进已具有一定共识的改革,或采取迂回推进方式,以摸索寻找更为有效的途径。

1. 促进投资

大选中,莫迪强调将致力于建设"新印度",继续推动投资作为经济增长的动力,重点打造投资主导的增长模式。在莫迪第一任期中,政府便将刺激和引导资本走向作为最重要的政策手段。从此次莫迪的竞选宣言中可以预见,刺激资本积累仍将是莫迪的最重要施政措

---

① https://www.investindia.gov.in/team-india-blogs/accelerating-vision-2030-india-investment-grid. (上网时间:2019 年 6 月 3 日)

施。印度政府也为吸引投资设立了专门网站。在部门选择上,鉴于严峻的就业形势,莫迪政府或将延续对制造业的政策支持,将其作为重点投资领域。

强化资本积累对于推动经济增长有较为明显的效果,而印度国内投资水平自2008年次贷危机后便持续下降。固定投资率由2007—2008财年的35.8%下降到2016—2017财年的28.2%,目前虽有抬升复苏迹象,但趋势尚不明显(见图13)。根据印度的国情及莫迪对PPP模式的大力倡导来看,财政赤字居高难下,印度政府更寄希望于发展民间投资来代替政府投资,一方面降低财政负担,另一方面以资本助力经济增长。

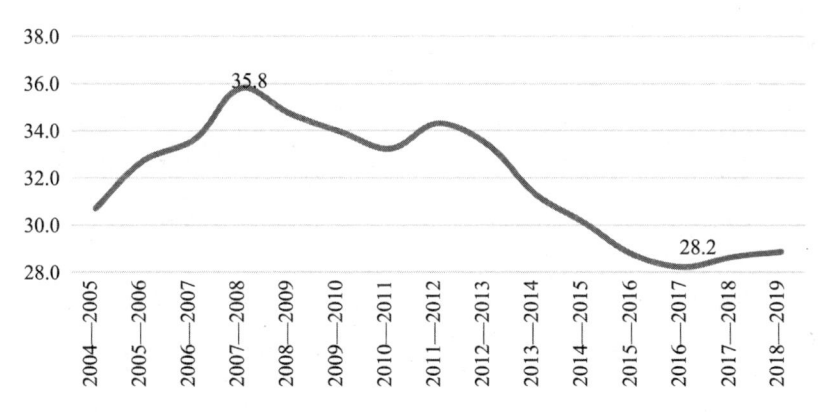

图13 2007—2008财年至2018—2019财年印度固定投资率(单位:%)
数据来源:印度统计与计划执行部,http://mospi.nic.in。

强化投资的实现方式可能会借助于国内外两个渠道。首先,吸引外资依然是莫迪政府的重要选择。上一个5年中,莫迪政府不断放宽多个行业的外资上限,涉及建筑、铁路、保险等部门。新的施政条件下,莫迪政府在继续依赖外资的情况下,可能不得不进行更多的政策工具创新。其次,强化国内投资或是莫迪政策的又一重点。2011—2012财年至2017—2018财年,印度国内家庭投资占GDP的比例从15.75%逐步下降到10.26%,下滑趋势明显(见表22)。因此,近年来印度投资率的下降基本是源于国内家庭投资的下降。这一数据指征暗示印度政府需要对国内投资进行更多政策激励,其中如何提高居民储蓄是印度政府实现这一目标的重要手段和挑战。最后,鉴于以上两种措施均面临较大瓶颈,激活其他国内投资金融渠道可能是开拓印度国内融资方式不可或缺的选择。相信印度企业债券、股票市场、信托基金、退休金市场等金融市场会日益活跃。推动各类商业信贷市场发展并完善也可能是政府的重要施政方向。

表 22　2011—2012 财年至 2017—2018 财年印度各部门投资占 GDP 比例

单位:%

财年	公共投资	政府投资	私人投资	家庭投资	总计
2011—2012	3.86	3.48	11.23	15.75	34.32
2012—2013	3.61	3.41	11.79	14.63	33.44
2013—2014	3.56	3.53	11.68	12.52	31.29
2014—2015	3.45	3.55	11.02	12.06	30.08
2015—2016	3.84	3.61	11.87	9.41	28.73
2016—2017	3.14	3.69	11.01	10.38	28.22
2017—2018	3.23	3.92	11.23	10.26	28.64

数据来源:印度储备银行,https://www.rbi.org.in/Scripts/PublicationsView.aspx?id=18478。

2. 加强基础设施建设

随着全国民主联盟重新执政,一些大型基础设施建设项目即将上马,例如 Bharatmala 计划、Sagarmala 计划、内陆水道建设计划、人人住房计划、AMRUT 计划、智慧城市计划、地铁轨道和铁路项目。[1] 在可预计的未来,这些项目将继续成为焦点。印度政府通过的 2018—2019 年度联邦预算中,计划拨款将近 7 万亿卢比用于基础设施建设。[2] 莫迪在选举中提出,到 2024 年将向基础设施部门投资 100 万亿卢比。在莫迪提出的印度 2030 年愿景中,强化基础设施建设是其重要的规划。

---

[1] http://www.investgo.cn/article/gb/gbdt/201906/451842.html.(上网时间:2019 年 6 月 4 日)

[2] https://www.investindia.gov.in/sector/roads-highways.(上网时间:2019 年 6 月 4 日)

就印度广为病诟的交通运输来说，莫迪政府也已制定了一些关键方案，基础设施建设已将公路、铁路、海港、机场、城市交通、天然气和电力传输以及内陆水道作为重点建设项目。印人党在选举中谈到将致力于在2022年使全国高速公路的长度增加一倍，并在未来5年内建成6万公里的高速公路。① 在铁路建设上，私人投资将主要集中于非核心领域，如货车运输、集装箱、车站改造和货物仓储。政府计划到2022年将所有已经投入使用铁路轨道转换为宽距轨道，还计划推动实现现存10500公里铁路轨道的电气化。② 这些举措将有助于大幅度提高印度铁路运输的效率。同时，高速铁路项目也被提上日程。③ 城市交通改善也是莫迪政府改善印度基础设施建设的又一重要领域。在这方面，政府将积极推动公共交通工具的大规模使用，并提供基于高科技的城市交通方案，同时也会推进步道和自行车道的同步建设。此外，在社会发展方面，政府试图为所有人提供普遍住房、保健、教育、信息技术、数字网络以及清洁环境。④ 预计政府将继续加强在基础设施建设方面的投入，通过提高政府的行政效率来实现其雄心勃勃的目标。

3. 推行"进口替代"政策

第一任期伊始，莫迪政府看似推行了对外开放的改革战略，但随着改革的逐步深入，政府政策越来越转向贸易保护主义。早在2015年8月，莫迪政府便在"印度制造"和"数字印度"的政策框架下，针对手机产业出台了阶段制造业促进项目（PMP）。⑤ 该项目的核心是对各

---

① http://www.investgo.cn/article/gb/gbdt/201906/451842.html. （上网时间：2019年6月4日）
② https://static.investindia.gov.in/s3fs-public/Indian%20Railways%20Stations%20Redevelopment%20-%20Transforming%20and%20Creating%20New%20Win-Win%20Opportunities_0.pdf?sector=Railways&state&type=Market%20Research. （上网时间：2019年6月3日）
③ https://www.investindia.gov.in/sector/roads-highways. （上网时间：2019年6月1日）
④ https://www.investindia.gov.in/team-india-blogs/accelerating-vision-2030-india-investment-grid. （上网时间：2019年6月3日）
⑤ 毛克疾："印度'阶段制造业促进项目'：新版'进口替代'政策？"，《中国周边》2019年9月，第38页。

阶段产品逐步加征区别性关税，最终培育出完整的手机产业生态。根据这一思想，印度政府按照整机装配、配件制造、普通器件制造、高价值器件制造的延伸顺序，依次对相关产品加征特殊关税，以求促进印度由易到难渐次形成手机产业的各个环节。据印度手机和电子协会估计，得益于阶段制造业促进项目，印度已拥有 268 条手机组装生产线。由于在手机阶段制造业促进项目政策中尝到了甜头，随后莫迪政府加快了阶段制造业促进项目的"垂直实施"，一再提前手机产业的阶段性差异化的关税壁垒政策实施日期，以此加快推进包括处理器、显示面板、照相机模组在内的高附加值关键元器件的本地生产。与此同时，莫迪政府还进一步推进阶段制造业促进项目的"水平实施"，将阶段性差异化的关税壁垒政策复制到数码相机、电视机、微波炉、家具以及玩具等劳动密集型产业。据悉，印度政府于 2019 年 3 月 7 日的内阁会议通过了电动车行业的阶段制造业促进项目计划。估计该计划将于 2019 年至 2020 年间执行，以推动所有电动车部件的国产化。[1] 实际上，莫迪政府已经在大刀阔斧地推行贸易保护政策。根据莫迪通过压缩国外企业发展空间以保护国内新兴产业、创造就业岗位的这一贸易思想，莫迪泛化推行阶段制造业促进项目将极有可能演变为新一轮的"进口替代"运动，其实质是以培育国内幼稚产业、加强经济自立、减少对外依赖为名，推行保护主义和歧视性的关税政策，为印度本国幼稚工业发展创造空间，从而进一步推动劳动密集型产业扩大。尽管印度历史上长期推行的"进口替代"导致腐败横行、效率低下、产品价高质低，但是在印度工业化大局推进不力、创造就业低迷的背景下，看来莫迪政府还会将坚持其贸易保护政策作为优先选择。在此战略下，某些产业或部门可能会异军突起，但是难以实现整体制造业的竞争力提升和长期发展壮大。

4. 关键领域改革

而市场期待已久并具有突破性意义的劳动法和土地法的修订，在遇到政治阻碍后便偃旗息鼓。自 2015 年 9 月印度工会组织了 1.5 亿人大

---

[1] http://www.sohu.com/a/300428948_377299. (上网时间：2019 年 6 月 5 日)

游行反对政府修改劳动法,劳动法的修改便逐渐不再是莫迪关注的重点。土地法的修订也遭遇了同样的情形。相比土地改革,劳动法改革更具操作空间。对此,莫迪政府更倾向于选择折中妥协策略,继续推进渐进式的改革。在中央层面,政府正以整合和完善部分法案的形式来推动劳工政策的调整。政府将38项中央劳动法合理化,将现行法律的有关规定订为4部劳工守则,即《工资守则》《安全及工作条件守则》《劳资关系守则》和《社会保障及福利守则》。《2017年工资条例草案(草案)》已于2017年8月在人民院提交劳动常务委员会审议。劳动法的编纂预计将消除定义和权力的多样性,在不损害工人工资保障和社会保障的情况下,使其易于遵守。① 而在地方层面,莫迪实际上将劳动法和土地法这两项重大的改革交由地方自决。为了为地方改革创造空间,推动政策调整的落实,在竞选造势中,莫迪一再提到要为印度创建一种新型的联邦体制:在中央与地方关系上,通过向地方让渡一部分财权、事权,提高地方政府行动的自主性与成效性,并促进中央与地方在平等协商基础上展开合作;在各邦之间,他更鼓励它们在行动自主的基础上开展竞争。莫迪这一主张是因改革难以整体推进而采取的迂回之策,也受到他在地方邦执政经历的影响。莫迪在古吉拉特邦当政时期,曾与西孟加拉邦为了争夺塔塔汽车项目而展开竞争,并为此向塔塔汽车保证在古吉拉特邦为其提供土地使用的便利。② 如果急于发展的各邦为获得更多的国内外私人投资而竞相提供政策便利,那么中央政府的改革压力就会缓解很多,中央政府在因改革而引发的利益冲突中成为政治靶子的机会也会减少,地方之间也可能会形成竞争并带动整个国家的发展合力。莫迪将劳动法和土地法改革留在地方事务清单上,给予地方一定的决策自主权,虽然省去了中央的政治麻烦,但对战略和政策推进的影响是模糊的。一些地区民粹主义的影响更盛于中央,在那里推行一项颇具争议的

---

① Ministry of Finance, Government of India, Economic Survey 2017 - 18, Chapter 10, p. 171.
② 刘小雪:"从印度经济增长瓶颈看莫迪改革的方向、挑战及应对",《南亚研究》2017年第4期,第150页。

改革将很有可能被无限期搁置；地方各邦利益多元，即使做出改革，也会因步伐参差不齐而带来更高的社会和经济成本。政府在中央层面难有大的动作，换之以地方推动的改革方式也更多是一种过渡政策，在此情况下，莫迪政府也可能尝试分解主要政治对手力量，以清除改革路障。

5. 以特定人群为重点强化就业方案实施

莫迪第一任期接近尾声时，关键政策难以大步迈进，政府不得不继续从社会福利和扶贫救济方案中寻求缓和之道，将创造公共就业的方案继续作为创造就业和促进社会"包容"的主要工具。在这一过程中，以女性为重点施政人群。具体而言，莫迪政府增加了反贫困方案和创造就业计划的预算拨款，重点推出了针对女性劳动者的就业促进措施，其中圣雄甘地的《全国农村就业保障法》是确保妇女参与经济活动的重要计划之一。该法案规定，妇女参与经济活动的比例最低为33%，而近年来莫迪政府推行下的女性就业均高于这一目标。2017—2018财年（截至2018年1月14日）《全国农村就业保障法》的预算拨款达到4800亿卢比，是有史以来最高水平。同期全国有4600万户家庭实现了17.78亿天的就业，其中54%由妇女产生，22%由种姓产生，17%由部落产生。① 为了通过促进自主创业赋予妇女经济权力，政府还发起一项旨在满足妇女企业家愿望和需要的倡议（Mahila E-Haat），其目标是利用技术展示妇女企业家、小型企业及非政府组织所生产、制造或销售的产品，相当于提供一个电子销售平台，这直接和间接地影响了37.5万受益者。② 政府还强化了正规部门的女性劳动者权益保护。根据《2017年生育福利（修正案）法》，在正规部门工作的妇女都有权享受为期26周（6个月）的产假，并规定雇用50名或50名以上雇员的机构必须在规定的距离内提供托儿所设施。此外，政府还推行了农村生计项目（Rural Livelihoods Mission），2016—2017财年拨款300亿卢比。针对城市贫困人口，政府也设立了国家城市生计项目（National Urban Liveli-

---

① India government, Economic Survey 2017–18 Volume 2, Chapter 10, p. 173.
② India government, Economic Survey 2017–18 Volume 2, Chapter 10, p. 173.

hoods Mission），通过提供低息信贷建立自营企业，为自营和带薪就业提供技能培训。2016—2017 财年项目范围已由 790 个城市扩大至 4041 个城镇。① 政府在向农民和低收入者提供粮食补贴和燃气补贴时，将补贴与依靠指纹或虹膜建立的身份认证系统以及移动通信联系在一起，推出了一种更为直接的福利转移方式。这个措施虽只运用到有限的地区和人群，但在减少腐败和福利漏损方面，这一做法的优势已得到普遍认可。从莫迪第一任期后期执政举措看，面对就业挑战及由此带来的舆论压力，政府加强了政府救助计划的实施力度，并针对印度女性劳动参与水平低的问题，推出了针对性的就业方案。可以预见，为缓和社会矛盾，莫迪政府还将继续延续这一救济措施，把大规模的就业及扶贫工程作为解决农民问题、缓和社会矛盾的重要手段，并将女性作为就业问题的重点关注对象和施政方向。这也是莫迪政府出于平衡政治与经济诉求的考量而寻求的重要救助方案。

综合短期预判，预计 2019—2020 财年印度劳动力供给达 5.408 亿人以上，年均劳动力增长在 700 万人以上，年均增长率 1.4% 左右。这意味着 2019—2020 财年，印度劳动力供给水平将继续处于历史较高位置。应该说，莫迪当前和未来短期内面临的就业压力是比较大的，只是解决新增待就业劳动者本已是项艰巨的任务。但是从莫迪经济发展战略的短期走向来看，莫迪的政策方向会延续传统路径推进，包括进一步强化内外投资，加强基础设施建设，迂回推动关键性政策的调整和落实，并以女性为重点强化政府就业救助方案的实施，推行贸易保护主义。莫迪政府得以大幅推进的措施只能是不触动其他利益集团前提下的政府救济方案，而涉及经济结构转变的政策需相当长时间才能有所收获，因此莫迪政策的这些战略措施均不足以在短期内有效改观印度的劳动需求状况。如果没有其他明显利好，就业需求难有快速大幅提振。以此观察，短期内印度就业增长水平还难以赶上劳动力供给速度，需求相对滞后，政府解决新增劳动力就业问题尚有难度，因此印度的失业或劳动参与率

---

① India government, Economic Survey 2016 - 17 Volume 2, Chapter 10, p. 266.

状况难获改善，短期就业形势不容乐观。

二、远景展望

长远来看，印度面临着日趋复杂的国际和国内环境。国际层面，置身于价值链调整和逆全球化抬头的全球环境下，风险与挑战并存；国内层面，在国家宏观经济表现总体向好的背景下，印度也需应对自动化技术发展带来的失业威胁。在此环境下，来自经济结构矛盾、政治社会生态、经济运行弊病以及地方改革推行的挑战都意味着印度政府远期战略的推进道路不会平坦。

1. 国际环境

（1）国际价值链深度调整

当前及未来一段时间，国际价值链深度调整，为制造业发展创造了一定的历史机遇。印度历次经济发展战略均以发展外向型经济为导向，然而在实践中，印度经济尤其是工业部门对全球市场的开放度并不高，贸易保护的逻辑思维使得印度经济长期依赖内需供养。过去二十年，以中国为代表的亚太地区得到大量外资青睐，全球贸易价值链以中国和欧美国家间的商品和服务流动为特征，而印度经常账户长期处于赤字状态，其优势未得到很好的体现。当前，中国的劳动力成本上升，低端制造业转型升级，全球价值链面临深度调整。反观印度，危机后经济增长重拾势头，中产阶级和国内市场不断壮大，比较优势日渐显现。在新的时代条件下，全球价值链的重构已不再仅仅表现为国与国的产业间与产业内分工，传统的"资源—制造—消费"模式也面临分解和优化，技术、创新等非传统要素将成为竞争的战略抓手，这也为印度将自身劳动力和技术优势与全球价值链有效融合创造了难得的窗口期。

（2）逆全球化抬头

2008年金融危机重创全球经济，全球市场供需失衡显现，逆全球化抬头。危机后，全球经济蹒跚前行，发达国家负债消费模式难以为继，多数大型经济体复苏乏力。一方面，主要工业化国家经济艰难前行，难以走出需求疲软阴霾，全球市场总需求尚未恢复活力。另一方面，全球制造业出现供给过剩，出口动力不足，主要世界经济体贸易保护主义倾向抬头，各国经济政策重点转向重振国内产业。特朗普当选以来，退出 TPP、开征边境税、美联储加息、执意推行对华贸易战争等一系列措施促使全球资本回流，德国也推出"工业 4.0"战略，资本和产业的全球竞争日益加剧。在此环境下，印度产品出口受到限制，且其制造业扩张面临激烈的全球竞争，不仅有来自欧盟老牌工业大国的战略挤压，越南、孟加拉国等极具成本优势的劳动密集型国家也纷纷出台吸引外资政策。显然，印度当前面临的国际环境与"中国制造"崛起时期迥然不同，其复杂性和竞争性更显突出。在发达经济体纷纷实行回归制造业的国家发展战略的大背景下，基础工业薄弱的印度制造业要实现反超，困难比较大。不过，复杂多变的国际形势也蕴含着机遇。逆全球化背景下，随着中美贸易摩擦局势变化，印度增加出口也面临着一定的机会窗口。针对这一现实情况，印度也开始积极制定计划，在动态中把握发展机遇。[①]

2. 国内条件

(1) 印度宏观经济稳定

2015 年以来，印度经济逐渐走出阴霾，宏观经济基本面得以改善，经济重回快速增长轨道。2011—2012 财年，实际 GDP 增长率为 5.2%，2014—2015 财年增速提至 7.4%，其后大致也维持了较高的增长速度，成为莫迪的最大政绩。但是第一任内最后两年中，经济增长指标出现下滑，由执政时期最高的 8.2% 下降到 7% 左右。不过总体来看，印度 GDP 年增长率基本持续维持在 7% 上（见图 14）。国际货币基金组织印度计划的负责人拉尼尔·萨尔加多称，印度目前的经济体量位列亚洲第三，高达 2.6 万亿美元，这就好像是一头"正在准备起跑的大象"。据国际货币基金组织预计，2019 年印度 GDP 总量有望一举超过英国和法

---

① https://www.businesstoday.in/current/economy-politics/how-indian-exports-may-benefit-from-us-china-trade-war/story/281711.html.（上网时间：2019 年 6 月 27 日）

国,成为世界第五大经济体。① IMF 的一份报告指出,经过莫迪几年的改革,经济建设取得初步的成效,随着改革措施的不断消化,印度有望成为全球增长最快的经济体之一。IMF 预测,2020 年,印度经济将以 7% 以上的速度持续增长。② 同时,通胀率高位下行。2012—2013 财年,印度通胀率曾到达 10.9% 的高点,2014—2015 财年和 2015—2016 财年分别降至 5.9% 和 4.9%。③ 2016 年 4 月至 12 月,CPI 稳定在 4.9% 的水平,维持在印度央行的浮动区间内。2019 年 1 月,CPI 降至 2.05%。这是 19 个月以来的最低水平,通胀压力持续走低,已连续第 6 个月低于央行设立的 4% 的中期通胀目标。④ 此外,对外部门表现总体稳定。2012—2013 财年至 2015—2016 财年经常账户赤字占 GDP 比例分别为 4.8%、1.7%、1.3% 和 1.4%,下降趋势明显。⑤ 2018 年 10 月至 12 月,经常账户赤字扩大至 2.5%,不过与 2013 年的高位相比,风险可控。⑥ 经济

---

① 王恩博:"展望 2019:莫迪连任亮红灯,印度迎经济大考",《欧洲时报》2019 年 1 月 15 日,http://www.oushinet.com/china/eiec/20190115/311218.html。(上网时间:2019 年 3 月 28 日)

② 数据来源于国际货币基金组织 2016 年 4 月发布的世界经济展望数据库,其计算以 2011—2012 财政年度为基准年,根据不变价格计算得出;参见 IMF World Economic Outlook Database, April 2016, http://www.imf.org/external/pubs/ft/weo/2016/01/weodata/weorept.aspx? sy = 2002&ey = 2021&ssm = 1&scsm = 1&ssd = 1&sort = country&ds = . &br = 1&c = 534&s = NGDP_R% 2CNGDP _ RPCH% 2CNGDP% 2CNGDPD% 2CNGDP _ D% 2CNGDPRPC% 2CNGDPPC% 2CNGDPDPC%2CPPPGDP%2CPPPPC%2CPPPSH%2CPPPEX%2CNID_NGDP%2CNGSD_NGDP%2CPCPI%2CPCPIPCH%2CPCPIE%2CPCPIEPCH%2CTM_RPCH%2CTMG_RPCH%2CTX_RPCH% 2CTXG _ RPCH% 2CLP% 2CGGR% 2CGGR _ NGDP% 2CGGX% 2CGGX _ NGDP% 2CGGXCNL%2CGGXCNL_NGDP%2CGGSB%2CGGSB_NPGDP%2CGGXONLB%2CGGXONLB_NGDP%2CGGXWDG%2CGGXWDG_NGDP%2CNGDP_FY%2CBCA%2CBCA_NGPD&grp = 0&a = &pr. x = 70&pr. y = 12。(上网时间:2016 年 6 月 16 日)

③ Ministry of Finance, Economic Survey2015 - 16, http://indiabudget. nic. in/vol1 _ survey. asp。(上网时间:2019 年 6 月 23 日)

④ http://www. sdicu. org/news/view/31043。(上网时间:2019 年 7 月 3 日)

⑤ Ministry of Finance, Economic Survey2015 - 16, http://indiabudget. nic. in/vol1 _ survey. asp。(上网时间:2019 年 6 月 23 日)(注:其中 2015—2016 财年数据时间段为 2015 年 4 月至 9 月)

⑥ http://bombay. mofcom. gov. cn/article/jmxw/201904/20190402849154. shtml。(上网时间:2019 年 7 月 3 日)

实现良性发展的同时，印度金融市场也保持了总体稳定。① 总之，莫迪上台初期印度经济总体向好，后期表现不及前期，但总体来说宏观指标保持了相对稳定，为经济发展战略推行创造了较好的国内环境。

实际GDP增长率(%)

年度	增长率
2011—2012	5.2
2012—2013	5.5
2013—2014	6.4
2014—2015	7.4
2015—2016	8.0
2016—2017	8.2
2017—2018	7.2
2018—2019	7.0

图 14　2011—2012 财年至 2018—2019 财年印度实际 GDP 增长率

数据来源：印度统计与计划执行部，http://mospi.nic.in。

（2）自动化发展削弱经济的就业创造能力

在可以预见的未来，机器人代替人进行生产将成为趋势。也就是说，劳动力作为生产要素的重要性有所下降，此次技术革命将开启一场人与机器的"竞赛"。机器人代表的技术进步可能会推动一些劳动密集型产业向资本密集型转化，资本不再依赖劳动力，而选择雇佣资本本身。由于机器化大生产，很多工人可能不得不面对失业的命运，在生产中让位于资本。以印度汽车制造业为例，机器人等自动化设备运用于生产流水线日益普遍，将可轻易取代大量流水线工人，与"印度制造"战略初衷相悖。世界银行行长金墉称，制造业自动化发展可能恶化印度

---

① 中国国际经济交流中心：《国际经济分析与展望（2015—16）》，北京：社会科学文献出版社，2016 年版，第 152 页。

穷人处境，69%的就业岗位面临威胁。① 联合国贸发会议（UNCTAD）也在报告中称，自动化在逐步侵蚀发展中国家的劳动密集优势，甚至消灭掉其2/3的工作岗位。② 印度工业的劳力替代偏向将促使印度制造业企业以先进技术和设备来提升劳动生产率。在此情形下，资本的力量在新的时代背景下得以进一步强化。即便印度制造业获得显著发展，其部分制造业的就业创造能力也可能遭到削弱。

（二）战略推进远景展望

1. 经济结构矛盾提升战略推行难度

印度经济结构的先天缺陷依然是印度经济发展的最大障碍。独立之后的60年里，经济模式固化和经济结构失衡严重制约着印度经济健康发展。印度经济增长模式是以服务业为引领，且这一态势早在印度独立之初便已初具雏形。尼赫鲁政府和甘地母子政府主导下的经济发展战略没有实现真正的市场经济，经济增长的活力没能得到释放。1991年拉奥政府推行的市场化发展战略实现了印度的跨越式增长，取得举世瞩目的成就，但仍没有破除第二产业的发展瓶颈。长期以来，印度形成服务型的经济增长模式，经济增长长期以服务业为龙头。当前条件下，印度政府的经济发展战略实施仍然在这种瓶颈约束下，实现突破有很大难度。当前的历史机遇是以全球化为引领的广基型增长，中国制造业劳动成本上升将引发新一轮产业调整。但是，印度历史政策强调乡村和农舍式工业发展，印度非正规制造业以低技术生产的中小企业为主体，且各单位间联系紧密度较低，制约了制造业非正规部门规模效应的发挥。印度工商联合会（FICCI）的最新季度调查显示，印度制造业的整体产能

---

① The world Bank, "Speech by World Bank President Jim Yong Kim: The World Bank Group's Mission: To End Ex-treme Poverty", October 3rd, 2016. http://www.worldbank.org/en/news/speech/2016/10/03/speech-by-world-bank-president-jim-yong-kim-the-world-bank-groups-mission-to-end-extreme-poverty. （上网时间：2016年7月3日）

② United Nations Conference on Trade and Development, "Robots and Industrialization in Developing Countries", Policy Brief, No. 50, October 2016. http://unctad.org/en/PublicationsLibrary/presspb2016d6_en.pdf. （上网时间：2016年5月24日）

利用率仍然很低。世界经济论坛2018年的一份报告解析了全球制造业竞争力排名，称就生产规模而言，印度排在第9位，而生产规模的复杂性排在第48位。就市场规模而言，印度排在第3位，但在女性劳力规模、贸易关税、监管效率以及可持续发展资源方面，印度排名在第90位甚至更低。[1]

制造业增长前景暗淡，政府不得不转而以救济方式解决困难群体的生计和就业，但这一折中方案也是难以自我持续的。作为多党竞争的民主国家，印度用于社会保障方面的支出较大，通过财政转移支付为社会底层人员提供最低的生活保障，在平民主义经济形态下长期处于财政赤字状态，财政缺口大量依靠公债和增发货币来解决。长期财政赤字导致债务积累，增加了政府利息支出，抬高了通胀率，阻碍了资本形成和潜在产出增长。为推行新的战略计划，政府还需要大量投入，这些革新会为印度政府增添新的财政负担。高涨的公共债务水平可能恶化政府财政状况，极大地制约政府行为。[2] 财政赤字是长期形成的，事关经济社会政策的大调整。经济发展战略推行和政府救助计划都需要财政资金的大力支持，生产性资金和救济资金的分配事关社会稳定和经济发展，是一个两难问题，成为政府不得不面对的重大挑战。印度经济的这些内生模式注定其经济发展战略的就业目标不易达成。在印度民主政体下，面对如此复杂的经济局面和利益构成，印度不得不在效率与公平间寻找平衡，在稳定的前提下谋求发展红利最大化。可以推断，这条路并不平坦。

2. 经济运行隐含危机

瑞士信贷集团的抽样调查结果显示，印度盈利不足以偿付利息成本的企业已占到全印公司债务总和的40%。[3] 又据印度储备银行公布的数据显示，印度不良贷款率已高达9.1%，国有控股银行不良贷款率更是

---

[1] https://www.livemint.com/Industry/og0QCCL6jfqQhwrMTfEZLP/WEF-ranks-India-30th-on-global-manufacturing-index-Japan-to.html. （上网时间：2019年7月4日）

[2] 罗薇：“印度当前经济形势及其发展动因”，《国际研究参考》2016年11月，第19页。

[3] https://www.reuters.com/article/us-india-economy-investment/stressed-balance-sheets-cast-cloud-over-modi-led-india-rebound-id USKBN18Z32N. （上网时间：2019年3月15日）

高达12%，而国有控股银行贷款总额就占整个银行系统的70%。① 在这种情况下，印度经济还没有爆发危机的原因主要有两个：其一，印度银行大部分属于国有，因此政府出于稳定政局和国民信心的考虑，可以借助于挖东墙补西墙来维持相当长时间的运转，避免银行发生大规模挤兑；其二，2008年后，印度企业的大量债务主要集中在基础设施领域和生产型项目上，在宏观经济向好，保持较高增长势头的情况下，投资回报率就会有一定的保障，银行的不良贷款也不至于过于庞大。但是，随着改革已从宏观层面向微观层面转移且复杂性上升，市场信心随着复苏进程的拉长正在日渐衰减。实际上，从2009年开始，印度的信贷扩张速度便呈一路下滑之势。2016年初，印度国有银行出现了股价急挫、市值蒸发，银行更加避险惜贷，企业银行贷款出现了23年来的首次负增长，由此导致印度私人部门投资在2016—2017财年下降了7%。由于私人投资增长乏力，2016—2017财年印度全社会固定资产投资占GDP的比重从2011—2012财年的36%下降到30%以下。② 在此情况下，印度的经济增长更多有赖于私人消费和有限的公共开支的增长，其可持续性受到质疑。私人投资的缺乏又进一步阻碍了政府提升制造业比重和增加就业目标的实现。背负通胀、经常账户赤字的重担，印度政府不得不在经济刺激与经济稳定间寻找平衡。受私人投资萎缩限制，印度生产部门的供应瓶颈还会存在，出口竞争力难有显著提升。在剥离银行不良贷款方面，虽然政府已经采取了一些措施，包括出台破产法、鼓励成立私人债务重组公司、引入债务战略重组计划，但至今收效甚微。无论是重组或免去企业的一部分债务，还是政府向国有商业银行注入资本以增加它们的活力，都有可能在未来增加企业和银行管理层的道德风险。如果印度政府不想在若干年后的又一场国际收支危机中黯然离任，现在就应有所行动。如何平衡利弊，还需要政府和银行有更多的战略创新。

---

① Ministry of Finance, Government of India, "Economic Survey 2016 – 17," Chapter 4, p. 83, http: //indiabudget. nic. in/ es2016. 17 /echap04. pdf. （上网时间：2018年3月15日）

② Ministry of Finance, Government of India, "Economic Survey 2016 – 17," Chapter 4, p. 104, http: //indiabudget. nic. in/es2016.17/echap08. pdf. （上网时间：2018年3月15日）

3. 政治社会生态阻碍政府战略推进

印度经济发展战略难以推行，部分是由于旧有战略改革成本过高，权力集团思想观念调整滞后等，但更大程度上是源于印度民主体制与落后土壤不恰当的嫁接。印度次大陆在历史上始终处于邦国林立的分裂状态，其独立后也同样难以具有一元化的绝对权力和相对统一的利益诉求。独立后，由于尽快实现国家独立的迫切愿望和复杂多元的社会政治国情，印度的政治精英们在很多问题上采取了折中和妥协主义，以便尽快建立起国家实体和执政机制。政体方面，印度实行英式议会民主制，却又保留了大量东方威权统治的特征，导致民主的"异化"，尤以徒有虚名的"三权分立"、地方权力过大的联邦制、国大党多年一党独大、普选名义下的半普选制以及"种姓政治"的压倒性影响等问题较为突出。在此政治环境下，国家各利益集团倚赖"民主"的政治体制和选票政治，以"合法"方式竭力维护不合理的旧有政策，历届印度政府都不得不纠缠于各种势力和利益的较量与博弈之中。

在印度民主体制下，旧有的意识形态和前朝"政治正确"的经济政策成为政府经济发展战略推行难以摆脱的政治遗产。2011年辛格总理执政时期，面对国大党领导的不稳定的执政联盟，已近耄耋之年的辛格总理对于开启更具挑战的第二轮经济改革心有余而力不足。执政联盟内部，地方党派只关心地方利益，对于推进改革并无动力；工会反对任何短期内对雇员不利的企业改革，以国有资本为主的银行业、保险业改革因此受阻；社会活动家安纳哈扎雷领导的轰轰烈烈的反腐人民运动将辛格作为靶子。面对复杂的政治局面，辛格疲于应付，也渐失民心。在此情况下，辛格政府急于用政治正确来讨好选民，出台了带有追溯效力的一般反避税条款（GAAR）和后期的土地法。一般反避税条款要求，只要标的物在印度，那么交易一方就须缴纳所得税，不论交易是否发生在印度，是否涉及本土的公司。同时赋予印度税务机关较大的自由裁量权，且对已经发生的交易具有追溯权力。这一规定作为一项广泛的原则被写入印度1961年所得税法案修正案中。外商对此规定极为不满，迫于其压力，该规定的落实也一拖再拖。新土地征用法则是为了保护拥有土地农户的利益,与城市化、工业化背道而驰。该法案强调,在公平的原则下设定土地交易双方严格的协商程序,对失地一方高于市场价格的补偿机制(城市地区征地应两倍于市场价格,农村地区则两倍到四倍于市场价格,同时还须向失地农民提供就业安排),甚至交易土地的大小都有明文规定。这一原则极大地干预了市场的自由交易,不可避免地会牺牲市场的效率。土地法实施一年后,由于征地困难,印度42%的项目工期滞后。① 正是由于两个法规中含有不容置疑的"政治正确"特征,即使到了今天,拥有议会多数并以强硬的改革者形象著称的莫迪也不能轻易地摆脱它们。同样地,印度的劳动法更是源于印度独立之初对劳动者保护的"文明"理念,打破体制机制约束涉及众多复杂利益,不同的利益代表团体各执己见,分歧明显,印度国内对改革的负面评价和行动早已层出不穷。尽管政府推出的"发展主义"获得一定程度的社会认同,但是根深蒂固的宗教、种姓、阶层等社群身份认同短期内仍难以改变。经济战略调整会带来阶级阶层之间的利益调整和变化。若某一群体认为改革会有损自身的利益,他们就会诉诸于较为极端的方式,动员整个群体力量向政府施压政治压力,以实现利益诉求。正如莫迪执政时期,农民阶层对征地改革的强烈抗议,哈里亚纳邦和古吉拉特邦的高种姓骚乱,工人反对劳动法改革的大罢工,在印度历史上的战略调整期屡见不鲜。随着莫迪政府在联邦政治中权力的加强,以及工会力量的衰弱和工会组织的分化,莫迪将有更强的实力推进大胆的改革政策,但是印度选票政治和多股政治力量相互竞争和制约也将使印度的政策制定和落实矛盾重重,这种博弈对印度的经济发展战略调整依然会产生复杂影响。

4. 地方改革利益多元

印度奉行联邦制,根据宪法规定,中央和地方在一些特定事务上各

---

① Vrishti Beniwal, "Good News for Modi: Only a Third of India Projects Delayed", https://www.bloomberg.com/ news/articles/2016 - 04 - 08/good-news-for-modi-only-a-third-of-india-projects-now-delayed.(上网时间:2019年4月13日)

自有排他的管辖权。联邦议会层面，享有的排他立法权事项共有96项，例如对外贸易、关税、营业税、公司所得税、资本利得税以及证券和期货交易；在邦级议会层面，排他管辖权事项为61项，包括农业、土地和矿山等，关于此类事项中央无权直接干预，只能以劝说或者资金等方式来引导地方各邦采取某些中央希望的政策；中央和地方共管的还有47项事务，包括公共健康、教育、电力以及可能引起邦级争议的其他事项。地方利益集团因各地区自然、经济、社会和文化差异巨大而有各自不同的诉求。例如，在工商业发达的古吉拉特邦，影响力巨大的可能是工商业资本。古吉拉特邦地处西部沿海，历史上一直是次大陆对外贸易和纺织业的中心，商业贸易与文化异常活跃。古吉拉特邦以高速发展的经济为印度其他各邦提供了成功的经验，但各邦的政策目标一定是多元的，它们不一定会效仿古吉拉特邦的模式，中央政府也不能自上而下推行古邦经验。例如在以农业为主的比哈尔邦和北方邦，土地所有者的利益会受到格外重视。实际上，非中央政府党派主政的地方邦往往要经过漫长的讨价还价才可能接受中央的建议，联邦体制下，即使是强势的中央政府也不得不兼顾多元地方利益。至于共管事务，地方往往缺乏主动性，更倾向于被动地"等、靠、要"中央的政策和拨款。事实上，从印度全面改革以来，印度执行力度最大、进展最明显的改革都集中在中央管辖的事务上，例如向外资开放国内产业、降低贸易壁垒等，而地方邦管辖事务和共管事务的执行则推动困难。印度的这种联邦政体决定了国家很难开启自上而下的疾风骤雨式改革。不过，到2019年大选前，印人党单独或联合执政的地方邦有16个，是执政地方邦最多的政党，总理大选又进一步巩固了印人党的执政地位。与2014年大选相比，印人党除继续维系一党议席过半外，还在西孟加拉邦、东北部地区有所斩获，大幅扩展政治版图，挤压地方政党生存空间。有印度学者表示，"印度已形成以印人党为主导性力量的政治架构"。[1] 因此，从决策和执

---

[1] 楼春豪："莫迪第二任期的外交政策转向及前景"，《现代国际关系》2019年第7期，第20页。

行看，地方政治力量与中央政府的协调会多一些有利条件。但是，随着印度经济改革从减少政府对最终产品生产和消费的干预到进一步开放要素市场，随着改革方向从宏观向微观深化和拓展以及从中央主导向地方更积极参与的转变，印度政府的改革难度也将越来越大。

　　从上述预判可以看出，印度经济发展战略及就业问题还是会有较强的延续性，但也存在一些影响其未来进程的关键变量。首先，印度所面临的国际经贸形势不同于以往任何时期，矛盾升级，国际贸易领域斗争激烈。这种复杂的国际形势将对印度贸易策略制定带来更大挑战，也对身在其中的印度国家经济产生更多层面的影响。其次，印度国家经济总体向好，无疑也会为印度就业应对创造更有利的经济条件。但是，印度经济繁荣的背后也可能隐藏着更多的秘密。印度前经济顾问的一篇研究论文中称，印度的经济增长是被夸大的，他称印度经济数据是虚假的，2011—2012 财年至 2016—2017 财年印度官方公布的经济增长率接近 7%，但实际上只有 4.5%。① 最后，自动化等新兴技术的影响将可能是广泛而巨大的。这一影响不仅包括可能使原本就停滞不前的印度就业更趋恶化，也可能会对国家的就业部门兴衰和就业结构变化产生冲击。这些变量都将给印度未来带来更多的不确定性，其影响不可忽视。虽然印度经济发展战略及印度就业的未来走向有赖于国际形势、印度宏观经济和自动化等高新技术等关键变量，但这些因素更多还是基于外生层面，并非来自印度经济政治的内部因素。内生变量固化，决定了印度经济发展战略及就业难以显著摆脱既有发展路径。影响印度发展前景的内生因素主要来自于两个方面，一是经济本身的模式和特点，二是政治层面的利益博弈与矛盾。在几十年的政治博弈和经济发展历程中，印度已形成特有的经济结构和发展模式，有其亮点和弊病。从当前印度国内情况看，其经济固有的结构和运行模式未有明显变更迹象，某一结果的出现

---

① 锡达思·什里坎斯："印度政府前首席经济顾问：印 GDP 增长率被严重高估"，2019 年 6 月 11 日，http://www.ftchinese.com/story/001083147?archive。（上网时间：2019 年 6 月 27 日）

可能还是会更多地有待于时间的发酵。与此同时，虽然在"印人党时代"下，莫迪政府迎来了久违的利好，但不论是在中央还是各邦，各群体复杂多元的利益诉求和民主政治决策体制之间的冲突难免成为印度经济前行道路上的羁绊。面对上一任期的经济政绩与遗留问题，莫迪政府第二任期不可避免地会对其经济政策做出部分调整。不过，面对复杂的经济结构矛盾、政治社会生态、经济运行弊病，莫迪的政策推进还将面临印度国情下的固有风险和挑战。同时，经济和社会建设并非朝夕之功，缺乏结构优化支撑的经济快速增长终将矛盾重重。根据上述变量和因素，通观印度的经济发展战略及就业，国际层面机遇和挑战并存，国内层面挑战大于机遇。

综上，短期来看，印度当前劳动力供给年均增长达1.4%，处于历史较高水平。在此就业压力下，莫迪政府要推进"印度制造"这一庞大的系统工程，不仅需要避免各种"阵痛"，还需要面对来自利益集团的压力、战略惯性的阻力以及配套改革滞后等因素的制约。根据竞选誓言，莫迪第二任期会更倾向于将更易见效的经济快速增长作为主要施政目标，由调结构向促增长转变，就业问题的应对则更多有赖于政府长远规划和关键改革的迂回推进。因此，第二任期莫迪政府可能更多地吸引投资，强化基础设施建设，并加大力度促进战略推进。同时，为实现培育本国制造业部门的远景目标，继续推行贸易保护战略。关键性制度改革上，则转由地方层面或以清除改革路障的方式渐进推动。此外，辅之以更大规模的政府救助计划，以缓解就业压力。这些政策或是迂回，或是短期难以见效。据估计，为实现2022年制造业产值占GDP达到25%的目标，印度制造业需实现每年至少10%以上的增长率，而这一目标似乎并不切合实际，印度政府的"印度制造"目标设定已然是一项"赫拉克勒斯"任务。

长期来看，印度社会问题错综复杂，经济问题根深蒂固，国际国内的战略环境机遇和挑战并存。虽然国际价值链深度调整和大国贸易博弈为印度制造业发展创造了一定的机会窗口，但是自动化技术的发展和运用也为就业带来更多不确定性。虽然印度近年来宏观基本面表现稳定，但是来自产业和财政的固有结构和模式制约着印度政府的经济行为，大量贷款使得经济运行暗藏隐患。虽然莫迪政府的政治权力进一步加强，但中央和地方邦仍面临着复杂的政治生态，要从根本上解决经济体制问题，很可能引发诸多社会问题，甚至引发经济波动和政治动荡，这也在很大程度上决定了印度经济发展战略推进依然任重道远。在经济政治化的社会背景下，印度政治生态和战略进展关系到印度政府对于"人口红利"机遇和国家前途命运的历史性把握，但面对发展结构隐患、经济运行风险、政治利益复杂多元等难题，印度的战略推进注定是渐进的，也是缓慢的。

第二节　印度经验对我国的启示

作为两个邻国，中印两国的发展都与经济发展战略选择密切相关。尽管中印的具体国情不同，但有许多相同和相近之处。两国的相同和相似性使得中印经济经济发展战略有了较大的可比性。同时，中印在经济发展所依赖的战略政策、动力以及结构等多个方面有很大不同，正是这些差异性的存在使得中印经济战略各具特色，使得印度经验可以为我国经济建设提供有益的发展借鉴和启示。

一、中印战略与国情比较

（一）相似性

1. 国家经济发展战略的背景及推进

从历史维度看，中印有一段相似的历史，即经济发展战略的起点相似。印度在很长的时间内是英国的殖民地，中国也有100多年的半殖民地半封建历史。解放或独立后，两国都曾实施计划经济，并在经过漫长的摸索后，选择了以市场为导向的经济发展战略。中印都曾在不同程度上受到苏联经济发展方式的影响，并先后对此模式进行了自觉反思。随着两国经济发展战略的推进，两国经济建设都取得举世瞩目的成就，与俄罗斯、巴西、南非一起被国际社会称为"金砖国家"，成为拉动全球经济增长的火车头。

从经济发展战略内容及其推行过程来看，两国都选择了渐进式的改革模式。主要方式为，以建立市场经济为手段，逐步培育具有自生能力的企业，以此来带动国民经济增长和全民福利提高。鉴于两国均是发展中大国，战略执行中遇到的问题和矛盾都很突出复杂，因此都选择了渐进式的改革。从内容看，两国都鼓励发展市场经济，强调竞争和市场力量。印度自1991年全面改革开始就提出"自由化、私有化、市场化和全球化"的目标；中国经济发展战略的目标是建立健全社会主义市场经济体制。印度逐步扩大私营经济的经营范围，并将私营部门的组织管理逐步融入统一的组织管理中；中国也逐步把非公有制经济定位为社会主义市场经济的重要组成部分。在国有企业改革方面，两国的共同做法是通过开放民营企业和引进外资企业，逐步降低国有企业比重，同时在关系国民经济全局和国家安全的领域坚持国有企业为主甚至居于垄断地位。

2. 国家经济发展战略面临的课题

从经济发展战略的前景来看，两国都面临着同样的经济难题和重大课题。第一，中印同属农业大国，在独立或解放之初全国有2/3左右的人口生活在农村，两国都需要面对"三农"和二元经济的重大课题。随着战略的逐步推进，社会矛盾逐渐增多，两国都在追求效率的同时开始更多地关注公平问题，但依然任重而道远。第二，在促进就业的过程中，中印亟需解决劳动就业的重大课题，实现就业总体提升。对于印度而言，就业问题极为复杂。印度的经济发展战略并未发挥经济增长的就业创造作用，非正规就业在促进就业和阻碍就业质量提升中的影响同样突出。印度的多种劳动保护规定对扩大就业增长、促进经济总量增加产生了很大的制约。世界银行印度分行的经理M.卡特曾指出，印度的经济发展和社会变革已经改变印度贫穷落后的面貌，改变人民的生活；但同时，在这一系列的变革之后，印度的公共服务、就业等问题也已严重阻碍国家的发展和人民生活水平的提高。对于中国而言，随着经济社会的不断发展，劳动力市场竞争日益激烈。政府还需根据经济发展的实际需要，尽快完善促进就业增长的政策体系，加强劳动力市场配置资源的基础性作用，充分发挥政策引导作用，创造就业增长点，扩大就业规模。第三，中印在解决就业总量问题的过程中，还面临着就业结构的矛盾。印度农业和服务业吸纳劳动力的能力不足，部门产值与劳动力吸纳水平失衡。而中国劳动力综合素质水平与经济增长需求之间的矛盾也日趋凸显，政府还需进一步提高劳动者素质，加快产业升级转型，优化产业结构，提高就业质量。总之，印度面临的产业结构调整、经济失衡、扩大就业、缓和矛盾等问题也是中国亟需解决的问题，印度的教训值得中国警醒。

（二）相异性

1. 经济发展与就业增长

发展经济是解决就业问题的根本，对此两国都有共识，两国政府也都十分重视，但在发展经济的具体做法上却不尽相同。印度政府始终存在着两种不同的战略指导思想：一种是面向经济增长；另一种是面向劳动就业。在尼赫鲁执政期间，印度强调以经济增长为主，不惜牺牲就业。后期为缓解就业压力，降低国内矛盾，试图在经济增长与就业增加之间寻找平衡点，但并未取得良好的效果。印度1991年之后推行的是"服务业+出口导向"（服务业外包）发展战略，其结果是高技能劳动力的就业增加，而没有拉动低技能劳动力的就业增加，广大普通劳动者未能从中收益。印度在强调城市发展的过程中忽略了农村经济的发展，导致农村发展落后，贫困人口不断扩大。

反观中国，在经济发展和就业增长之间做到了有机结合，坚持发展经济和扩大就业之间的相互促进、相互融合，在就业增长潜力方面较印度有很大的增长空间。1978年之后中国推行的是制造业+出口导向（制造业外包）发展战略，其结果带来了低技能劳动力的就业增加，大量农民脱离农村进城就业，中小民营企业成为就业机会的主要创造者。同时，中国注重城市和农村、农业的协调发展。多年来，农业、农村、农民的

"三农问题"一直是政府经济发展战略的重点工作之一。从20世纪80年代起,中国通过引入市场导向的体制改革之后,在农村以"离土不离乡"的形式建立起数量庞大的乡镇企业。20世纪80年代至90年代的10年中,平均年增长率超过20%,从业人员从1978年的2800万人上升到1993年的1.22亿人,占中国非农就业增长的绝大部分。[①]乡镇企业在中国经济结构转型中得到了巨大的发展,大大降低了贫困人口的数量。这些企业吸纳了大量的农村剩余劳动力,为社会经济转型、缓解社会矛盾、促进社会经济健康发展起到了举足轻重的作用。其对数量庞大的农业剩余劳动力的吸纳,起到历史性的枢纽转换作用,并在全球范围内创新发展出一条农业剩余劳动力向非农产业转移的独特路径。

可以说,中国解决就业问题的做法和效果较优于印度。印度政府在许多文件中都是以强调就业为中心,但印度的就业问题没有真正解决。与印度相比,中国较好地做到经济增长与劳动就业的统一。当前,随着劳动力成本的上升,中国已逐渐脱离刘易斯二元理论的劳动力无限供给模式,率先走入新的历史阶段,带着未来的未知和过去的经验,中国也将开启新的挑战。

2. 战略推进内容及过程

首先,中国的经济发展战略推进不断深化,而印度的推进则显得较为缓慢。中国的经济发展战略方案中,无论是关于私有经济部门还是公有经济部门的政策,都存在一个连续而且不断深化的过程。印度的经济发展战略内涵则基本源于拉·奥政府的市场化方案,后来的瓦杰帕伊政府和曼·辛格政府基本上只是对拉奥政府改革方案的坚持。如今莫迪推出的新经济战略虽然意在一定程度上改变印度的发展模式,然而改革推进遇阻,土地、劳动这些关键性的法案得不到实质性改革,印度的经济发展战略推进也未能有效实现大步跨越。其次,在战略改革过程中,中国对国有经济一直存在一定的保护,私有经济体难以获得真正的平等竞

[①] [美]吉利斯、波金斯、罗默等著:《发展经济学》,北京:中国人民大学出版社,1998年版,第481页。

争地位。相对来说印度对于私有经济部门的改革则比较彻底，私有经济体和国营经济体较中国来说可获得更为公平的机会。再次，印度虽然废除了土地所有制，但在农村，小生产方式仍为主要模式，农民依旧以租赁土地生产获得收入，绝大多数农民仍以租佃形式附着在土地上。虽然迄今为止中国与印度在农业生产方式上仍同属于小农生产方式占居主导地位，但是中国土地封建残余革除的较为彻底，同时创新性地提出"家庭联产承包制"，数量庞大的剩余农业劳动力相对脱离了对土地的依附。最后，国有企业改革是所有制结构改革甚至是整个经济转型的中心环节。但在公有制部门的战略落实上，印度始终未有完整的改革理论体系，改革措施比较简单，加之执行不彻底，改革力度明显不足。中国国有企业改革的力度大于印度，也取得了相对较好的成果。

3. 政治制度与矛盾协调

印度经济发展战略最大的不足之处在于缺乏政治共识，政治制度与经济发展模式不相适应，从而导致很多经济措施难以有效实施或者尽管实施了仍达不到预期效果。在民主"异化""三权分立"徒有其名、地方权力过大的联邦制、普选名义下的半普选制以及"种姓政治"的压倒性影响下，历届印度政府都不得不纠缠于各种势力和利益的较量与博弈，政府协调难度很大，许多重大决策往往议而不决，决而难行，因此印度经济发展战略的设计和演化也表现为博弈和折中主义。印度的政治结构在独立之后并没有发生根本性的改变，印度政府被利益集团的联盟所宰制。孙士海指出，"印度经济改革的主要弱点是缺乏有力、稳定的中央政府，印度的政治领袖们一直没能克服他们党派利益的局限性"。[①]中国经济发展战略之所以能不断推进，与发展社会主义所要求的"强政府"角色有关。"强政府"意味着摒除许多外来干扰，强有力地主导宏观经济政策的制定。而印度议会民主制致使改革共识难以凝聚，较为彻底的改革迟至 20 世纪 90 年代才得以发动，战略核心也基本没有触及人口最多的农村地区和大众阶层，只是为私人资本提供了长驱直入的机

---

① 孙士海："中国与印度的经济改革比较"，《南亚研究》1998 年第 1 期。

会。此外，相对"弱势"的政府也缺少意志和实力来打破印度现行的战略模式和经济结构。由此，农业难有起色，工业的发展也面临着许多难以逾越的障碍，最终服务业便崛起为印度最为耀眼的明星。[1]

二、思考与启示

当前，我国经济正处于转型升级、从高速增长向高质量发展转变的关键时刻，做好就业工作，不仅仅可以保障就业、保障社会稳定，更可以增加居民收入、增强居民的购买能力，从而为更好地发挥消费对经济的拉动作用打下坚实基础。如何从战略层面促就业，保增长，需要我们取他国经验，集思广益。基于中印两国的相似性与相异性，印度经验对我国的战略制定和就业问题应对具有极其重要的启示意义。

（一）发展战略应统筹经济增长与就业增长

经济增长和就业常被误认为是两个问题，印度政策制定者也一度陷入这一思维中，将增长视为产出过程，而将就业视为福利问题。[2] 印度一开始重点发展第三产业，特别是把发展外包服务业作为的经济发展重点，这一战略不太鼓励政府进行国内基础设施和硬件投资，更无法解决最广大劳动群众的就业。同时，为应对民生就业问题，政府推行了大规模的扶贫和就业计划，试图以两条并行思路处理经济增长与全民就业。随着其发展模式的弊端逐渐显现，莫迪政府意识到扭转这一战略的紧迫性，试图启动制造业发展的引擎。虽然莫迪政府对印度发展战略进行了反思，但是战略的调整及其效果的显现并非朝夕之功。印度经验为我们敲响了警钟。经济发展战略的不同选择，在影响经济绩效的同时，也会影响人民的福利水平。不同经济发展战略和发展重点对经济环境和社会

---

[1] 张立、王学人："印度服务业的增长绩效、原因与问题"，《四川大学学报（哲社版）》2008年2月。

[2] T. S. Papola, "Economic Growth and Employment Linkages-the India Experience", *Economic Growth and Employment-Pre and post reform analysis and challenges*, New Delhi: Regal Publications, 2014, pp. 1-2.

条件也会产生连带作用，其发展后果明显不同。发展并不意味着就能消除贫困，相反，可能带来更大的贫富差距。其实，全民就业和社会公平不是脱离于经济增长之外的福利课题，劳动就业问题可内置于经济增长模式之中，二者可实现相辅相成。在一国财政资源的约束下，民生建设可内生于经济发展战略，因此政府制定经济发展战略，在促进经济社会发展的同时，应当考虑到防止贫富差距的扩大，并且保证处于弱势地位的贫困群体享受发展带来的成果，促进经济增长和福利提高的协调统一。

（二）发展战略有赖于合理的土地、劳动政策支撑

印度经济发展战略在实施中始终未能有效贯彻其就业目标，其中一个重要原因就在于土地、劳动等关键性政策的不匹配。印度的实践告诉我们，就业目标的实现不仅需要对发展战略本身予以关注，更有赖于富有实效的具体的关键性政策支持。经济战略不应视为发展的机械工具，其效果离不开政策的实施和配合。在印度，几项关键性的政策构建起经济发展战略的运行环境，并对战略演进产生重大影响，其中尤以土地和劳动政策为代表。土地是"一切生产和存在的源泉"，[1] 是农民进行农业生产的基础，关系着一个国家政治经济生活的各个层面。对于发展中国家来说，农民普遍属于社会的底层群体，农民就业是就业问题中的一个主要方面，也是就业问题的难点之一。印度的土改缺少全面的国家规划，推进程度参差不齐。土改中仅有废除中间收税人一项措施取得可见成效，小农和佃农的权利得到一定程度保护，而其他措施在不同时期不同地方落实水平都不相同，始终未能解决主要问题。[2] 土改失败的影响不仅仅限于土地分配，还关乎农民就业和生计，关乎现代化建设。不仅土地如此，印度的劳动政策同样问题重重。现行劳动法案和规则纷繁交错，令企业和投资者无所适从，极大地阻碍了印度的企业建设和发展，

---

[1] 马克思、恩格斯：《马克思恩格斯选》（第2卷），北京：人民出版社，1995年版，第24页。

[2] Besley, T. and R. Burgess, "Land Reform, Poverty Reduction, and Growth: Evidence from India", *The Quarterly Journal of Economics*, Vol. 115, No. 2, 2000, p.395.

也进一步限制了就业的规模。印度所走的弯路启示我们，制定有效的国家经济发展战略，需对土地、劳动等关键性战略政策进行不断优化，及时做出适应性调整，才能为经济战略提供具体支撑。

（三）发展战略设计应统筹各类资源要素配置

在经济发展战略的统一框架内，优化资源要素在群体、企业及行业之间的配置，是统筹推进经济增长与福利提高的重要途径。印度经济发展战略对就业产生不利影响的一个重要原因，便是其战略对于各种资源要素的战略激励并不平衡，导致要素价格出现扭曲。具体来说，印度政府对劳动法的复杂和苛刻设计，对正规部门的大规模资本引进等手段均对印度的劳动和资本市场产生了深刻影响，使得这两种要素的价格偏离了印度的资源要素禀赋现状，也由此造成资源要素的不合理使用。这提示我们，国家在政策上要消除各类隐形的政策性障碍，统筹资本、劳动、自然资源等生产要素的均衡配置和合理流动。在必要时期，优先推动劳动要素的自由流动和优化配置，以劳动作为关键性的生产要素，解放被束缚的要素生产力，来支撑国民经济的整体增长和全民福利水平的提升。

（四）发展战略应注重就业的可持续增长

为缓解就业矛盾，印度政府屡屡以政府救助的方式为失业劳动者提供援助性就业，规模大、历时久、劳动效果差，还给财政带来巨大压力。例如，《国家农村雇佣保证法案》规定，保证每户家庭人均每天得到最低60卢比（约合12元人民币）的生活费和100天的劳动时间，未得到工作机会的劳动者可获得最低60卢比的生活补偿。虽然这一扶贫法案将促进国家福利水平的提高，但是该法案在缓解国内贫困的同时，也将每年使印度政府增加高达4000亿卢比（约合800亿元人民币）的开支。2010—2014年，印度政府债务占国内生产总值的比重在60%—70%间波动，这一水平略高于国际警戒线的60%，[①] 每年增加4000亿

[①] 罗薇："印度当前经济形势及其发展动因"，《国际研究参考》2016年11月，第19页。

卢比支出无疑会为印度原本收不抵支的财政雪上加霜。印度政府依靠国家财政支出来提高短期就业的行为是难以持续的，给政府造成巨大财政压力之外还可能会影响生产性支出。这种依靠财政透支维持的就业假象，创造有价值资产的作用有限，劳动者的就业能力也难以得到全面提高，还易于滋生腐败和低效，因此这一巨额政府慈善项目显得似乎并不明智。印度经验提醒我们，政府主导的就业促进工作应注重就业的可持续增长，不可短视。

（五）决策模式影响经济实效

经济发展需要及时的战略革新，有效的改革和发展是实现国家经济效率和社会公平的重要战略保障。而战略衔接和调整往往存在巨大的转换成本，其实现不仅需要理论智慧，也需要政治魄力。印度所谓的民主需要兼顾各方利益和诉求，导致经济发展战略缓慢推进，结果以眼前利益换取长远利益，整体福利水平难以提高，就业问题一再累积。一般认为，民主体制有利于促进社会发展机会的公平分配，对经济社会发展有重要意义，然而印度的实践告诉我们，民主不应视为发展的机械工具，其运作方式和实现手段均影响深远。在改革的关键时期，需正确处理民主与集中的关系，适当协调短期利益与长远利益。社会民主和公平的实现不仅仅有赖于民主的体制形式，同时更有赖于富有实效的政治实践。

综上，印度当前劳动力供给持续增长，政府战略以长期迂回为主要调整方向，因此短期内印度就业压力仍会居高不下；受经济模式、经济运行、民主体制以及地方邦的内在矛盾制约，长期看印度经济发展战略推进仍将是渐进而缓慢的。基于中印国情的相似和相异性，印度经验为我国发展提供了重要启示：经济发展战略应恰当处理经济增长和社会福利的关系，不断完善土地、劳动等关键性政策，平衡各类资源要素的战略激励并适当以劳动要素优先，注重就业可持续增长，正确处理民主与集中的关系。

研究结论

本书在对印度经济发展战略及就业形势进行分别探究的基础上，试图找到二者之间的联系。第一章绪论部分提出三个具体问题：印度独立以来的经济战略演进及其内在规律和逻辑是什么？印度就业形势及其特点是什么？印度经济发展战略为何难以带动本国就业的提升？在第一章理论阐释的基础上，第二至四章对这三个问题分别进行了针对性的研究和解释，第五章对印度经济战略及就业走向做出宏观展望，并指出印度经验的启示意义。

一、印度独立以来的经济发展战略演进及规律

本书在对印度经济发展战略进行梳理的基础上，总结了其演进规律。依据战略重心及就业指导思想的不同，本书将印度独立至今的经济发展战略划分为五个主要阶段：

第一阶段，1947年至1980年，马哈拉诺比斯工业化为代表的尼赫鲁式发展战略，即经济发展战略的基础奠定时期。独立初的印度经济发展战略体系脱胎于英国殖民统治的管理理念，是在尽快实现国家独立和自强的基础上，强调一种绝对"正确"的政策设计，对英式政策架构有极强的沿袭。这一战略框架对于资本、土地和劳动等资源产生不均衡的激励。对印度就业影响深远的多项政策基础的奠定均可追溯到这一时期。

第二阶段，1980年至1991年，混合经济发展战略，即经济战略的

有限调整时期。印度政府对国家经济发展战略进行了局部的小幅调整，在一定范围内引入了市场化的因素。这一时期的调整提示了印度经济发展战略变迁的大致方向，也奠定了电子信息产业的战略优先地位。不过，这一时期的调整并没有改革到尼赫鲁时期以来的经济体制的本质，总体来说并没有实现市场经济，可视为印度经济发展战略演进中的一个过渡时期。

第三阶段，1991年至2004年，自由化、市场化、全球化指导下的全面改革阶段，即效率优先、带动就业的改革路径。这一时期印度开启了大规模的全面改革，对此前的发展路径进行了修正，转向以市场为导向、强调开放和自由的经济发展道路。其"自由市场发展战略"逐渐形成，与多年实行的"尼赫鲁发展战略模式"逐步割裂。这次改革部分地扭转了此前的报酬递减趋势，在很大程度上释放了促进经济增长的巨大能量。然而看似巨大的转变背后，实际仍延续了20世纪50年代印度政府注重高等教育、资本和公共部门的发展战略思想，因此此次改革并非整个战略体系及环境的重建，而是一些新政策与旧有政策的拼接。

第四阶段，2004年至2014年，"包容性增长"战略，即经济发展战略的深化和调整阶段。这一时期，曼·辛格政府汲取前任政府大选失败的教训，在继续坚持市场化方向的同时，注意缓和社会经济矛盾。经济发展战略是在坚持前期政策方向的基础上兼顾社会公平的结果，也是市场化战略推进遇阻的折中办法。印度改革方案难以带动就业增长，政府不得不借助农村就业计划等救助方案缓解印度就业压力，实质上也是延续了独立初的就业解决之策。

第五阶段，2014年至今，"印度制造"战略，即"工业化""城市化"的战略转型。以莫迪上台为标志，印度提出将"印度制造"作为国家发展的基本战略，试图以效率推进公平。政府积极推动经济向以制造业为引领的增长模式转变，以取代传统服务业引领的增长模式。从实施效果来看，印度的战略建设得到一定的推进和完善，然而关键性政策调整仍举步维艰。结果，"印度制造"战略还是缺乏关键性政策的支撑。

印度国家长期的求索和探寻过程中蕴含着深刻的经济和社会矛盾，

战略演进过程存在前进和反复。通过对印度经济发展战略发展历程的考察，可见其战略演化表现出"路径依赖"现象，体现在印度经济发展战略长期沿着资本激励的路径推进，劳动、土地要素的改革长期难以取得进展，小规模企业保留等政策调整滞后，教育等政策理念长期延续，就业计划长期倚赖农村减贫项目。这种延续性的存在，反映出长期贯穿于印度经济发展战略的一些本质属性，即资源分配激励的失衡性、要素配置的资本优先性以及就业方案的折中性。这些矛盾深植于印度经济发展战略的设计和改革中，伴随着印度经济发展战略推进的整个历程。

二、印度的就业形势及特点

在就业水平上，印度的劳动参与率始终在低水平徘徊，城乡失业率长期居高不下，隐蔽性失业人口数量庞大，导致劳动就业增长率一直不高；在就业形式上，劳动市场表现为正规就业与非正规就业的明显分割。非正规就业规模庞大，且普遍劳动效率低下；在劳动转移上，印度城市化进程缓慢，农村剩余劳动力向城市地区的转移几近停滞，城市化水平始终处于较低水平。同时，劳力部门分配调整严重滞后于其产业结构的变化，就业结构与产业结构呈非均衡发展；在劳动收入上，印度社会贫富分化严重，表现为非正规部门与正规部门之间的收入差距显著，非正规部门劳动者缺乏基本的劳动保障，薪酬水平很低，长期处于困厄状态。而正规部门内部不同群体间的收入分化也有扩大之趋势。在对印度劳动就业进行观察时发现，经济下行、贫困蔓延竟可"推动"就业水平提升，工业化和经济增长未伴随着剩余劳动力的显著转移，劳力分配与产业产值并不配比，经济产出增长与就业创造没有显著关联，上述4项劳动就业特点与过去200年其他大多数经济体的发展经验并不吻合，使得"印度模式"成为国家社会发展经验和经典经济理论中存在的一个特殊案例。

综合以上对印度劳动就业趋势的分析和探究，总结其劳动就业市场的突出特征，可描述为以下4点：第一，劳动就业结构变化缓慢，就业市场呈现出显著刚性；第二，就业增长与经济增长呈非线性发展，且产出增长的就业弹性有下降之势；第三，就业形势变化与"普遍贫困"关系密切，贫困不仅描述了劳动状态，更极大影响了就业水平波动；第四，劳动参与率低，尤以女性为甚，低效率就业普遍存在，造成人力资源的极大浪费。可见，印度就业问题体现了一种被雾化的劳动力吸入和贫困共享过程，也凸显了印度多元复杂的国家特色以及社会经济中存在的发展、公平和社会安全矛盾。

三、印度经济发展战略对就业的影响

独立之初，在尼赫鲁式经济发展战略下，印度就业问题始于农民"失地"造成的"强推力"。同时，非农部门的"拉力"不足，对劳力吸收形成阻滞。印度就业问题的产生源于经济战略"强推力"和"弱拉力"的力量失衡，实为"推动型"失业。具体来看，推力方面，首先是土地分配不均带来大量失地少地农民，造成农村大量失业及半失业劳动者，并促使城市被迫接纳部分农村剩余人口。其次是农村发展计划未达预期目标，问题重重，作用极为有限。最后是政府陆续推出的生育政策始终收效甚微，致使人口数量快速上涨。拉力方面，城市重工业发展模式难以拉动劳动力转移，导致失业和就业不充分人口不断积累。归根究底，印度经济发展战略中关于土地、资本等要素的不均衡配置以及救济式的就业方案导致了印度就业问题的产生。在此战略作用下，印度就业水平低、劳动转移缓慢、收入分配失衡的基本图景大体形成。

从20世纪80年代的有限调整直至莫迪政府的"印度制造"，印度经济发展战略几经调整，但由于"路径依赖"的存在，战略内核始终没有改变，表现为资源分配激励的失衡、要素配置的资本优先以及折中的就业方案三个属性，通过"推动"和"拉力"的作用，始终影响着印度就业水平和形态的演变。

一方面，提振"拉力"成为印度政府推行经济发展战略的重点，却始终收效甚微。自战略调整以来，印度经济发展战略主要是强化市场

的力量，资源要素逐渐开始依据市场的调节进行配置，但政府干预在一定程度上造成市场扭曲。印度自独立之初便确立的企业及劳动制度抑制了劳动要素的优化配置，并产生就业小规模、非正规化激励。更重要的是，改革并没有改变各要素配置的失衡激励。印度经济发展战略依然延续了对资本、高技术劳动的鼓励，导致不同部门中的要素价格出现逆转，正规部门中劳动相对于资本的价格上升，服务业中高技术劳动相较于低技术劳动的价格出现下降。产业要素激励偏向不利于平民和大众型的要素利用，抑制了就业"拉力"的提振，限制了劳动就业规模的扩大。同时，在自由竞争的市场环境下，农业受到了政府相当大的忽视，政策措施乏力，在一定程度上制约了现代化进程。莫迪上台后推出的"印度制造"实际上是将经济增长与就业增长统一考虑的战略设计，但在战略实施过程中关键性政策调整高开低走，取得重大突破的政策措施效果也不尽人意，最终莫迪政府也没有突破既定的战略路径。印度的经济发展战略意在进一步强化"拉力"的作用，而实际上却产生了分化削弱的效果。

另一方面，由于自由化改革对就业拉动的失效，政府试图寻求优化劳力"推力"，结果也未达预期。为缓和就业压力，政府提出"包容性增长"，谋求劳动者自身福利和能力的提升。究其根本，"包容性增长"战略关注的是短期就业创造和人类权益，而非长远的社会发展和就业建设。针对农村的就业方案本质上是保护性的、防御性的，仅是为短期减贫保障就业，因此难以有效推动印度社会转型过程中的农村积累和发展。同时推行的教育计划对女性劳动参与率产生反向激励，整体劳动参与率逐渐下降。而非正规就业的保障政策也问题重重，难以落实。结果，印度的"包容性增长"战略也未能有效扩大就业群体，总劳动参与率不升反降。战略仅发挥了短期减贫的作用，广大贫苦劳动者并非主要获益群体。可以看出，印度对"推力"的设计实际上仍是印度独立之初的农村就业计划思想的延续。

在"推""拉"两方面作用下，印度的市场化经济发展战略并没有推动就业规模的扩大，工业就业长期得不到提升，非正规就业主导了就业形态，就业质量长期在低水平徘徊。可见，印度经济发展战略内核，即要素配置的资本优先、资源分配激励的失衡以及就业方案的折中三个属性是催生印度就业问题的主要根源所在。之后政府推出的诸项经济发展战略在本质上具有极强的延续性，致使印度经济战略的本质得以保留，在市场经济环境下再次催化发酵，造成了印度就业问题的长期性，且在几十年的缓慢政策变迁下进一步"巩固"。这种"路径依赖"积累下的劳力就业问题反映出印度国家战略创新和战略选择的困境。从这个意义上来说，印度就业问题看似是经济问题、社会问题，实际上反映的是国家的政治问题。

综上所述，印度国家经济战略演进存在着"路径依赖"现象，印度经济发展战略具有要素配置的资本优先性、资源分配激励的失衡性以及就业方案的折中性三个属性。印度国家经济发展战略的这一内核通过"推""拉"两个力量在不同程度上塑造了印度的就业水平、结构、形式及质量。简言之，贯穿于印度经济发展战略整个历程的本质属性正是国家就业问题产生并不断积累的战略根源。

四、印度经济发展战略与就业的宏观展望与启示

短期分析，通过对印度当前及未来短期劳动力供给及莫迪政策走向的预测，判断莫迪政策调整短期难以见效，而劳动供给将处于历史较高水平。由于劳动力供需并不匹配，估计印度短期失业或劳动参与水平仍不容乐观。

长期评估，基于印度国际及国内环境，根据印度经济矛盾和政治生态做出远期展望，预计印度经济结构会对政府发展战略的推进产生较大制约，印度经济运行还伴随着资金断链的风险和隐患。同时，莫迪政府在联邦政治中的权力进一步加强，但是中央和地方邦的政治生态和利益斗争对印度战略推进的阻碍也不可低估。因此，印度的经济发展战略推进注定是渐进的，也是缓慢的，印度就业问题的解决任重道远。

综合本书分析，大体描绘了印度经济发展战略对就业的影响及其累积过程。基于中印相似的国情和发展历程,印度经验为我国的战略制定和就业应对提供了几点启示:经济发展战略选择应将民生问题内化于经济增长模式,其推行需要土地和劳动等关键的政策支撑,也需要统筹平衡各类资源与要素的配置,适当时可以劳动要素为先;政府的扶贫和就业项目应着眼长远,注重可持续增长;政治决策模式对经济实效影响深远。

参考文献

（一）中文著作

[1]［印］A. 古拉蒂、樊胜极：《巨龙与大象：中国和印度农业农村改革的比较研究》，北京：科学出版社，2009年版。

[2] 董磊：《战后经济发展之路（印度篇）》，北京：经济科学出版社，2013年版。

[3] 葛传红：《大国崛起的政治经济学——巴西、俄罗斯、印度与中国市场化进程的比较分析》，北京：北京大学出版社，2016年版。

[4] 柯武刚、史漫飞：《制度经济学》，北京：商务印书馆，2000年版。

[5] 吕昭义：《印度蓝皮书：印度国情报告（2015）》，北京：社会科学文献出版社，2015年版。

[6] 林承节：《印度独立后政治经济社会发展史》，北京：昆仑出版社，2003年版。

[7] 林承节：《印度近二十年的发展历程——从拉吉夫·甘地执政到曼莫汉·辛格政府的建立》，北京：北京大学出版社，2012年版。

[8] 刘小雪：《印度经济数字地图2012—2013》，北京：科学出版社，2013年版。

[9] 李好：《印度对外贸易政策改革研究》，北京：经济科学出版社，2015年版。

[10] 李艳芳："莫迪政府的经济发展战略转型"，《印度洋地区蓝

皮书（2016）》，北京：社会科学文献出版社，2016年版。

［11］李来孺：“莫迪政府执政以来印度的外资政策变革”，《印度洋地区蓝皮书（2016）》，北京：社会科学文献出版社，2016年版。

［12］李庆华：《经济发展战略研究》，北京：中共中央党校出版社，1998年版。

［13］马加力："莫迪执政后印度国家战略的走向"，《印度国情报告（2015）》，北京：社会科学文献出版社，2015年版。

［14］梅新育：《大象之殇：从印度低烈度内战看新兴市场发展道路之争》，北京：中国发展出版社，2015年版。

［15］彭越：《竞争的国家：印度经济会赶超中国吗？》，北京：新华出版社，2017年版。

［16］曲凤杰等：《走向印度洋："丝绸之路经济带"东南亚—南亚—印度洋方向重点国别研究》，北京：中国市场出版社，2016年版。

［17］曲顺兰：《就业再就业财税政策研究》，北京：经济管理出版社，2006年版。

［18］任佳：《印度工业化进程中产业结构的演变：印度发展模式初探》，北京：商务印书馆，2007年版。

［19］容敏德、李罗力：《经济制度和经济发展》，北京：中国经济出版社，2006年版。

［20］沈开艳、权衡等：《经济发展方式比较研究——中国与印度经济发展比较》，上海：上海社会科学院出版社，2008年版。

［21］孙培钧、华碧云主编：《印度国情与综合国力》，北京：中国城市出版社，2001年版。

［22］孙士海：《印度的发展及其对外战略》，北京：中国社会科学出版社，2000年版。

［23］沈开艳等：《印度经济改革发展二十年：理论、实证与比较（1991—2010）》，上海：上海人民出版社，2011年版。

［24］沈开艳、许志桦：《印度经济分析：中印比较的视角》，上海：上海社会科学院出版社，2016年版。

［25］沈开艳：《印度产业政策演进与重点产业发展》，上海：上海社会科学院出版社，2015年版。

［26］宋志辉：《印度农村反贫困研究——南亚前沿问题研究丛书》，成都：巴蜀书社，2011年版。

［27］史美兰：《农业现代化发展的国际比较》，北京：民族出版社，2006年版。

［28］陶裕春：《人口经济学概论》，南昌：江西人民出版社，2008年版。

［29］文富德：《印度经济：发展、改革与前景》，成都：巴蜀书社，2003年版。

［30］王玉玲、王润球：《印度经济》，北京：中国经济出版社，2016年版。

［31］王立新：《印度绿色革命的政治经济学：发展、停滞和转变》，北京：社会科学文献出版社，2011年版。

［32］吴建民、汪戎主编：《印度洋地区蓝皮书：印度洋地区发展报告（2016）》，北京：社会科学文献出版社，2016年版。

［33］吴敬琏：《当代中国经济改革》，北京：人民出版社，2004年版。

［34］文富德：《印度经济发展前景研究》，北京：时事出版社，2014年版。

［35］文富德："莫迪上台后的印度经济增长与前景"，《印度国情报告（2015）》，北京：社会科学文献出版社，2015年版。

［36］温海池：《劳动经济学》，天津：南开大学出版社，2000年版。

［37］杨文武：《印度经济发展模式研究》，北京：时事出版社，2013年版。

［38］杨冬云：《印度经济改革与发展的制度分析》，北京：经济科学出版社，2006年版。

［39］殷永林：《独立以来的印度经济》，昆明：云南大学出版社，

2001年版。

[40] 袁庆明：《新制度经济学》，北京：中国发展出版社，2008年版。

[41] 杨河清：《劳动经济学》，北京：中国财政经济出版社，2005年版。

[42] 赵鸣岐著：《印度之路——印度工业化道路探析》，上海：上海学林出版社，2005年版。

[43] 张力群：《印度经济增长研究》，南京：东南大学出版社，2009年版。

[44] 张淑兰：《印度拉奥政府经济改革研究》，北京：新华出版社，2003年版。

[45] 张文木：《印度国家发展及其潜力评估》，北京：科学技术文献出版社，2005年版。

[46] 朱翠萍："莫迪政府大国发展战略的地缘政治考量"，《印度洋地区蓝皮书（2016）》，北京：社会科学文献出版社，2016年版。

[47] 华中师范大学农村问题研究中心主编：《中国农村研究》，北京：中国社会科学出版社，2002年版。

（二）中文译著

[1] [印] 班纳吉、[法] 迪弗洛，景芳译：《贫穷的本质》，北京：中信出版社，2013年版。

[2] [美] 布热津斯基著，中国国际问题研究所译：《大棋局》，上海：上海人民出版社，2010年版。

[3] [印] 鲁达尔·达特、K. P. M. 桑达拉姆著，雷启淮、文富德译：《印度经济（上）》，成都：四川大学出版社，1994年版。

[4] [美] 拉斐奇·多萨尼著，张美霞、薛露然译：《印度来了——经济强国如何重新定于全球贸易》，北京：东方出版社，2009年版。

[5] [美] 费景汉、古斯塔夫·拉尼斯著，王月、甘杏娣、吴立范译：《劳力剩余经济的发展》，北京：华夏出版社，1989年版。

［6］［印］莫汉·古鲁斯瓦米、左拉瓦·多利特·辛格著，王耀东等译：《追龙：印度能否赶超中国》，北京：时事出版社，2010年版。

［7］［英］阿瑟·刘易斯著，周师铭、沈丙杰、沈伯根译：《经济增长理论》，北京：商务印书馆，2005年版。

［8］［英］卢斯著，张淑芳译：《不顾诸神：现代印度的奇怪崛起》，北京：中信出版社，2007年版。

［9］［印］拉贾·莫汉，朱翠萍、杨怡爽译：《莫迪的世界》，北京：社会科学文献出版社，2016年版。

［10］［印］贾瓦哈拉尔·尼赫鲁著，齐文译：《印度的发现》，北京：世界知识出版社，1958年版，第57页。

［11］［美］诺斯著，杭行译：《制度、制度变迁与经济绩效》，上海：三联书店，1994年版。

［12］［印］纳格著，陈义华、霍舒缓译：《莫迪传——从街头小贩到大国总理之路》，广州：花城出版社，2015年版。

［13］［美］道格纳斯·C.诺斯，陈郁、罗华平译：《经济史中的结构与变迁》，上海：上海人民出版社，1994年版。

［14］［印］阿玛蒂亚·森、让·德雷兹著，张宏良译：《印度：经济发展与社会机会》，北京：社会科学文献出版社，2006年版。

［15］［印］阿玛蒂亚·森著，王利文、于占杰译：《论经济不平等——不平等之再考察》，北京：社会科学文献出版社，2006年版。

（三）外文原著

[1] A. N. Agrawal, *India Economy: Problem of development and planning,* New Delhi: Vi Kas Pub. House Pvt. Ltd., 2004.

[2] Debesh Bhowmlk, "The Nexus between the Employment and GDP Growth Rate", *Economic Growth and Employment,* New Delhi: REGAL PUBLICATIONS, 2014.

[3] Jan Breman, *At Work in the Informal Economy of India-A Perspective from the Bottom Up,* New Delhi: Oxford University Press, 2013.

[4] Surjit S. Bhalla, *New Eeonomic Policies for a New India*, New Delhi: Har-Anand Publcation Pvt. Ltd. , 2000.

[5] Ravi Batra, *Prout and economic reform in India and the third world*, New Delhi: Jaico Publishing House, September 1990.

[6] Jennifer Bussell, *Corruption and Reform in India*, New York: Cambridge University Press, 2012.

[7] Jagdish Bhagwati and Arvind Panagariya, *Reforms and Economic Transformation in India*, New York: Oxford University Press, 2012.

[8] Caroline B. Brettell and James F. Hollifield, *Introduction of Migration Theory: Talking across Disciplines*, New York: Routledge, 2000.

[9] Yogesh Atal Sunil K. Choudhary, *Right Turn in Indian Polity*, New Delhi: Har Anand Publications Pvt. Ltd. , 2015.

[10] Deepita Chakravartyand Ishita Chakravarty, *Women, Labour and the Economy in India-From migrant menservants to uprooted girl children maids*, New York: Routledge, 2016.

[11] Puja Dutta, Rinku Murgai, Martin Ravallion and Dominique van de Walle, *Right to Work? Assessing India's Employment Guarantee Scheme in Bihar*, Washington D. C. : International Bank for Reconstruction and Development/The World Bank, 2014.

[12] Shankar Chatterjee, *Employment Programmes and Rural Development in India*, Jaipur: Deepak Parnami, 2009.

[13] Panchanan Das, *Output, Employment and Productivity Growth in Indian Manufacturing: A Comparative Study of West Benga*, German: Lap Lambert Academic Publishing, 2011.

[14] North, Douglass C. , *Institution, institutional change and Economic Performance*, Cambridge: Cambridge University Press, 1990.

[15] Tapomoy Deb, "Labor Reform: Balancing Efficiency with Equity", *Human Resource management Review*, Vol. 7, No. 2, 2007.

[16] Cherunilam Francis, *Urbanization in Developing Countries-A So-*

cio Economic and Demographic Analysis, Mumbai: Himalaya Publishing House, 1984.

[17] Rawski. T. G, Economic Growth and Employment in China, Oxford: Oxford University Press for the World Bank, 1979.

[18] Jayati Ghoshp, Growth, industrialization and inequality in India, Globalization, Industrialization and Labour Market in East and South Asia, New York: Routledge, 2016.

[19] G. Ganesh, Privatisation in India, NY: Naurang Rai for Mittal Publications, 2001.

[20] Sewell W. H., "Three Temporalities: Toward an Eventful Sociology", In the Historic Turn in the Human Science, edited by Terrance J. McDonald, Ann Arbor: University of Michigan Press, 1996.

[21] Bimal Jalan, Emerging India, Economics, Politics and Reforms, New Delhi: Penguin Books India, 2013.

[22] Prem Shankar Jha, The Perilous Road to the Market—The Political Economy of Reform in Russia, India, and China, London: Pluto Press. 2002.

[23] Vijay Joshi, I. M. D. Little, India's Economic Reforms, 1991 – 2001, New York: Oxford University Press, 1996.

[24] Rob Jenkins, Democratic Politics and Economic Reform in India, NY: Cambridge University Press, 1999.

[25] K. P. Kannan, Interrogating Inclusive Growth: Poverty and Inequality in India, New Delhi: Routledge, 2014.

[26] Bipin Kumar and Bharat Bhushan, "Employment Generation and Inclusive Growth through MGNREGA", Macro-Economic Drivers of Employment Growth, New Delhi: Regal Publications, 2014.

[27] Amitava Krishna Dutt, Path to Economic Development, New Delhi: Oxford University Press, 2014.

[28] Uma Kapila and Raj Kapila, India's Economy in the 21 Century, New Delhi: Academic Foundation, 2002.

[29] Levi, Margaret, "A model, a Method, and a Map: Rational Choice in Comparative and Historical Analysis", In *Comparative Politics: Rationality, Culture and Structure*, edited by Mark I. Lichbach, Alan S. Zuckerman, Cambridge: Cambridge University Press, 1997.

[30] Chinmoyee Mallik, *Employment in the Globalizing Rural Peripheries of Indian Mega-cities, Manufacturing: A Comparative Study of West Benga*, German: Lap Lambert Academic Publishing, 2013.

[31] Arup Mitra, *Insights into Inclusive Growth, Employment and Wellbeing in India*, New Delhi: Springer, 2013.

[32] Dibyendu Maiti, *Reform and Productivity Growth in India: Issues and Trends in the Labour Markets*, New Delhi: Routledge, 2014.

[33] Jos Mooij eds., *The Politics of Economic Reforms in India*, New Delhi: Sage Publications, 2005.

[34] K. P. S. Menon, *The Resurgence of India: Reformation or Revolution?* Publications division, Ministry of Information and Broadcasting, March 1963.

[35] S. Natarajan, *A Century of Social Reform in India*, New Delhi: Asia publishing house, 1959.

[36] Rakesh S. Patiland Gangadhar V. kayande Patil, "Drivers of Changing Patterns of Employment", *Macro-Economic Drivers of Employment Growth*, New Delhi: Regal Publications, 2014.

[37] T. S. Papola, "Economic Growth and Employment Linkages-the India Experience", *Economic Growth and Employment-Pre and Post Reform Analysis and Challenges*, New Delhi: Regal Publications, 2014.

[38] K. V. Ramaswamy, *Labour, Employment and Economic Growth in India*, Delhi: Cambrigde University Press, 2015.

[39] B. Sudhakara Reddy eds., *Economic Reforms in India and China*, New Delhi: Sage Publications Inc, 2009.

[40] S. R. Singh, *National Rural Employment Guarantee Act (NRE-*

GA）: *Issue and Challenges*, New Delhi: S. B. Mangia, 2011.

［41］T. N. Srinivasan, *Eight Lectures on India's Economic Reform*, New Delhi: Oxford University Press, 2000.

［42］Suranjana Talukdar and Prankrishna Pal, "Structure of Employment in Unorganized Manufacturing Industries", *Structural Changes in Employment Generation*, New Delhi: Regal Publications, 2014.

［43］Edited by Anil Kumar Thakur and DR. B. P. Chandramohan, *Employment Policies and Programmes-Opportunities and Challenges*, New Delhi: Regal Publications, 2013.

［44］Ratna Sen, *Industrial Relations in India: Shifting Paradigms*, New Delhi: Rajiv Beri For Macmillan India Ltd., 2003.

［45］Jayanta Sen, "Structure Changes in Informal Sector Employment", *Structural Changes in Employment Generation*, New Delhi: Regal Publications, 2014.

［46］A. Shivakanth Shetty, *The Paradox of Economic Reforms and "Jobless" Growth in India*, German: Lap Lambert Academic Publishing GmbH & Co. KG, 2010.

（四）期刊论文

1. 中文期刊

［1］安相根："印度的经济改革和启示点",《经营管理者》2015 年第 7 期。

［2］阿布都瓦力·艾百、康新梅、吴碧波："印度城镇化进程中农村富余劳动力转移及其对中国的启示",《世界农业》2015 年第 2 期。

［3］阿伊特·慕克吉、张晓波："中国和印度农村工业化比较研究",《经济学（季刊）》2006 年第 5 卷第 2 期。

［4］［荷］阿什瓦伊·赛斯,黄玉琴译："保障农村就业——两个国家的故事: 新自由主义印度的就业权和中国集体时代的劳动积累",《华东理工大学学报（社会科学版）》2015 年第 5 期。

[5] 别俊、陈锐锋："中印两国劳动力就业的可持续发展——软和硬的相互学习"，《商场现代化》2007年第35期。

[6] 曹骥赟："印度城市化进程对中国城市化的启示"，《延边大学学报》2006年6月第39卷第2期。

[7] 陈金英："莫迪执政以来印度的政治经济改革"，《国际观察》2016年第2期。

[8] 陈峰君、沈若愚："印度的劳动就业问题"，《南亚研究》1985年第3期。

[9] 陈吉祥："论城市化进程中的印度非正规就业"，《南亚研究季刊》2010年第4期。

[10] 陈继东："印度的就业政策措施与社会保障体系"，《南亚研究季刊》2002年第2期。

[11] 陈吉祥、叶红梅："论印度国民经济管理手段的嬗变"，《南亚研究季刊》2011年第3期。

[12] 陈玉杰、杨伟国："印度劳动关系的变迁：国家主导和自由竞争的平衡"，《教学与研究》2013年第6期。

[13] 陈吉祥："论城市化进程中的印度非正规就业"，《南亚研究季刊》2010年第4期。

[14] 陈伟、戴坤："基于推拉理论的高校毕业生就业驱动机制研究"，《高度农业教育》2008年12月。

[15] 车广吉、车放："论印度失业问题对政治的影响"，《学术探索》2011年第4期。

[16] 曹瑄玮、席酉民、陈雪莲："路径依赖研究综述"，《经济社会体制比较》2008年第3期。

[17] 陈吉祥：《印度农村劳动力就业问题研究》，博士论文，四川大学，2013年。

[18] 城姝、韩学平："印度城市化进程中农村劳动力转移对中国的启示"，《世界农业》2013年4月。

[19] 杜旻、刘长全："全球化进程中的印度农业、农村改革与农民

保护"，《经济研究参考》2011 年第 51 期。

［20］丹尼尔·比奥、高延伟："中印城市发展之对比——兼比较两国城市化进程"，《城市规划学刊》2008 年第 6 期。

［21］邓常春、邓莹："印度人口红利与经济增长"，《南亚研究季刊》2011 年第 2 期。

［22］冯胜："印度农村劳动力转移问题及其对我国的启示"，《南亚研究季刊》2009 年第 3 期。

［23］付小强："印度的第二次绿色革命"，《现代国际关系》2004 年第 5 期。

［24］顾朝林、蔡建明等："中国大中城市流动人口迁移规律研究"，《地理学报》1999 年 3 月。

［25］黄正多、李燕："印度农业现代化的现状、特点及其原因分析"，《南亚研究季刊》2006 年第 3 期。

［26］何道隆："关于印度失业的几个问题"，《南亚研究季刊》1995 年第 3 期。

［27］黄方毅："发展战略概念考察"，《经济研究》1982 年第 7 期。

［28］胡玉婷："农地制度变迁的国际经验及对完善我国农地产权的启示"，中国人民大学博士学位论文，2007 年。

［29］李文静："中印人力资本竞争力的比较分析"，《华东理工大学学报》2016 年第 3 期。

［30］刘社建："中印就业比较及启示"，《上海经济研究》2009 年第 4 期。

［31］李西林："印度农业支持政策改革的经验及对中国的启示"，《世界农业》2007 年第 10 期。

［32］李莉、王海霞："印度莫迪新政探析"，《国际研究参考》2015 年第 6 期。

［33］李莉："试析'印度制造'战略与印度经济前景"，《现代国际关系》2016 年第 9 期。

［34］刘小雪："印度经济改革的制度经济学分析"，《当代亚太经

济》2004年第12期。

［35］刘洪亮、徐鹏杰："基于托达罗模型的中国农村劳动力转移分析"，《经济研究刊》2009年11月。

［36］刘波："西宁建设社会主义新农村难点与对策探讨"，《青海统计》2006年11月。

［37］黎淑英："印度的农村扶贫工作"，《中国农村经济》1993年第11期。

［48］刘晓凤："金融危机下政府财政对就业的影响及作用研究"，《北华大学学报（社会科学版）》2009年10月。

［39］罗薇："印度当前经济形势：动力及阻碍"，《国际研究参考》2016年11月。

［40］李青："印度农村发展近况与主要政策措施"，《中国党政干部论坛》2010年第9期。

［41］莫秀蓉："印度农村劳动力转移模式探析"，《南亚研究季刊》2009年第4期。

［42］梅冠群："莫迪主要经济发展战略研究"，《中国经贸导刊》2016年第12期。

［43］毛增余："从'华盛顿共识'到'后华盛顿共识'再到'北京共识'"，《政治经济学评论》2006年第2期。

［44］梅冠群："莫迪执政后印度经济发展战略选择及我国应对之策"，《南亚研究季刊》2017年2月。

［45］齐明珠："人口变化与经济增长：中国与印度的比较研究"，《人口研究》2013年第3期。

［46］屈坚定："印度农村贫困与就业"，《南亚研究季刊》1995年第3期。

［47］任冲："试析城市化对印度可持续发展的影响"，《东南亚纵横》2012年5月。

［48］任佳、邱信风："印度工业政策的演变及其对制造业发展的影响"，《南亚研究》2014年第2期。

［49］孙士海:"印度的城市化及其特点",《南亚研究》1992年第4期。

［50］孙培钧:"印度失业问题浅析",《南亚研究季刊》2004年第4期。

［51］沈红:"印度的乡村贫困和扶贫体制",《社会科学研究》1994年第5期。

［52］孙瑶:"印度剩余劳动力的转移与农村工业化",《南亚研究季刊》1997年第2期。

［53］宋志辉:"试析印度的城市化对农村减贫的影响",《南亚研究季刊》2012年第3期。

［54］盛荣:"印度土地制度效果对中国土地制度改革的启示",《中国农业大学学报(社会科学版)》2006年第4期。

［55］沈开艳:"莫迪时代:印度经济走向何方?",《国际》2014年第10期。

［56］盛荣:"印度土地制度效果对中国土地制度改革的启示",《中国农业大学学报》2006年第4期。

［57］陶凤、初晓彤:"'废钞令'满月,印度经济乱中求治",《北京商报》2016年12月9日。

［58］盛来运:"国外劳动力迁移理论的发展",《统计研究》2005年8月。

［59］温俊萍:"印度农村就业保障政策及对中国的启示",《南亚研究季刊》2012年第2期。

［60］王晓丹:"印度贫困农民的状况及政府的努力",《当代亚太》2001年第4期。

［61］吴永年:"印度的第二次绿色革命",《南亚研究》2006年第2期。

［62］文富德:"印度经济改革的成绩与问题",《南亚研究季刊》2012年第1期。

［63］王志章、刘天元、贾煜:"印度包容性增长的扶贫开发实践及

启示",《西南大学学报(社会科学版)》第 41 卷第 4 期,2015 年 7 月。

[64] 文富德:"印度难以推行第二代经济改革的原因及前景",《南亚研究季刊》2014 年第 3 期。

[65] 文富德:"印度曼·辛格政府坚持谨慎经济改革",《南亚研究》2001 年第 1 期。

[66] 王星:"劳工品质、劳动保护与跨国资本空间转移",《浙江社会科学》2012 年 1 月。

[67] 万克德:"中印两国人口和劳动就业问题的比较",《人口学刊》1989 年 2 月。

[68] 徐永利:"金砖四国就业结构变动与产业结构偏离分析",《苏州大学学报》2012 年第 4 期。

[69] 谢代刚:"浅析印度独立以来解决农村贫困的主要措施",《南亚研究季刊》2000 年第 4 期。

[70] 项梦曦:"印度经济亮红灯,莫迪改革副作用显现",《金融时报》2017 年 8 月 17 日。

[71] 徐长春:"印度经济形势分析与展望",《国际经济分析与展望(2015—2016)》,《人口学刊》,北京:社会科学文献出版社,2016 年版。

[72] 杨少亮:"印度农业政策演变及趋势研究",《世界农业》2013 年第 6 期。

[73] 杨光斌:"观念、制度与经济绩效——中国与印度经济改革的政治学理论价值",《中国人民大学学报》2006 年第 3 期。

[74] 俞金尧:"20 世纪发展中国家城市化历史反思——以拉丁美洲和印度为主要对象的分析",《世界历史》2011 年第 3 期。

[75] 姚国跃、刘胜华:"中国与印度土地制度及其效能比较研究",《世界地理研究》2015 年第 6 期。

[76] 于水、姜凯帆、孙永福:"空心化背景下农村外出劳动力回流意愿研究",《华东经济管理》2013 年 11 月。

[77] 严晓:"印度劳动力就业政策及其启示",《改革与战略》2009

年第11期。

［78］杨曼曼、连进军："印度初等教育普及计划（SSA）对弱势群体教育公平的促进及面临的难题"，《外国小学教育》2013年第6期。

［79］杨怡爽、杨洋："中国与印度的包容性增长比较"，《学术探索》2014年6月。

［80］杨文武、王万江："90年代印度就业结构的变化趋势"，《南亚研究季刊》1999年第4期。

［81］殷永林："论印度土地改革的成败和影响"，《思想战略》1995年第5期。

［82］张立："莫迪执政后的中印关系发展新思考"，《南亚研究季刊》2015年第2期。

［83］周昭："印度农村非农产业发展问题研究"，《云南社会科学》2008年第3期。

［84］张栋："莫迪的'印度制造'战略"，《看世界》2014年第11期。

［85］张家栋："'莫迪旋风'何以难持久"，《世界知识》2015年第19期。

［86］张宏梅、陆林："近10年国外旅游动机研究综述"，《地域研究与开发》2005年第2期。

［87］邹新树："农民工向城市流动的动因：'推—拉'理论的现实解读"，《农村经济》2005年9月。

［88］周晓、朱农："论人力资本对中国农村经济增长的作用"，《中国人口科学》2003年第2期。

［89］曾向东："浅析印度独立以来农业雇佣劳动的增长"，《南亚研究》1982年第2期。

［90］张淑兰："全球化与印度的工人"，《当代世界社会主义问题》2008年第4期。

［91］张淑兰："全球化背景下的印度工会"，《南亚研究》2011年第1期。

[92] 赵干城:"印度无户籍:贫民窟成城市顽疾",《人民论坛》2013年2月。

[93] 钟震:"从印度废钞令实施效果看发展中国家宏观调控困境",《金融发展》2017年第12期。

[94] 中国农村劳动力流动与转移课题组:"印度、巴西农业劳动力转移之比较",《国外农业经济》1990年1月。

2. 英文期刊

[1] Banerjee. A, "A Job Half Done", *Hindustan Times,* 14 August 2009.

[2] Kotwal, A. et al, "Economic Liberalization and Indian Economic Growth: What's the Evidence?", *Journal of Economic Literature,* 2011 (4).

[3] Acemoglu, "Reversal of Forture: Geography and Institutions in the Making of the Modern World Income Distribution", *Quarterly Journal of Economics,* Vol. 117, November 2002.

[4] G. S. Bhalla and Peter Hazell, "Rural Employment and Poverty: Strategies to Eliminate Rural Poverty within a Generation", *Economic and Political Weekly,* Vol. 38, No. 33, Aug. 16 – 22, 2003.

[5] Amit Basole and Deepankar Basu, "Relations of Production and Modes of Surplus Extraction in India: Part Ⅱ-Informal Industry", *Economic and Political Weekly,* Vol. 46, No. 15, April 9 – 15, 2011.

[6] Klenosky, D. B., "The 'Pull' of Tourism Destination: A Means-End Investigation", *Journal of Travel Research,* 2002, Vol. 40.

[7] Amit Basole and Deepankar Basu, "Relations of Production and Modes of Surplus Extraction in India: Part II-Informal Industry", *Economic and Political Weekly,* Vol. 46, No. 15, April 9 – 15, 2011.

[8] Sheila Bhalla, "Inclusive Growth? Focus on Employment", *Social Scientist,* Vol. 35, No. 7/8, Jul. – Aug., 2007.

[9] T. Besley and R Burgess, "Can Labor Regulation Hinder Econom-

ic Performance? Evidence from India", *The Quarterly Journal of Economist*, Vol. 119, No. 1, 2004.

[10] B. Bhattacharya and Arup Mitra, "Employment and Structural Adjustment: A Look at 1991 Census Data", *Economic and Political Weekly*, Vol. 28, No. 38, Sep. 18, 1993.

[11] C. P. Chandrasekhar and Jayati Ghosh, "Recent Employment Trends in India and China: An Unfortunate Convergence?", Social Scientist, Vol. 35, No. 3/4, Mar. – Apr. , 2007.

[12] Subhanil Chowdhury, "Employment in India: What Does the Latest Data Show?", *Economic and Political Weekly*, Vol. 46, No. 32, August 6 – 12, 2011.

[13] Bharat Dogra, "Rural Employment Schemes: Rhetoric and Reality", *Economic and Political Weekly*, Vol. 40, No. 18, Apr. 30 – May 6, 2005.

[14] S. Mahendra Dev, "Policies and Programmes for Employment", *Economic and Political Weekly*, Vol. 41, No. 16, Apr. 22 – 28, 2006.

[15] Stephen Frenkel and Sarosh Kuruvilla, "Logics of Action, Globalization, and Changing Employment Relations in China, India, Malaysia, and the Philippines", *ILR Review*, Vol. 55, No. 3, Apr. 2002.

[16] Bishwanath Goldar, "Organised Manufacturing Employment: Continuing the Debate", *Economic and Political Weekly*, Vol. 46, No. 14, Apr. 2 – 8, 2011.

[17] Ajit K. Ghose, "The Employment Challenge in India", *Economic and Political Weekly*, Vol. 39, No. 48, Nov. 27 – Dec. 3, 2004.

[18] Bishwanath Goldar, "Growth in Organized Manufacturing Employment in Recent Years", *Economic and Political Weekly*, Vol. 46, No. 7, 2011.

[19] Ajit K. Ghose, "Current Issues of Employment Policy in India", *Economic and Political Weekly*, Vol. 34, No. 36, Sep. 4 – 10, 1999.

[20] Ajit K. Ghose, "Economic Growth and Employment in Labour-Surplus Economies", *Economic and Political Weekly*, Vol. 41, No. 31, Aug. 5 – 11, 2006.

[21] Banerjee-Guha, "Critical Geographical Praxis: Globalisation and Socio-Spatial Disorder, *Economic and Political Weekly*, 2002, 37 (2).

[22] Rayonstein. E. G., "The Laws of Migration", Journal of the Royal Statistical Society, Jun., 1885, Vol. 48, No. 2.

[23] Geneva, "Economic Security of a Better World", Report produced by the Socio-economic Security Programme. ILO, 2004.

[24] Elizabeth Hill, "The India Industrial Relations System: Struggling to Address the Dynamics of a Globalizing Economy", *Journal of Industrial Relations*, 2009, Vol. 51.

[25] Himanshu, "Emlpoyment Trends in India: A Re-examination", *Economic and Political Weekly*, Vol. 46, No. 37, September 10 – 16, 2011.

[26] Praveen Jha, "Issues Relating to Employment in India in the Era of Globalization", *Social Scientist,* Vol. 31, No. 11/12, Nov. – Dec., 2003.

[27] K. S. James, "Glorifying Malthus: Current Debate on 'Demographic Dividend' in India", *Economic and Political Weekly*, Vol. 43, No. 25, Jun. 21 – 27, 2008.

[28] A. Ganesh-Kumar, Srijit Mishra and Manoj Panda, "Employment Guarantee for Rural India", *Economic and Political Weekly*, Vol. 39, No. 51, Dec. 18 – 24, 2004.

[29] K. P. Kannan and G. Raveendran, "Growth Sans Employment: A Quarter Century of Jobless Growth in India's Organised Manufacturing", *Economic and Political Weekly*, Vol. 44, No. 10, Mar. 7 – 13, 2009.

[30] T. N. Krishnan, "Population, Poverty and Employment in India", *Economic and Political Weekly*, Vol. 27, No. 46, Nov. 14, 1992.

[31] Vinish Kathuria and Rajesh Raj S N and Kunal Sen, "Organized versus Unorganized Manufacturing Performance in the Post-Reform Period",

Economic and Political Weekly, Vol. 45, No. 24, June 12 – 18, 2010.

[32] Das. K., "Income and Employment in Informal Manufacturing: A Case Study" in R Jhabvala, R M Sudarshan and J Unni (ed.), *Informal Economy Centrestage: New Structures of Employment*, New Delhi: Sage Publication 2003.

[33] Hansda. S. K., "Service Sector in the Indian Growth Process: Myths and Realities", *The Journal of Income and Wealth*, Vol. 24, No. 1/2, 2002.

[34] Sanjay Kumar and N. K. Sharma, "Workers in Census 2001", *EPW Commentary*, May 4, 2002.

[35] Dipak Mazumdar and Sandip Sarkar, "Reforms and Employment Elasticity in Organized Manufacturing", *Economic and Political Weekly*, Vol. 39, No. 27, Jul. 3 – 9, 2004.

[36] Rinku Murgai and Martin Ravallion, "Employment Guarantee in Rural India: What Would It Cost and How Much Would ItReduce Poverty?", *Economic and Political Weekly*, Vol. 40, No. 31, Jul. 30 – Aug. 5, 2005.

[37] Rakshit. M., "Service-led Growth: The India Experience", Money and Finance (ICRA Bulletin), 2007.

[38] Lal. Manohar, Labour Administration and the Informal Economy in India, A. Sivananthiran and C. S. Ratnam eds, *Informal economy: The Growing Challenge for Labor Administration*, New Delhi: ILO, 2005.

[39] Sugata Marjit and Saibal Kar, "Broader Implication of Labor Market Reforms in India: A General Equilibrium Perspective", *Indian Economic Review*, Vol. 49, Iss. 1, January-June 2014.

[40] Rajasekaran, N., "Land Reforms and Liberalization in India: Rhetoric and Realities", *Journal of Social and Economic Development*, Vol. 6, Iss. 1, January-June 2004.

[41] Utsa Patnaik, "The Question of Employment and Livelihoods in Labor Surplus Economies", *Social Scientist*, Vol. 36, No. 5/6, May-

Jun. , 2008.

［42］ Raj Kishore Panda and Asima Sahu, "Structure Changes in Informal Sector Employment", Edited by Anil Kumar Thakur and Bharti Pandey, *Structural Changes in Employment Generation*, New Delhi: Regal Publications, 2014.

［43］ Jajati Keshari Parida, Central Statistics Office Industrial Statistics Wing Government of India. "Growth and Prospects of Non-farm Employment in India: Reflections from NSS data", *The Journal of Industrial Statistics, Volime 4*, September 2015.

［44］ Uma Rani and Jeemol Unni, "Unorganized and Organized Manufacturing in India: Potential for Employment Generating Growth", *Economic and Political Weekly*, Vol. 39, No. 41, Oct. 9 – 15, 2004.

［45］ V. M. Rao and Samuel Paul, M. Vivekanda, Sita Shekhar and K. N. M. Raju, "Employment Guarantee: Why Progress Is Patchy?", *Economic and Political Weekly*, Vol. 41, No. 45, Nov. 11 – 17, 2006.

［46］ Satyaki Roy, "Structural Change in Employment in India since 1980s: How Lewisian Is It?", *Social Scientist*, Vol. 36, No. 11/12, Nov. – Dec. , 2008.

［47］ PrabhatPatnalk, "Economic Growth and Employment", *Economic and Political Weekly*, Vol. 46, No. 26/27, June 25 – July 8, 2011.

［48］ K. V. Ramaswamy, "Regional Dimension of Growth and Employment", *Economic and Political Weekly*, Vol. 42, No. 49, Dec. 8 – 14, 2007.

［49］ Dann, G. M. , "Tourism Motivation: An Appraisal", *Annals of Tourism Research*, 1981, Vol. 8, No. 2.

［50］ Rnagaraj, "Growth in Organized Manufacturing Employment: A Comment", Economic *and Political Weekly*, Vol. 46, No. 12, March 19 – 25, 2011.

［51］ Errol D'Souza, "Hitching Employment to a Growth Strategy: Services Bulge and Productivity Growth", *Economic and Political Weekly*,

Vol. 40, No. 48, Nov. 26 – Dec. 2, 2005.

［52］Pravin Sinha, "Representing Labour in India", *Development in Practice*, Vol. 14, No. 1/2, Feb. , 2004.

［53］S. Sakthivel and Pinaki Joddar, "Unorganised Sector Workforce in India: Trends, Patterns and Social Security Coverage", *Economic and Political Weekly*, Vol. 41, No. 21, May 27 – Jun. 2, 2006.

［54］Ranjit Sau, "Liberalization, Unemployment and Capital Reform", *Economic and Political Weekly*, Vol. 30, No. 3, Jan. 21, 1995.

［55］Bibhas Saha, "From Rigidity to Flexibility-Change in the India Labour Market", edited by K. V. Ramaswamy, *Labour, Employment and Economic Growth in India*, Delhi: Cambrigde University Press, 2015.

［56］Pal, R. , B. Saha, edited by A. Goyal, "Labour Markets: Balancing Freedom and Protection", *Handbook of the Dynamic India Economy*, UK and New Delhi: Oxford University Press, 2013.

［57］K. Sundaram, "Employment-Unemployment Situation in the Nineties: Some Results from NSS 55th RoundSurvey", *Economic and Political Weekly*, Vol. 36, No. 11, Mar. 17 – 23, 2001.

［58］Jeemol Unni and G. Raveendran, "Growth of Employment (1993 – 94 to 2004 – 05): Illusion of Inclusiveness?", *Economic and Political Weekly*, Vol. 42, No. 3, Jan. 20 – 26, 2007.

（五）政府报告

［1］India government, Economic Survey 2017 – 18 Volume 2, Chapter 10.

［2］India government, Economic Survey 2016 – 17 Volume 2, Chapter 10.

［3］Government of India, Ministry of Commerce and Industry, Annual Report 2016 – 17.

［4］Government of India, Ministry of Commerce and Industry, Annual

Report 2016 - 17.

[5] Government of India, Ministry of Labour & Employment, Labour Bureau, Quarterly Report on Employment Scenario 2016. 4. 1.

[6] Government of India, Ministry of Labour & Employment, Labour Bureau, Quarterly Report on Employment Scenario 2017. 1. 1.

[7] Government of India, Ministry of Labour & Employment, Labour Bureau, Report on Employment-Unemployment Survry, VolumeI, 2013 - 14.

[8] Government of India, Ministry of Labour & Employment, Labour Bureau, Annual Survey of Industries 2011 - 12 Volume I, Statistics on Employment & Labour Cost, 10th June, 2014.

[9] Government of India, Ministry of Statistics & Programme Implementation, NSS 61th Round Report No. 515: Employment and Unemployment Situation in India, 2004 - 05.

[10] Government of India, Ministry of Statistics & Programme Implementation, NSSO 66th Round: Key Indicators of Employment and Unemployment in India, 2009 - 10.

[11] Government of India, Ministry of Statistics & Programme Implementation, Informal Sector and Conditions of Employment in India, NSS 68th Round, July 2014.

[12] Reserve Bank of India, "Annual Report of the RBI: Growth Rates and Composition of Real Gross Domestic Product (At 2011 - 12Prices)", 29th Aug. 2016.

后 记

时光冉冉，素什锦年。求知路上有梦想、有踌躇、有欢乐、有蹉跎，但常存于心底更多的却是感恩，感谢所有给予我帮助并关爱着我的师长和朋友。

首先，我要感谢我的导师刘慧老师。本研究是在我的导师刘老师的亲切关怀和悉心指导下完成的。刘老师对该文章从选题、构思到最后定稿的各个环节都给予了指引与教导，使我得以最终完成文章写作。老师治学严谨，思想深邃，视野开阔，循循善诱，不仅帮助我完成了学业，更为我打开了一扇新的思想大门。她精益求精的治学态度以及诲人不倦的师者风范是我终生学习的楷模。我不是刘老师最出色的学生，然而刘老师却是我最尊敬的老师。师恩如山，老师的教诲和关切将使我受用终身。

然后，我要感谢求知过程中给予我诸多启示和指导的老师们。傅梦孜教授、胡仕胜教授、翟崑教授、王宪磊教授、郭敏教授、李向阳教授、刘雪琴教授、羌建新教授、胡继平教授等各位老师为此文章提出很多宝贵意见，帮助我完善了文章架构，增添了文章亮点。老师们深厚的理论功底、严谨的治学态度以及和蔼可亲的处事风格都使我受益匪浅。谨在此感谢多位给予我关心和指导的老师，使我在求学生活中真切感受到学术的力量和温度。

感谢先贤们的研究成果，借此机会，我要对他们表示诚挚的谢意，对他们的善思和劳动表示深深的敬意。

感谢一直支持我的家人,他们永远是我坚强的后盾。

研究旅程暂告段落,求知的道路永无停滞。不驰于空想,不骛于虚声。求学道路教会我精勤求学,敦笃励志,这将是我永远的人生信条。

本书写作之时我的女儿降生,谨以此书作为送给宝贝的成长礼物,希望她也能了解到求知的乐趣。

本书不当之处,敬请斧正。